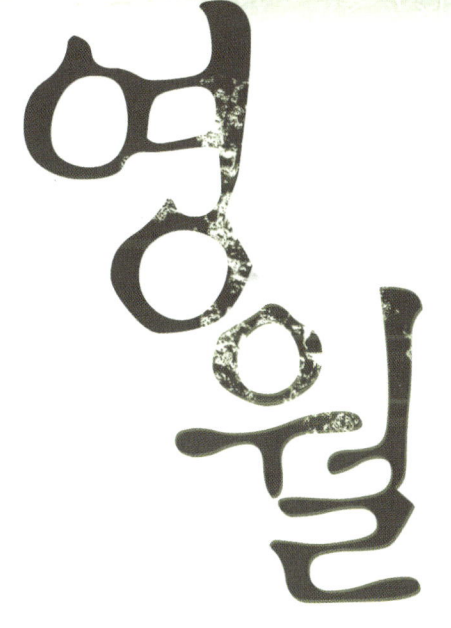

역사기행 문화탐방 002 : 강원지역 1

동강에 어린 충절 영월

연오흠 지음

동강에 어린 충절, 영월
역사기행 문화탐방 002 : 강원지역 1

2004년 7월 5일 초판1쇄 인쇄
2004년 7월 15일 초판1쇄 발행
지은이 / 연오흠
펴낸이 / 임성렬
펴낸곳 / 도서출판 신서원
주 소 / 서울 종로구 교남동 47-2 협신빌딩 209호
　등 록 : 제 1-1805(1994. 11. 9)
　전 화 : 02)739-0222·3
　팩 스 : 02)739-0224
홈페이지 / http://www.sinseowon.co.kr
이메일 / sinseowon@korea.com

ISBN 89-7940-831-5 04910
ISBN 89-7940-997-4 04910

신서원은 부모의 서가에서 자식의 책꽂이로
'대물림' 할 수 있기를 바라며 책을 만들고 있습니다.
잘못된 책은 연락 주십시오.

시작하는 글

　편안히 넘어가는 고을, 영월(寧越)! 그 이름을 화두(話頭)삼아 '역사기행 문화탐방'을 시작한 지도 어언 7년의 세월이 흘렀습니다. 지난 1997년 겨울, 충주에 있는 중원고구려비를 답사하면서 얻은 결론이 '남한강을 장악한 나라가 한반도를 지배하였다'는 아주 평범한 역사적 사실이었습니다.

　그 때부터 '남한강 1천리 답사여행'은 저의 화두처럼 되어버렸습니다. 그렇게 남한강을 답사하는 여정에서 영월과 마주쳤습니다. 이때 영월에서 만난 단종과 김삿갓, 그리고 동강은 저의 발길을 놓아주지 않았습니다. 영월은 그렇게 제 마음속에 들어와 있었습니다.

　영월은 충절의 고장이랍니다. 따라서 저의 영월답사는 '단종의 유뱃길'에서부터 출발할 수밖에 없었습니다. 그만큼 어린 단종의 유배여정은 저의 역사적 상상력을 충동질하기에 충분했습니다. 하지만 영월은 제게 호락호락 답사를 허락하지 않았습니다. 그래서 한 번 찾아간 곳을 다시 찾게 되는 고행을 되풀이하면서 장장 7년이란 시간을 쏟아부었습니다. 그렇게 정열적으로 매달리자 그 때부터 영월이 보이는 겁니다.

　제가 사는 인천에서 영월까지는 결코 짧은 거리가 아닙니다. 그렇게 7년 동안 수십 차례의 답사를 거듭하면서 필요한 자료를 수집하고 사진도 촬영하며 답사한 내용을 하나 둘 정리하다 보니 원고가 쌓이게 되었습니다. 이것을 저 혼자만의 흔적으로 간직하기보다는 문화유산을 사랑하는 일반독자들과 함께 공유하고 싶은 마음에서 출판을 결심하게 되었습니다.

그런데 막상 책으로 묶으려 생각하니 문제가 생겼습니다. 제가 문화유산을 답사하며 느낀 것이 다름 아닌 우리 학생들의 눈높이였습니다. 즉, 방학을 맞아 부모님과 함께 답사를 온 학생들이 문화유산 감상은 뒷전이고, 오직 '방학숙제'를 하기 위한 방편으로 난해하기 짝이 없는 문화재 안내문만 열심히 베끼는 안타까운 현실 때문이었습니다.

그래서 생각한 것이 부모님과 자녀들이 함께 읽을 수 있는 눈높이에 맞추어 답사기를 엮어 보자는 소박한 마음에서 쓰기 시작하였습니다. 따라서 이 책은 부모님과 자녀들이 함께 공유하며 찾아보고 맞춰보고 느껴보는 소중한 답사여행의 길라잡이가 되도록 꾸몄습니다. 즉 문화유산에 생명력을 불어넣어 보려고 노력하였습니다.

제1부 '충절의 고장, 영월 나들이'편은 어린 단종의 숨결을 느낄 수 있도록 동선(動線)을 잡았습니다. 즉 단종의 유뱃길→유배생활→그가 묻힌 장릉까지 이어지는 여정에서 주변의 문화유산도 알음알음 함께 보듬었습니다. 물론 김삿갓의 일대기도 함께 묶었고요. 또한 동강탐사도 빼 놓을 수 없는 영월의 자랑이기에 주저하지 않았습니다. 따라서 제1부는 영월지역의 크고 작은 문화재를 찾아가며 문화유산을 감상하는 아름답고 행복한 삶의 여정이 될 것입니다.

제2부 '영월 속으로의 시간여행'편은 제1부에서 미처 설명 드리지 못한 부분을 보충해 주는 시대사적 흐름을 이해하는 장으로 꾸몄습

니다. 즉 선사시대부터 근대사회에 이르기까지 영월지역과 관련된 내용들을 중심으로 정리해 보았습니다. 그리고 답사여행을 하면서 꼭 필요한 석탑·불상·승탑에 관한 간단한 설명과 함께 흐름도 집어넣었습니다.

　따라서 답사여행을 할 때 이 책을 갖고 다니며 맞춰보시면, 어린 자녀들과 함께 문화유산을 감상하는 데 많은 도움이 될 것입니다. 모쪼록 독자 여러분들께 유익하고 재미있는 답사여행의 밝은 등댓불이 되었으면 하는 바람입니다.

　영월지역을 답사하면서 도움 받은 책들이 참 많았습니다. 그 저자분들께 진심으로 감사 드립니다. 그 중에서도 엄홍용의『영월 땅이름의 뿌리를 찾아서』는 정말 저에게 많은 도움을 주었답니다. 다시 한번 머리 숙여 감사 드립니다. 그리고, 그 어려운 답삿길에 함께 동행하여 주신 이영만 선생님과 윤창근 선생님, 그리고 대원과학대학 조일환 박사님께도 고맙다는 인사를 올립니다.

　그런데 막상 원고를 탈고하고 보니 보잘것없는 글이 되고 말았습니다. 이처럼 형편없는 글임에도 불구하고 책으로 나오게끔 노력하여 주신 신서원에 진심으로 감사드립니다. 또한 '부모의 서가에서 자식의 책꽂이로 대물림'할 수 있기를 바라며, 이 책을 만들어주신 신서원 여러분께도 고마움을 전합니다.

　그리고 묵묵히 자식 잘되기만을 기원해 주신 부모님, 이른 새벽 답사 길에 함께 동행하여 준 고마운 아내, 아빠의 든든한 후원자가 되어준 아들녀석 지언이, 귀염둥이 딸 혜리에게도 이 책을 드립니다.

2004년 5월
연오흠 올림

시작하는 글 3

제1부 충절의 고장, 영월 나들이

영월 이야기   편안히 넘는 고을 12 / 충절의 고장, 영월 16 / 영월과 인연을 맺는 김삿갓 18 / 동강으로 다시 태어난 영월 22 / 어! 강 이름이 자꾸 바뀌네요? 25

단종의 유뱃길 1   7일간의 유배행렬 27 / 물미마을은 공원묘지가 되고 30 / 소쩍새는 울어 예고 32 / 나루를 건너 탑거리로 35 / 호랑이도 무덤이 있어요 38

술이 샘솟는 고을, 주천   술이 솟아나는 샘 43 / 청허루와 빙허루 47 / 그렇게 스러져 간 청허루 50 / 새로 복원되는 빙허루 52 / 태실은 망산, 이름은 태봉산 54 / 비석거리 56

무릉도원 가는 길   아빠! 무릉도원이 뭔데요? 58 / 신선을 맞이하는 정자, 요선정 62 / 어제현판이 요선정에 걸린 까닭은? 66

적멸보궁 가는 길   무릉도원을 지나 부처님의 세계로 72 / 9산선문의 사자산, 흥녕사 터 75 / 징효대사 승탑·탑비 76 / 솔아 솔아 푸른 솔아 80 / 적멸보궁에는 불상이 없습니다 84 / 산신각에는 호랑이가 있습니다 88

단종의 유뱃길 2   느티나무 쉼터 91 / 임금이 오른 고개, 군등치 92 / 충절이 흐르

차 례

	는 정자, 관란정 95 / 일편단심 민들레 96
박물관 옆 한반도지형	문화의 향기를 찾아 책마을로 99 / 영월책박물관 100 / 우와! 정말 한반도 지형처럼 생겼네! 102 / 눈물겨운 서강지킴이 106 / 영월군에 제안드립니다 108
단종의 유뱃길 3	깊은 상념에 잠긴 배일치 110 / 옥녀봉 112 / 선돌을 지나 청령포로 113
유배생활 1 – 절망	청령포의 천혜조건 117 / 단종은 비운의 군주였습니다 118 / 단종의 한이 서린 곳 121 / 천만리 머나먼 길에 124
유배생활 2 – 악몽	부디 춘삼월에는 자규루에 오르지 마오 127 / 충절이 악몽이 될 줄이야 130 / 대군과 군은 어떻게 달라요? 132
편히 잠든 장릉 – 충절	두 충신의 충절 135 / 천하의 명당, 장릉 137 / 장릉을 내려가는 길 140 / 선생님, 조와 종은 어떻게 달라요? 144
고요한 산사로의 가을여행	고요하고 정갈한 보덕사 147 / 꿈속에서 본 금몽암 150
영월읍내 둘러보기 1	효자정려각 153 / 창절서원 154 / 충신을 모신 충절사 158 / 신앙으로 승화된 단종의 혼 162
영월읍내 둘러보기 2	절벽에는 임을 향한 고운 넋이 흐르고 165 / 아리따운 열여섯 순절 166 / 꿈★은 이루어진다 171 / 영월항교 174 / 기쁨과 슬픔을 예언한 은행나무 175

차 례

남한강을 따라 가는 길   정조대왕 태실 178 / 태실은 이렇게 만들어진대요 181 / 왕검성 181 / 고씨동굴 184

김삿갓묘를 찾아서   김삿갓묘를 찾아가는 길 187 / 조선민화박물관 188 / 장원급제가 삿갓이 될 줄이야 194 / 김삿갓묘 197

방랑시인 김삿갓   장승과 솟대 201 / 산수와 사랑과 이별의 시 202 / 세상을 한껏 조롱한 풍자시 207 / 김삿갓 생가 터 210

동강은 흘러야 한다   동강의 생태계 214 / 1999년은 잔인했습니다 218 / 우리 모두가 죄인입니다 223

천혜의 비경, 동강 탐사   동강으로 가는 길 225 / 별마로 천문대 226 / 만지산 전산옥이야 술상 차려 놓게나 229 / 어라연 234

제2부 영월 속으로의 시간여행

선사시대의 영월   인류는 이렇게 진화되었답니다 240 / 영월에도 구석기인들이 살았을까요? 243 / 신석기 시대는 평등사회 244

전쟁시대의 시작   이제는 전쟁시대입니다 248 / 청동기 문화의 상징, 고인돌 250 / 생김새에 따라 이름이 달라져요 254

한강을 지배하는 자, 한반도를 호령합니다   민족의 젖줄, 한강 256 / 처음에는 백제였습니다 258 / 이번에는 고구려가 차지합니다 260 / 다음은 신라가 장악합니다 264

부처님의 마음을 깨닫습니다	선종과 교종 267 / 부처는 내 마음속에 있소이다! 268 / 선종 9산 269
난세의 영웅호걸	다시 분열되는 한반도 272 / 영월로 숨어든 궁예 274 / 세달사를 떠나 세상 밖으로 276 / 짐은 미륵불의 화신이오! 280
석탑의 나라 1	탑은 부처님의 무덤이래요 283 / 탑 속에는 사리만 있을까요? 286 / 목탑이 석탑으로 바뀝니다 287 / 위대한 3층 석탑의 탄생 290
석탑의 나라 2	고려는 다양성의 시대였습니다 295 / 탑 이름은 어떻게 지을까요? 296 / 석탑 감상하기 300
승탑은 고승들의 묘	답사의 길라잡이 305 / 승탑은 스님의 묘입니다 306 / 승탑의 탄생 308
불상을 알면 절집이 보입니다	알렉산더와 불상의 출현 313 / 불상을 알면 절집이 보입니다 314 / 불상도 급수가 있어요 315 / 불상 구분하기 316
한강의 수로는 고속도로였습니다	삼국시대는 군사도로 320 / 고려시대는 산업도로 321 / 조선시대는 고속도로 322 / 영월지역의 조창 326 / 동강에는 아라리와 함께 뗏목이 흐르고 327
금강산도 식후경	영월의 특산물 331 / 영월의 맛 자랑 332

도움받은 책과 기관 334
인용 사진 및 지도 335

제1부
충절의 고장, 영월 나들이

영월 이야기

> 강원도 영월은 편안할 '寧' 자에, 넘을 '越' 자를 써서 '편안히 넘어가는 고을'이란 뜻입니다. 그 이름에서 편안함과 아늑함을 느낄 수 있죠. 그러나 寧越이란 지명을 역설적으로 해석하면, 매우 고단한 삶을 살았던 곳으로도 볼 수 있지 않을까요?

편안히 넘는 고을

강원도 영월하면, 가장 먼저 떠오르는 것이 무엇일까요? 사람에 따라 그 순서가 다르겠지만 아마도 단종과 김삿갓 그리고 동강을 떠올릴 것입니다. 그렇습니다. 하지만, 왜 고을이름이 영월이 되었는지에 대해서는 잘 알지 못할 겁니다. 따라서 제1부 '충절의 고장, 영월 나들이'편은 영월(寧越)이란 지명을 풀어가는 것으로부터 시작하겠습니다.

강원도 영월은 편안할 '寧(영)'자에, 넘을 '越(월)'자를 써서 '편안히 넘어가는 고을'이란 뜻입니다. 그 이름에서 편안함과 아늑함을 느낄 수 있죠. 그러나 영월(寧越)이란 지명을 역설적으로 해석하면, 매우 고단한 삶을 살았던 곳으로도 볼 수 있지 않을까요? 네, 맞습니다. 적어도 고려 태조 왕건이 후삼국을 통일하기 전까지는 하루도 편안한 날이 없을 만큼 치열한 삼국항쟁의 격전지였답니다.

지리적으로 한강 상류에 위치한 영월지역은, 4세기 초까지 백제(百濟)의 영토였습니다. 그러다가 미천왕 때인 330년 고구려의 속현

단종 영정
고 운보 김기창 화백이 그린 영정으로 추익한이 백마를 탄 단종임금께 산에서 따온 머루를 진상하는 모습입니다. 이 사진은 단종역사관에 걸려 있는 영정입니다.

이 되면서 내생현(柰生縣)이 되었습니다. 그 뒤 5세기로 접어들면 장수왕이 남진정책을 강력히 추진함으로써 한강 유역 전체를 고구려(高句麗)가 차지합니다.

이 때부터 남한강 상류지역은 남진하는 고구려와 북진하는 신라가 서로 마주쳐 싸울 수밖에 없는 치열한 격전장으로 탈바꿈합니다. 신라로서는 험준한 소백산맥을 너머 한강 유역을 차지해야만 삼국통일의 교두보를 확보할 수 있습니다. 고구려 또한 한강 유역을 장악하고 있어야 한반도의 주도권을 계속 유지할 수 있기 때문입니다.

그 뒤 6세기 중엽에 이르면, 진흥왕의 영토 확장정책이 성공함으로써 한반도의 심장부에 해당하는 한강 유역은 신라가 차지합니다. 따라서 남한강 상류에 위치한 영월지역도 신라의 영토로 바뀌게 됩니다. 이를 뒷받침하는 것이 단양에 세워져 있는 '신라[단양]적성비'입니다.

이렇게 고구려·백제·신라가 삼국항쟁의 격전을 벌일 때, 바로 한강 유역의 장악은 한반도의 주도권을 잡을 수 있는 그 승패의 지름길이었습니다. 그러다 보니 남한강 상류에 위치하고 있는 영월지역은 끊임없는 삼국 항쟁의 격전장이었답니다. 즉 남한강 강변을 따라 축조된 정선의 애산성·고성산성, 영월의 완택산성·왕검성·태화산성·대야산성, 단양의 온달산성·적성산성 등이 이를 뒷받침해 주고 있는 것입니다.

그 뒤 신라는 나당연합군(羅唐聯合軍)을 결성하여 660년 백제를 멸망시키고, 이어서 668년 고구려까지 멸망시킵니다. 그런 다음 676년 금강하구의 기벌포에서 당(唐)의 수군을 섬멸시키고 삼국통일을 이룩합니다. 이 때부터 영월지역은 전쟁이 없는 편안한 날이 되었겠죠. 그리고 흥덕왕 때인 826년에 이르면 내성현(柰城縣)으로 이름이

단양 신라적성비

국보 제198호. 6세기 중엽에 신라가 고구려를 물리치고 남한강 일대를 장악한 것을 기념하기 위해 세운 척경비입니다. 비문의 내용은 진흥왕이 이사부·이간·내예부·대아간·무력 등 열 명의 군지휘관에게 명하여 이 곳 적성출신인 야이차의 공로를 포상하고, 앞으로 야이차가 충성하듯이 신라에 충성하는 사람들에게는 포상을 하라는 내용입니다.

바뀌게 됩니다.

 그러나 그런 편안함도 그리 오래가지는 못했습니다. 한반도는 또 다시 전쟁의 소용돌이에 휘말립니다. 즉 견훤과 궁예에 의해 신라는 다시 후삼국으로 분열되고, 영월지역은 또다시 전쟁터로 변하고 말았습니다. 그러다가 936년 고려(高麗) 태조 왕건에 의해 민족이 재통일되면서, 남한강 상류에 위치한 영월지역은 그 지긋지긋한 전쟁의 굴레로부터 벗어날 수 있었답니다.

 이렇게 한반도가 고려로 재통일되면서 마침내 영월에도 평화의 시대가 찾아온 것입니다. 그래서 이 때부터 험준한 소백산맥을 편안히 넘을 수 있는 고을이 되었다고 하여 영월이라는 편안한 이름을 가지게 되었답니다. 그 뒤 공민왕 때인 1372년에 이르면 현(縣)에서 군(郡)으로 승격됩니다. 즉 영월군이 된 것이랍니다.

 이제 영월이란 지명이 왜 생겼는지 그 유래를 알 수 있겠죠. 다음은 조선시대의 영월 이야기로 이어집니다.

충절의 고장, 영월

 그렇게 조용하고 편안하던 영월이 조선왕조시대로 접어들면, '충절(忠節)의 고장'으로 역사의 전면에 새롭게 등장합니다. 병약한 문종이 죽자, 불과 12살의 어린 나이로 왕위에 오른 이가 조선왕조 제6대 왕인 단종(端宗)입니다. 어린 단종이 즉위하자 작은아버지인 수양대군[세조]은 이른바 '계유정난'을 일으켜 사실상 왕위를 찬탈합니다. 즉위 3년 만의 일이었습니다.

 그러자 단종을 보필하던 성삼문·박팽년·이개·하위지·유성원·유응부 등 여섯 명의 신하가 '단종복위'를 도모하다 사전에 발각

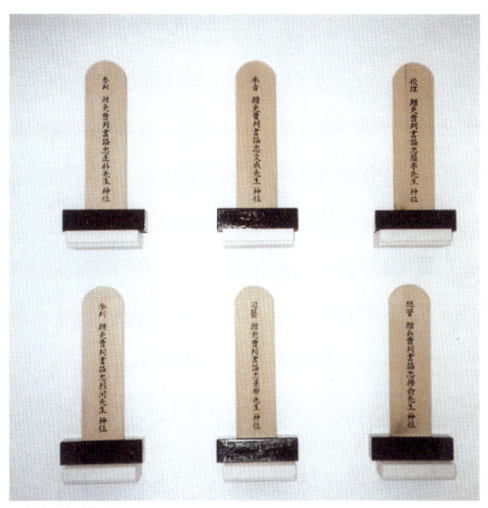

사육신 위패
수양대군이 왕위를 찬탈하자 이에 반발하여 '단종복위 운동'을 도모하다 처참하게 죽임을 당한 6명의 신하들을 사육신이라고 부릅니다. 사진은 단종역사관에 모셔져 있는 이들의 위패입니다.

되어 무참하게 죽는 사건이 발생합니다. 역사는 이들을 사육신(死六臣)이라 부릅니다. 이렇게 되자 수양대군은 단종을 노산군(魯山君)으로 강등시켜 강원도 영월의 청령포로 유배시킵니다.

청령포에서 유배생활을 하던 그 해(1456) 여름, 큰 홍수가 나자 단종은 거처를 영월객사인 관풍헌으로 옮깁니다. 그렇게 관풍헌에서 유배생활을 하고 있을 때, 경상도 순흥에서 금성대군이 다시 단종을 복위시키려다 발각되는 사건이 일어납니다.

이렇게 되자 수양대군은 단종을 다시 노산군에서 서인(庶人)으로 강등시키고, 이어서 사약을 내립니다. 사약을 받은 단종은 1457년 10월 24일 유시(酉時 ; 오후 5시~7시 사이), 한 많은 짧은 생을 마감하고 그렇게 승하하셨습니다. 이 때 단종의 나이 불과 17세의 앳된 미소년이었답니다.

한편 단종이 영월로 유배되어 힘겨운 생활을 하고 있을 때 산에서 머루를 따다 바친 추익한, 단종의 시신을 거두어 지금의 장릉자리에 암매장하였던 엄홍도, 그 뒤 많은 세월이 흐른 뒤 단종의 묘소를 찾아낸 박충원 등 단종을 향한 '임 향한 일편단심'의 충절은 끊일 줄을 몰랐습니다. 그래서 영월을 '충절의 고장'이라고 부르는 것이랍니다.

그렇게 서인으로 죽임을 당해 동을지산에 잠들어 있던 단종은, 숙종에 의해서 1681년 노산대군으로 승격되고, 그 뒤 숙종 24년(1698)에 이르러서야 비로소 단종으로 복위되었답니다. 그리고 영월을 단종대왕이 모셔진 고을이라 하여 군(郡)에서 영월부(府)로 승격시켰고요.

단종의 역사는 이렇게 숙종의 역사바로세우기 작업으로 다시 쓰여지게 된 것입니다. 왜곡된 단종의 역사를 바로잡은, 이른바 '단종사면복권'정책은 참으로 고뇌에 찬 결단이었을 겁니다. 그래서 역사의 진실은 언제나 정의(正義)편에 서 있는 것이랍니다. 이렇게 잘못된 단종의 역사를 바로세우는 데 자그마치 241년의 세월이 필요했던 것입니다.

따라서 영월지역을 답사할 때는 단종을 빼 놓고는 절대로 이야기 할 수 없는 것입니다. 단종의 유배지인 청령포·자규루·관풍헌, 그리고 그가 잠들어 있는 장릉 등 어디 하나 단종의 한이 서려 있지 않은 곳이 없답니다. 그래서 영월하면 단종이요, 단종하면 영월입니다.

영월은 그렇게 슬픈 역사를 가슴에 품고 있는 애환의 땅이자, 충절의 고장이랍니다.

영월과 인연을 맺는 김삿갓

19세기 세도정치의 폐단으로 세상이 어지러울 때 충절의 고장, 영월 땅으로 김병연이라는 어린 꼬마가 바람처럼 숨어 듭니다. 1800년 6월, 정조가 갑자기 죽자 나이 어린 순조가 즉위합니다. 이 때 순조의 나이 불과 11살이었습니다. 참으로 안타까운 현실이었을 겁니다.

장릉 전경
관풍헌에서 서인으로 죽임을 당해 동을지산에 잠들어 있던 단종은, 숙종에 의해서 1681년 노산대군으로 승격되고, 이어 숙종 24년(1698)에 이르러서야 비로소 단종으로 복위되었습니다. 그리고 이 때 장릉으로 추봉됩니다.

이 때부터 조정은 왕실의 외척가문이 정국을 좌지우지하는 세도정치로 이어집니다. 순조 때 안동김씨→헌종 때 풍양조씨→철종 때 다시 안동김씨로 이어지는 세도정치는 3대 60년 동안이나 계속되었답니다.

이러한 세도정치가 시작되면서 정치기강은 극도로 문란해집니다. 관직을 사고 파는 행위가 심심찮게 나타납니다. 그럴수록 세도가의 곳간에는 뇌물만 쌓여갑니다. 뇌물로 관직을 산 수령들은 죄 없는 백성들만 수탈하였고요. 그리하여 나라의 민생고는 도탄에 빠지고, 세상의 민심은 점점 흉흉해져 갔습니다.

순조 11년(1811), 마침내 참다못한 백성들이 들고일어납니다. 민란이 발생한 것이죠. 세도정치에 항거한 '홍경래의 농민봉기'는 이렇게 시작된 것이랍니다. 역사는 이를 '홍경래의 난'으로 기록하고 있습니다. 우리가 볼 때는 분명 의로운 농민항쟁이지만, 세도가들이 볼 때에는 자신들에게 칼을 겨눈 반란이었을 겁니다.

몰락한 양반출신인 홍경래가 영세농민·중소상인·광산노동자 등과 의기투합하여 평안도 가산을 시작으로 선천·정주 등을 함락시킵니다. 이 때 선천부사인 김익순은 농민군에게 투항한 죄로 집안이 멸족당하는 화를 입습니다. 그가 바로 김병연[삿갓]의 할아버지였습니다. 병연의 나이 불과 다섯 살 때의 일입니다.

이렇게 집안이 풍비박산 나자 병연의 부모는 자식들을 데리고 황해도 곡산(谷山)으로 피신합니다. 설상가상으로 아버지마저 화병으로 돌아가십니다. 이에 어머니는 세상의 멸시를 피해 어린 자식들을 데리고 강원도 영월의 첩첩산중으로 숨어들었습니다. 영월과 김삿갓의 첫 만남은 이렇게 시작된 것이랍니다.

단종 이후 조용하기만 하던 영월을 다시 세상 밖으로 이끈 전주곡

김삿갓 목상

단종 이후 조용하기만 하던 영월을 다시 세상 밖으로 이끈 전주곡이 바로 김삿갓의 등장이었습니다. 천륜을 어긴 죄로 세상을 한껏 조롱하며 일세를 풍미한 김삿갓, 그가 묻혀 있기에 영월은 지금도 외롭지 않답니다. 사진은 김삿갓 계곡 초입에 세워져 있는 나무로 조각한 목상입니다.

이 바로 김삿갓의 등장이었습니다. 천륜을 어긴 죄로 세상을 한껏 조롱하며 일세를 풍미한 김삿갓. 그가 묻혀 있기에 영월은 지금도 외롭지 않답니다.

동강으로 다시 태어난 영월

첩산중에 자리잡은 영월지방은 산 높고 물 좋은 수려한 경관 때문에, 오늘날 아름다움을 자랑하는 관광명소가 되었습니다. 그래서일까, 고려시대 학자출신인 정추(鄭樞)는 "칼 같은 산들은 얽히고 설켜 있고, 비단결 같은 냇물은 맑고 잔잔하다"고 표현하였습니다. 이처럼 산은 높고 골이 깊다 보니, 곳곳에 맑고 깨끗한 물이 하천과 강물이 되어 마치 인체의 동맥처럼 흘러갑니다.

자, 그럼 지금부터 영월군을 흐르는 크고 작은 강들을 설명할게요. 먼저 주천강(酒泉江)은 횡성 태기산에서 발원하여 강림면을 지나 영월군 수주면으로 들어오면, 운학천을 받아들이고 서마니→엄둔→도원을 지나 사자산에서 흘러오는 법흥천과 합류합니다. 그 합류지점에 요선정이 우뚝하게 솟아 있습니다. 그런데 물이 흘러오는 모습이 마치 섬을 품은 복주머니(Ω)처럼 흐른다고 하여 '섬안이강'으로 불리기도 합니다. 이 '섬안이강'의 발음이 섬안이→서만이→서마니로 변하여 '서마니강'이 되었습니다. 그래서 이 곳의 지명을 '서마니'라고 부르는 것이랍니다.

요선정 앞에서 합류한 주천강은 무릉리→주천리→용석리를 지나, 서면의 신천리에서 평창강을 만나 주천강으로서의 생명을 마감하고, 서강(西江)으로 이름을 바꾸어 영월읍 서쪽으로 흘러갑니다. 한편, 오대산에서 발원한 평창강은 평창군을 남북으로 흘러가다 영월

동강

조양강이 정선을 지나 영월 땅으로 접어들면 그 이름을 동강으로 바꿉니다. 여기서부터 사행천을 이루며 영월 동쪽을 굽이굽이 돌아 함백천을 받아들이며 덕포까지 흐르는 물줄기를 동강이라 부릅니다.

군 주천면 판운리를 지나, 서면 옹정리 선암마을 앞에서 한반도지형을 만들어 놓고 신천리에서 주천강을 만나 서강이 되는 강입니다.

여기서 서강은 공식명칭이 아닙니다. 보다 정확히 말하자면 서강의 공식이름은 평창강입니다. 그러나 대부분의 사람들은 영월 서쪽으로 흐르는 강이라 하여 서강으로 부르고 있습니다. 평창강으로서는 참 안타까운 심정이겠죠. 자기 이름을 두고도 서강으로 부르니 말이에요. 정말 사람들이 얄미울 거예요.

평창강과 주천강을 받아들인 서강은 강물의 폭을 넓히며 유유히 흘러 영월군의 서쪽을 굽이돌아 영월읍 덕포에서 동강을 만나 그 생명을 다하고 남한강으로 이름을 바꾸어 흘러갑니다. 이렇게 한강의 본류인 남한강은 동강과 서강이 만나는 덕포에서부터 시작되는 강이랍니다.

이제 서강을 만나 남한강이 되는 동강(東江)을 알아볼까요? 한강의 발원지는 강원도 태백시 창죽동 금대산 계곡 검룡소입니다. 여기서 흘러내린 물줄기가 골지천을 이루고, 임계를 지나 여량에서 송천과 합류하는 곳을 아우라지라 합니다. 여기가 바로 그 유명한 정선아라리의 고향, 아우라지입니다. 그렇게 흐르다 정선군 나전에 이르면 오대산 우통수에서 발원한 오대천을 받아들이며 조양강으로 이름을 바꾸어 정선읍내를 굽이돌아 흐릅니다.

정선을 지나온 물줄기가 영월땅으로 접어들면 다시 동강으로 이름을 바꿉니다. 여기서부터 사행천(蛇行川)을 이루며 영월 동쪽을 굽이굽이 돌아 함백천을 받아들이며 덕포까지 흐르는 물줄기를 동강이라 부릅니다.

바로 이 강이 얼마 전까지만 하더라도 동강다목적댐건설계획 때문에 매스컴의 단골뉴스로 유명세를 탔던 그 동강입니다. 다행히 동강다목적댐건설계획이 백지화됨으로써 천혜의 비경을 간직한 동강은 우리들 곁에 그대로 살아남게 되었답니다. 정말 천만다행입니다.

이 때부터 단종과 김삿갓 이후 평화롭기만 하던 영월은 다시 역사의 전면에 등장하게 됩니다. 그러나 사람들이 몰리면서 천혜의 비경을 간직한 동강은 상처를 입기 시작합니다. 1급수였던 강물은 2급수로 전락하고, 동강의 맑은 물에서 산란탑을 쌓던 어름치는 어느새 동강을 떠나고 말았습니다. 그렇게 동강은 우리 인간들의 발길에 지금도 망가지고 있답니다.

이처럼 영월은 비단결 같은 냇물이 군 전체를 적시며 곱디곱게 흘러가는, 아름답고 서정성 짙은 고장이랍니다.

어! 강이름이 자꾸 바뀌네요?

자! 여기서 한 가지만 짚고 넘어갈까요? 가만히 보니까, 하나의 강이 흐르다가 다른 강을 만나거나 또는 행정구역이 바뀌면, 그 강의 이름은 생명을 다하고 또 다른 강으로 이름이 바뀐다는 사실을 발견할 수 있죠. 맞습니다.

우리 민족의 젖줄인 한강을 예로 들어봅시다. 한강의 발원지는 태백의 검룡소입니다. 거기서 흘러내리는 물줄기가 내를 이룬 것

정선 아우라지
송천과 골지천이 하나로 어우러진다고 하여 '아우라지'라 부릅니다. 이 곳은 조선시대 뗏목이 출발하던 나루터로서 정선 아라리의 고향이랍니다.

이 '골지천'입니다. 이 골지천이 '송천'과 합류하는 아우라지에 이르면, 골지천과 송천이란 이름은 그 생명을 다하고 강물 속에 묻혀버립니다.

그러다가 '오대천'을 받아들이면 '조양강'으로 이름이 바뀝니다. 정선군을 지나온 조양강이 영월군으로 접어들면 '동강'이란 이름으로 새롭게 태어납니다. 영월군 동쪽을 굽이굽이 돌아 '함백천'을 받아들인 동강이 덕포에 이르면, 주천강과 평창강이 만나 영월군 서쪽을 굽이돌아온 '서강'과 합류합니다. 여기서 동강과 서강이 만났으니 또 강 이름이 바뀌겠죠. 당연지사죠. 바로 우리 민족의 젖줄, '남한강'이 시작되는 것입니다.

이 남한강이 영월→단양→제천→충주→원주→여주·이천→광주·양평을 지나 양수리에서 '북한강'과 합류하여 팔당댐을 이룬 뒤 서울을 가로질러 김포·강화 앞에서 서해바다가 되는 것입니다. 그렇게 수십 개의 강 이름이 피고지고 하는 흥망성쇠를 거듭하며 하나의 거대한 강, '한강'을 이루는 것이랍니다.

잠깐! 그런데 왜 이렇게 강타령만 늘어 놓고 있느냐고요? 물론, 이유가 있습니다. 영월지역 어디를 가든 앞에서 언급한 하천이나 강줄기를 따라 길[도로]이 나 있습니다. 예를 들어, 적멸보궁을 가려면 주천강과 법흥천을 따라 이어지는 도로를 이용해야 합니다. 김삿갓묘를 갈 때도 남한강→옥동천→김삿갓 계곡으로 이어지는 길을 따라 들어가야 됩니다. 이제, 왜 강타령을 했는지 이해가 되시죠.

지금까지 영월 이야기를 간략하게 알아보았습니다. 이제 본격적으로 영월지역에 대한 '역사기행 문화탐방'으로 이어집니다. 자! 우리 함께 떠나 봅시다. 부-웅~

단종의 유뱃길 1

> 1456년 음력 6월 22일, 단종의 유배행렬은 돈화문을 출발합니다. 찌는 듯한 무더위 속의 강행군이었습니다. 그로부터 일주일 뒤인 6월 28일 영월의 청령포에 도착합니다. 정확히 7일이 걸렸지요. 약 1천 리의 유뱃길이었습니다.

7일간의 유배행렬

수양대군[세조]에게 왕위를 찬탈당한 단종은 사육신들이 계획했던 이른바 '단종복위' 사건으로 상왕에서 노산군으로 강등되어 강원도 영월땅으로 유배됩니다.

단종의 유배행렬은 인솔책임자인 중추부사 어득해(魚得海), 내시부사 홍득경(洪得敬)과 50명의 군졸들로 구성되었습니다. 이렇게 구성된 유배행렬은 광나루→양주→광주→양평→여주의 이포나루까지는 남한강 뱃길을 이용했습니다. 그리고 이포나루에서 여주→원주→영월의 청령포까지는 역로(驛路)를 따라 가마를 타고 갔습니다.

1456년 음력 6월 22일, 단종의 유배행렬은 돈화문을 출발합니다. 찌는 듯한 무더위 속의 강행군이었습니다. 그로부터 일주일 뒤인 6월 28일 영월의 청령포에 도착합니다. 정확히 7일이 걸렸지요. 거리는 약 4백 킬로미터로 1천 리의 유뱃길이었습니다.

창덕궁 대조전에서 유배교서를 받고 돈화문을 나선 단종은 지금의 성동구 화양동에 있는 화양정(華陽亭)에서 첫날밤을 보냅니다. 세조는 내시인 안로(安路)에게 명하여 귀양길에 오르는 단종을 위로한다는 명목으로 화양정에서 간소한 연회를 베풉니다.

그러나 잔치를 베푼 진짜 이유는 백성들의 이목(耳目)을 두려워한 세조의 위선일 뿐이었습니다. 그러니 음식이 제대로 넘어갈 리가 없었겠죠. 결국 단종은 차려 놓은 음식을 물리치고 하염없이 눈물만 흘렸다고 합니다. '민심(民心)은 천심(天心)'이라고 패륜을 저지른 세조도 백성들의 민심은 두려웠던 모양입니다.

다음날, 화양정을 떠난 유배행렬은 배를 타기 위해 지금의 천호대교 부근에 있던 광나루에 도착합니다. 행렬은 광나루를 출발하여 양주(楊州)에서 머무르게 되는데 이 때 차성복이란 백성이 백설기를 찐 시루를 단종에게 바치며 귀양가는 어린 임금께 큰절을 올렸다는 이야기도 전해 옵니다.

이어 지금의 팔당댐 부근에 있는 광주(廣州)의 '배알미리'를 지나갈 때였습니다. 귀양길에 오른 어린 임금을 배알하기 위해 백성들이 모여들었습니다. 하지만 군졸들의 제지로 배알할 수가 없었습니다. 하는 수 없이 멀어져 가는 단종의 뒷모습을 바라보며 통곡 속에 큰절을 올렸습니다. 그래서 마을이름이 '배알미리(拜謁尾里)'가 되었습니다.

이윽고 단종을 실은 배가 여주의 이포나루에 도착합니다. 이제부터는 남여(籃輿) 즉 가마를 타고 육로를 따라가는 험난한 여정입니다. 음력 6월 하순이면 찌는 듯한 무더위의 한여름이었는데, 심신이 지친 단종은 여주군 대신면 상구리 마을에서 잠시 쉬게 됩니다.

그러니 오죽 갈증이 심했겠습니까? 단종은 찬물을 달라 하여 마시고 갈증을 풀었는데, 그 우물을 가리켜 '어수정(御水井)'이라고 부릅니다. 지금도 어수정은 물맛이 좋기로 소문이 나서 사람들의 발길이 끊이지 않는 곳입니다. 단종이 마신 샘물이니 어수정이라…!

단종의 유배행렬 모형도
단종의 유배행렬은 인솔책임자인 중추부사 어득해·내시부사 홍득경과 50명의 군졸들로 구성되었습니다. 이렇게 구성된 유배행렬은 광나루→양주→광주→양평→여주의 이포나루까지는 남한강 뱃길을 이용했습니다. 그리고 이포나루에서 여주→원주→영월의 청령포까지는 역로를 따라 가마를 타고 갔습니다. 사진은 단종역사관에 전시되어 있는 모형도랍니다.

여주를 지나 원주땅으로 접어든 유배행렬은 부론면 단강리에 있는 느티나무 정자에서 바람을 품안으며 휴식을 취하게 됩니다. 이 곳이 바로 단강초등학교 교정에 있는 '단정지(端亭址)'입니다. 이어서 부론면 운남리 고갯길을 넘어갈 때도 백성들이 모여들어 유뱃길에 오른 단종에게 큰절을 올리며 눈물을 흘렸습니다. 그러니 또 이름이 생겼겠지요. 왕을 배알한 고개, 즉 '뱃재', 그럴듯하지요.

이제 단종의 유배행렬은 부론을 지나 신림역(神林驛)에 도착합니다. 신림에서 황둔을 지나 솔치고개를 넘으면 영월땅입니다. 솔치고개를 넘어 물미마을[어음정]→신흥역 공순원→주천나루→탑거리→쉼터→군등치→명라곡→배일치→점동[점말]→갈골→옥녀봉→선돌→청령포로 이어지는 단종의 유뱃길은 영월군 지역에 속합니다. 따라서 단종의 유배행렬이 지나간 영월군 지역은, 실제 답사를 하며 그 일정에 따라 그때그때 필요한 설명을 드리겠습니다.

물미마을은 공원묘지가 되고

역사기행 문화탐방 영월편을 기획하면서 첫출발을 어디에서부터 시작할 것인가를 놓고 정말 많은 고민을 하였습니다. 첫출발이 좋아야 매듭이 잘 풀리듯이, 제1부 제1·2장의 서술은 많은 것을 시사해 주기 때문입니다. 고민 끝에 정한 화두(話頭)가 영월하면 단종이듯이 '단종의 유뱃길'로 테마를 잡았습니다.

강원도 영월을 찾아가는 길은 중앙고속도로 제천교차로에서 빠져나와 38번 국도를 타고 들어가는 것이 가장 일반적입니다. 하지만 단종의 유뱃길을 따라 영월로 진입하려면, 신림교차로에서 우회전하여 88번 지방도로를 따라 주천 쪽으로 길머리를 잡아야 합니다.

신림터널을 지나 내려오면 황둔(黃屯)에 이릅니다. 여기서 다리를 건너자마자 길이 두 갈래로 나뉘어지는데, 그대로 직진하면 솔치터널입니다. 이 때 직진 길을 버리고 오른쪽으로 나 있는 옛길을 선택해야 합니다. 그래야 단종이 넘었던 솔치고개를 넘을 수 있습니다. 불과 2년 전까지만 하더라도 이 길이 솔치고개를 넘어가는 유일한 도로였습니다. 하지만 지금은 그 밑으로 '솔치터널'이 새롭게 뚫려, 이제는 단종의 애환을 뒤로한 채 그렇게 옛길로 전락하고 말았습니다. 세월은 그렇게 무상하답니다.

아무튼 오른쪽 옛길로 접어들어 굽이굽이 올라가면, 고갯마루에 '솔치재'라 쓴 커다란 자연석 바위가 나타납니다. 옛날에는 물미마을 쪽으로 고갯길이 이어졌다고 합니다. 여기를 지나면 오른쪽으로 새롭게 뚫린 임간도로(林間道路)가 나옵니다.

이 길을 따라 1.5킬로미터쯤 올라가면 산 정상부분에 공원묘지가 나타납니다. 영월군에서 조성하고 있는 공원묘지라고 합니다. 아무리 군민을 위한 공원묘지라도 이렇게 산 정상을 휑하니 밀어 버리고 만들었어야 하는지 참으로 답답하기만 합니다. 자연은 한 번 훼손하면 영원히 되살릴 수 없다는 진리를 교훈으로 삼아야 할 때입니다.

지금 공원묘지를 조성하고 있는 이 곳이, 바로 550여 년 전 단종이 유뱃길에 잠시 머물며 샘물로 갈증을 풀었던 그 '물미마을'입니다. 불과 10여 년 전까지만 하더라도 여덟 가구가 옹기종기 모여 알뜰살뜰 살아가던 삶의 터전이었습니다. 그러나 몇 년 전 마을주민들이 모두 객지로 떠나 버리자, 마을은 그렇게 폐허로 변하고 말았답니다. 그리고 그 빈터에 공원묘지를 조성하고 있는 것이고요.

그 공원묘지 입구 산자락 전나무 밑에 '어음정(御飮井)' 표지석이 쓸쓸하게 자리잡고 있습니다. 둥글게 생긴 자연석을 다듬어 앞면은

'御飮井(어음정)', 뒷면은 '端宗解渴之處(단종해갈지처)' 1456년 6월 27일'이라는 글자를 새겨 놓았습니다. 따라서 단종의 유배행렬이 물미마을을 통과할 때가 6월 27일이었음을 알 수 있습니다. 그 다음날인 28일 청령포에 도착하였으니, 여기서부터 청령포까지 만 하루가 걸린 셈입니다.

그 자리에서 아래쪽으로 눈을 돌리면 둥글게 돌로 쌓은 우물이 보입니다. 이것이 '어음정' 우물입니다. 공원묘지를 조성하며 새롭게 쌓은 돌이라서 그런지 전혀 세월의 무게가 느껴지지 않습니다. 마음만 참참합니다. 하기야 10년이면 강산도 변한다는데 550여 년의 세월이 흘렀으니 무너져 내린 우물을 다시 쌓는 일은 어쩔 수 없는 노릇이었겠지요.

공원묘지가 깨끗이 마무리되면 전나무 밑에 세워져 있는 표지석도 이 곳으로 옮겨 놓는다고 합니다. 제발 어음정 표지석만큼은 잘 보호되고 길이길이 보존되었으면 하는 바람입니다. 이렇게 어음정이 있는 물미마을은 공원묘지에 그 자리를 내어주고 역사의 뒤안길로 사라지고 말았답니다.

소쩍새는 울어 예고

물미마을에서 내려와 주천 쪽으로 가다 보면 길가에 '신흥마을'이라는 자연석 이정표가 보입니다. 여기서 신흥마을을 가려면 마을 진입로로 접어들어 좀더 들어가야 합니다. 바로 이 곳이 그 옛날 신흥역(新興驛)이 있었던 자리입니다. 그리고 그 남쪽으로 공순원(公順院)이 있었습니다. 단종은 이 공순원의 한 허름한 주막에서 유뱃길의 마지막 밤을 보내게 됩니다.

어음정
우물 밑으로 보이는 터가 물미마을이 있었던 자리이고, 그 한가운데에 하얀 돌로 쌓은 것이 어음정 우물입니다. 저 멀리 백두대간 자락이 시원스레 펼쳐집니다.

어음정 표지석
유뱃길에 오른 단종이 물미마을을 지날 때 샘물로 갈증을 풀었다고 하여 '어음정'이라 불렀습니다. 지금은 그 곳에 공원묘지가 들어섰답니다.

조선시대의 주요 길에는 30리 간격으로 역(驛)이 있었고, 역 근처에는 관리들이 숙박할 수 있는 원(院)을 설치하였습니다. 원 주변에는 오가는 행인들이 잠을 청할 수 있는 주막촌도 생겨났고요. 우리가 잘 알고 있는 이태원·장호원·조치원·사리원 등은 조선시대에 원이 있었던 마을이랍니다.

솔치고개를 넘어 물미마을에서 목을 축인 유배행렬은 신흥역 앞을 지나 주막거리가 있는 공순원으로 향합니다. 한양의 돈화문을 떠나온 지 벌써 6일째의 강행군입니다. 흔들리는 가마 속에서 무더위를 이겨내느라 지칠 대로 지친 단종은, 길섶에 흐드러지게 피어 있는 들꽃으로 눈길을 돌려봅니다. 모두가 자신을 향해 눈물을 흘리는 것만 같아 슬프게만 보입니다. 자신을 호위하고 오는 군졸들의 발걸음도 점점 무거워만 갑니다. 그렇게 단종의 유배행렬은 뿌연 흙먼지를 흩날리며 공순원의 주막촌으로 내려가고 있었습니다.

드디어 공순원의 주막집에 당도하였습니다. 참으로 힘겨운 하루가 또 그렇게 저물어갔습니다. 저녁을 드시는가 싶더니 이내 수저를 내려 놓습니다. 밀려오는 피곤함에 잠을 청해 보지만 자작나무골

신흥역 공순원
단종은 유뱃길의 마지막 밤을 공순원의 한 허름한 주막집에서 보냈습니다. 그 주막집은 찾을 길이 없지만 공순원 마을은 지금도 그 자리를 지켜주고 있답니다.

에서 들려오는 소쩍새의 울음소리가 애간장을 녹일 뿐입니다. 끊어 질듯 말듯 이어지는 소쩍새의 애잔한 울음소리는 밤이 새도록 이어집니다. 한갓 날짐승도 이렇게 단종의 슬픔을 아는가 봅니다. 새벽녘이 되어서야 잠이 들었습니다.

그러나 그것도 잠시 이른 새벽부터 중추부사 어득해의 호령소리에 군졸들의 발걸음이 부산합니다. 벌써부터 행장을 꾸리는지 밖은 소란스럽기만 합니다. 1456년 6월 28일 아침은 그렇게 동터오고 있었습니다.

나루를 건너 탑거리로

공순원 주막을 출발한 유배행렬은 주천강을 건너가기 위해 마래미와 비석거리를 지나갑니다. 이윽고 주천나루에 도착하였습니다. '신흥마을' 표지석에서 88번 지방도로를 따라 주천 쪽으로 내려가다 보면 82번 지방도로와 만나는 마래미 사거리가 나옵니다. '마래미'라는 지명은 신흥역에서 사육하는 말을 이 곳 넓은 들판에다 풀어 놓고 길렀다 하여 부르는 명칭입니다.

이 마래미 사거리에서 왼쪽으로 접어들어 3백 미터쯤 가면 좁다란 주천교가 나옵니다. 그 다리 밑이 주천나루터가 있었던 곳입니다. 그리고 주천나루 왼쪽에 솟아 있는 산이 바로 주천의 진산인 망산(望山)이랍니다. 그 망산 밑 바위벼랑 틈에서 솟아나는 샘물이 '주천샘'이고요. 이 주천샘의 유래는 '술이 샘솟는 고을, 주천'편에서 이야기 할게요.

주천강을 건넌 유배행렬은 탑거리를 지나 좌편 마을 쪽으로 강행군을 계속합니다. '탑거리'는 길섶에 삼층석탑이 세워져 있다고 하여 부르는 명칭입니다. 주천교를 건너자마자 오른쪽 강둑길로 꺾어들어 50미터쯤 가면 소나무 사이로 삼층석탑이 보입니다.

확실하지는 않지만, 이 탑은 수주면 무릉리에 있는 삼층석탑과 더불어 신라 하대 선종 9산의 하나인 흥녕사(지금의 법흥사)를 찾아가는 이정표였다고 합니다. 즉 법흥사를 찾아가는 신도들을 안내하기 위해 세웠다고 전해지는 탑입니다. 강원도 문화재자료 제28호입니다.

기단부의 중대석에는 바깥 기둥인 우주와 가운데 기둥인 탱주가 조각되어 있습니다. 그러나 하대갑석이 파손되어 버려 안쓰럽기 그지없습니다. 우주는 1층 몸돌에도 조각되어 있습니다. 높이가 2.5미터로 키가 훤칠하게 보입니다. 하지만 조각수법이 투박스러워 거칠고 둔중합니다. 아마도 지방색이 나타나는 고려시대에 조성된 것으로 짐작됩니다.

일제강점기 때인 1914년 10월 주천강변을 논으로 만들면서, 보(洑)와 제방을 쌓느라 본래의 자리에서 약 3미터 가량 바깥 쪽으로 옮겨 놓았답니다. 당시 공사도중 금동불상 한 구가 발굴되었는데, 일본인 주천지소 주임이 일본으로 가져갔다는 이야기가 전해지고 있습니다.

이 주천리 삼층석탑은, 그 옛날 나루터를 오가는 길손들에겐 더없이 반가운 이정표였을 겁니다. 무사히 강을 건너게 해달라고 두 손 모아 빌기도 하고, 소원성취도 염원했을 겁니다. 하지만 변화무쌍한 세월을 어찌합니까. 그 앞뒤로는 새로운 도로가 뚫리고 강 위로 저 육중한 콘크리트다리가 개통되면서 그저 강물만 쳐다보는 처량한 신세로 전락하고 말았답니다. 지금은 저와 같은 답사객만이 찾아주는 쓸쓸한 탑거리로 남아 있을 뿐입니다.

여기서 일단 '단종의 유뱃길 1'편을 마무리하고, 좌편 마을의 쉼터

술 익는 마을, 주천
주천교를 건너자마자 오른쪽 제방 둑길에 세워져 있는 마을 이정표입니다. 글씨와 이름이 참 낭만적으로 보이시죠. 기분 좋게 한 잔 마시고 난 후에 쓴 것처럼 글씨에서 취기가 묻어 납니다.

에서부터 군등치 · 명라곡 · 관란정으로 이어지는 유배여정은 '단종의 유뱃길 2'편에서 계속됩니다.

호랑이도 무덤이 있어요

공순원이 있었던 주막거리를 찾아가려면, 마래미 사거리에서 82번 도로를 따라 제천 쪽으로 1킬로미터 정도 더 나아가야 합니다. 그렇게 가다 보면 길 왼쪽으로 마을회관이 나타나고 그 앞으로 공순원 표지석이 세워져 있습니다. 행정구역상으로 주천면 신일3리입니다.

공순원(公順院)은 조선시대 때 이 곳을 지나는 길손들에게 숙식을 제공하던 원촌(院村)을 말합니다. 원촌에는 목로방과 마방, 그리고 주막집 등이 있어 일명 주막거리라고 부릅니다. 이 곳은 예로부터 주막거리 · 보촌 · 자작골 · 안말 · 한남이라 불리는 자연촌락이 공순원 마을을 이루고 있었습니다.

공순원을 둘러보고 뒤돌아나와 마래미 사거리에서 우회전하면 산모퉁이에 집 한 채가 보입니다. 차는 마당에 주차하시면 됩니다. 여기서 집 밑으로 나 있는 논두렁을 따라 1백 미터쯤 가면 산 구릉에 초라한 무덤과 함께 빛바랜 비석이 보일 겁니다. 그것이 바로 호랑이 무덤인 의호총(義虎塚)입니다.

시간은 숙종임금 시절로 거슬러 올라갑니다. 이 곳 금마리 금산 밑에는 세상일에 초연했던 금사하(琴師夏)라는 한 선비가 살고 있었습니다. 그는 학문이 뛰어나고 효성이 지극한 처사(處士)였습니다.

어느 날 금처사는 부친상을 당합니다. 장례를 치른 그는 산소 옆에 묘막(墓幕)을 짓고 시묘살이를 시작했습니다. 그렇게 시묘살이를

주천리 삼층석탑

강원도 문화재자료 제28호. 이 탑은 수주면 무릉리에 있는 삼층석탑과 더불어 신라 하대 선종 9산의 하나인 흥녕사를 찾아가는 이정표였다고 전해집니다. 그래서 석탑이 세워져 있는 길목이라 하여 '탑거리'라 불렀습니다.

하고 있는데 이번에는 어머니마저 병으로 누웠다는 전갈이 왔습니다. 다급해진 금처사는 늦은 밤 약을 구하기 위해 나루터로 달려갔습니다. 그런데 이를 어찌합니까! 때가 장마철인지라 강물이 불어나 건너갈 수가 없는 겁니다.

그렇게 발을 동동 구르고 있는데, 갑자기 커다란 호랑이 한 마리가 나타나더니 등에 타라는 시늉을 하는 겁니다. 다급한 금처사는 얼른 호랑이 등에 올라탔습니다. 그러자 호랑이는 잽싸게 거센 물결을 가르며 강을 건네어 주었습니다. 주천읍내에서 약을 지은 금처사는 다시 호랑이를 타고 강물을 건너 무사히 집에 당도했습니다.

약을 드신 어머니가 기력을 회복하자 금처사는 다시 아버지의 시묘살이를 계속하였습니다. 그런데 밤만 되면 그 호랑이가 산소에 나타나 옆에서 지켜주는 겁니다. 그렇게 호랑이와 더불어 3년 동안의 시묘살이를 무사히 마칠 무렵, 이번에는 숙종임금께서 승하하셨다는 비보가 들려왔습니다.

1720년 임금님의 국상을 당하자 충성심이 남다른 금처사는 다시 베옷으로 갈아입고 망산에 올라 서쪽 궁궐을 향해 망배하며 3년상을 치렀습니다. 이 때에도 호랑이는 금처사를 지극 정성으로 보호해 주었답니다.

그렇게 국상을 마친

호랑이 무덤, 의호총
금마리에 살고 있던 금처사가 부친상을 당해 3년 동안 시묘살이를 할 때, 자기를 지켜준 호랑이가 병들어 죽자 부친의 산소 밑에 묻어준 호랑이 무덤입니다.

지 3일이 지났을 때였습니다. 갑자기 호랑이가 나타나더니 금처사의 집 마당에 와서 쓰러지는 겁니다. 그렇게 금처사와 고락을 함께 하는 동안 호랑이도 늙고 병이든 겁니다. 마침내 호랑이가 죽자 금처사는 정들었던 호랑이를 끌어안고 통곡을 하며 부친의 산소 밑에 고이 묻어 주었답니다. 참으로 갸륵한 호랑이와의 인연이었습니다.

그 뒤 금처사의 후손들은 집안에 어려운 일이 생길 때마다 꿈속에서 호랑이가 나타나 현몽(現夢)하여 줌으로써 재난을 피할 수 있었다고 전해집니다.

한편, 1743년 강원도 정3품의 높은 벼슬아치인 순영중군(巡營中軍)이 이 곳에 왔다가 충성스런 호랑이 이야기를 듣고 무덤에 비석을 세워주라는 명을 내렸습니다. 지금 우리가 보고 있는 비석이 바로 그 때 세운 것이랍니다.

비석을 살펴볼까요? 앞면은 '義虎塚(의호총)', 뒷면은 '癸亥七月 日 因巡營分付立 故琴處士 師夏康熙庚子天 崩有虎終三日而死(계해칠월 일인순영분부립 고금처사 사하 강희경자천 붕유호종삼일이사)'라고 씌어 있습니다. 이를 해석하면 "1743년 7월 순영중군의 분부에 의해 세웠으며 고 금처사 사하가 1720년 국상을 당하여 호랑이와 함께 3년상을 마쳤는데 그 호랑이가 3일 후에 죽었다"는 내용입니다.

술이 샘솟는 고을, 주천

> 주천교 옆 망산 밑 길가에는 '酒泉'이라 씌어 있는 커다란 유래비가 세워져 있습니다. 여기가 그 유명한 '주천샘'이랍니다. 주천이라는 지역이름도 이 샘으로부터 유래된 것이고요. 술이 샘솟는 고을! 줄여서 술샘. 참으로 이름이 낭만적이죠.

술이 솟아나는 샘

주천교 옆 망산 밑 길가에는 '酒泉(주천)'이라 씌어 있는 커다란 유래비가 세워져 있습니다. 여기가 그 유명한 '주천샘'이랍니다. 주천이라는 지역이름도 이 샘으로부터 유래된 것이고요. 술이 샘솟는 고을! 줄여서 술샘. 참으로 이름이 낭만적이죠. 정말 여유와 낭만이 흐르는 아름답고 멋진 이름입니다.

여기를 찾아오시는 길은 아주 간단합니다. 주천면 소재지에서는 주천교를 건너자마자 오른쪽이고, 신림이나 제천에서 찾아올 때는 마래미 사거리에서 주천교 쪽으로 3백 미터쯤 오면 됩니다. 주천교를 건너기 바로 직전, 길 왼쪽으로 '주천샘유래비'가 보입니다.

주천의 지명을 살펴보면, 고구려 영토일 때는 주연현(酒淵縣) 또는 학성(鶴城)으로 불렸습니다. 그 뒤 신라의 영토가 되면서 주천현(酒泉縣)으로 이름이 바뀝니다. 즉 오늘의 영월군인 내성군(奈城郡)의 속현이었습니다. 이미 삼국시대부터 '술 주(酒)'자가 이름에 나타나고 있는 것으로 보아 아주 오래된 지명임을 알 수 있습니다. 오늘날은 행정구역상으로 강원도 영월군 주천면(酒泉面)입니다.

조선시대의 인문지리서인 『신증동국여지승람』에는 주천샘을 다음과 같이 기록하였습니다.

> 주천현의 남쪽 길가에 있는데 그 형상은 반쯤 깨어진 술통과 같다. 세상에 전해 오는 이야기로는 이 돌 술통이 옛날에는 서천(西川)에 있었는데, 그 곳에 있을 때에는 술이 많이 나왔다고 한다. 그런데 현의 아전이 술을 마시려고 그 곳까지 가는 것이 귀찮아서 현 안으로 옮겨 놓기 위해 여러 사람들과 함께 옮기는데, 갑자기 우레와 벼락이 쳐서 술샘이 세 개로 쪼개져 버렸다. 한 개는 못에 잠기고, 한 개는 지금 남아 있는 주천샘이며, 또 다른 하나는 어디로 갔는지 알 수 없다.

아전의 욕심 때문에 술통이 깨어져 더 이상 술은 나오지 않고, 현재 남아 있는 주천샘에서만 맑고 차가운 약수가 솟아나고 있다는 전설 같은 이야기입니다. 하지만 한 가지 분명한 것은 이 '술이 솟아나는 샘' 때문에 주천(酒泉)이라는 지명이 유래되었다는 것입니다.

더욱 재미있는 것은 주천 표지석 앞면에 씌어 있는 글의 내용입니다. 한 번 읽어보세요. 절로 웃음이 나옵니다. 정

주천샘유래비
'술이 솟아나는 샘' 유래비입니다. 주천이란 지역이름이 이 샘으로부터 유래되었답니다.

주천샘
바위 밑에서 흘러나오는 물줄기가 그 유명한 주천샘이랍니다. 샘 위에는 **酒泉**이라는 글자가 새겨져 있습니다.

말 그랬을까요?

　망산(望山) 기슭에 자리잡고 있는 이 샘물은 『신증동국여지승람』에 주천(酒泉)이라는 이름으로 전해져 오는 곳이다. 옛날에는 이 샘에서 술이 나왔는데 양반이 오면 약주(藥酒)가 나오고 천민이 오면 탁주(濁酒)가 나왔다고 한다. 고구려시대의 주연현(酒淵縣)에서 통일신라 경덕왕 때 주천현(酒泉縣)으로 고쳐 부르게 되었다.
　　전설에 의하면 조선시대 한 천민이 양반복장을 하고 와서 약주가 나오기를 기다렸으나 약주는 나오지 않고 평소와 같이 탁주가 나오자 화가 나서 샘터를 부순 이후에는 술이 나오지 않고 맑고 찬 샘물이 나오게 되었다는 이야기가 있다.

　이건 분명 조선시대의 지배층인 양반사족들이 자기들에게 유리하도록 꾸며낸 이야기임에 틀림없습니다. 여기서도 신분차별이 엿보이니 물 마시는 것도 천민은 따로 먹어야 되는 신세였습니다. 양반의 입장에서 본다면 정말 재미있는 얘기겠지만, 천민의 입장에서 본다면 서글픈 전설일 따름입니다.
　하나의 글도 이렇게 자기 위치에 따라 서로 느낌이 다른 겁니다. 그래서 문화유산을 감상하는 것도 자기 주관에 따라 그 느낌이 다를 수밖에 없는 거예요. 참! 이 '주천샘유래비' 표지석은 지난 1993년 영월군에서 샘 주변을 정비하면서 세운 것이랍니다.
　주천샘을 보려면 이 표지석에서 다리 옆으로 난 계단을 밟고 내려가야 합니다. 내려가서 바위벼랑 쪽을 잘 살펴보세요. 바위틈에서 깨끗한 물이 졸졸 흘러나올 겁니다. 그런 다음 그 위쪽에서 글씨를 찾아보세요. '酒泉'이란 글자가 보이면 제대로 찾은 겁니다. 그런데 지명도에 비해서 너무 초라하다고요? 어쩔 수 없죠. 지금은 술이 나오지 않으니까요. 만약 지금도 술이 나온다고 생각해 보세요. 아마 사람들이 전국에서 구름처럼 모여들 겁니다.

처음 찾아오시는 분들은 표지석 옆에 만들어 놓은 석수를 주천샘으로 착각하는 경우가 종종 있습니다. 저도 처음에는 그랬습니다. 그런데 좀 이상하다 싶어 사방을 두리번거리고 있는데, 마침 할머니 한 분이 지나가시기에 여쭈어보았습니다.

"할머니, 이 석수가 주천샘인가요?"
"그게 아니고, 저 밑으로 내려가면 바위틈에 있다우."
"강 쪽으로 내려가라고요?"
"그려, 그게 진짜 주천샘이여."
"네, 할머니 감사합니다."

할머니 말씀대로 강 쪽으로 내려가 바위틈을 찾아보는데, 그 위에 '酒泉'이란 글자가 보이는 게 아닙니까! 그래, 맞아. 바로 저거야!

청허루와 빙허루

주천샘에서 마래미 사거리 쪽으로 불과 10여 미터만 가면 길섶에 옆으로 죽 늘어선 '비석밭'이 나옵니다. 여기를 신일리 비석거리라고 부릅니다. 그 옆으로 난 산길을 따라 올락갈락 2백 미터쯤 올라가면 산봉우리에 아름다운 정자가 반갑게 맞아줍니다. 이것이 망산 정상에 위치한 빙허루(憑虛樓)입니다. 계단을 밟고 2층 누각으로 오르면 주천면 소재지가 한눈에 들어옵니다. 그래서 사방을 조망할 수 있다고 하여 망산(望山)이라는 이름을 갖게 된 것이죠.

그런데 본래 이 자리는 청허루(淸虛樓)가 있었던 곳으로 생각됩니다. 『신증동국여지승람』에는 "청허루는 주천현의 객관 서쪽에 있다.

석벽이 깎아지른 듯한데 그 밑으로는 맑은 못이 흐른다. 판관 조명이 건립하였다"고 기록되어 있습니다. 당시에 주천현청인 관아는 오늘날의 주천우체국 부근이라고 합니다. 그렇다면 분명 서쪽은 지금의 빙허루가 있는 자리입니다. 즉 현청 동쪽에는 빙허루, 서쪽에는 청허루가 주천강을 사이에 두고 서로 마주보며 서 있었던 것입니다.

　이 청허루가 유명해지기 시작한 것은 숙종(肅宗)에 의해서입니다. 이미 '영월 이야기―충절의 고장, 영월'편에서 언급하였듯이, 숙종은 서인으로 죽임을 당한 노산군을 단종으로 복위시켜 종묘에 모시고, 그의 묘를 장릉으로 추봉하였던 임금입니다. 이렇게 '단종의 역사'를 바로잡은 숙종대왕은 영월과 인연이 깊을 수밖에 없었을 거예요.

　하루는 숙종께서 꿈을 꾸었답니다. "비단결 같은 강물은 절벽 아래로 굽이쳐 흐르고, 그 절벽 위로 날아갈 듯한 정자가 서로 마주보고 서 있는" 아름다운 꿈이었습니다. 숙종은 꿈속의 풍광이 너무도 선명한지라, 신하들에게 이야기하셨대요. 그러자 한 신하가 "영월 주천강가에 가면 청허루와 빙허루라는 두 정자가 서로 마주보고 서 있습니다"라고 아뢰었답니다.

　이에 숙종은 직접 시(詩)를 짓고 글을 써서 당시 원주목사인 심정보(沈廷輔)에게 술과 안주를 내리면서 이 현판을 청허루에 걸게 하셨습니다. 이 날이 1720년 1월 28일이었습니다. 날짜를 어떻게 알았느냐고요? 커닝을 했죠. 시 마지막 부분에 보면 이렇게 씌어 있어요. "庚子正月二十八日(경자 정월 이십팔일)" 여기서 경자년은 1720년을 말합니다.

　이 숙종임금이 친히 지은 어제시(御製詩)가 「빙허청허양루시(憑虛淸虛兩樓詩)」입니다. 그 시의 내용은 '무릉도원 가는 길―어제현판이 요선정에 걸린 까닭은?'편에서 소개해 드릴게요.

빙허루
한국전쟁(6·25사변) 때 불타버린 것을 지난 1986년 심명보·안구순 등이 복원한 정자입니다.

그런데 어쩌죠. 청허루에 불이 났답니다. 안타깝게도 이 시를 적은 현판도 불에 타버렸고요. 그 뒤 청허루는 다시 복원됩니다. 이 소식을 들은 영조(英祖)임금은 1758년 10월, 부왕 즉 아버지인 숙종의 시문 원본을 찾아 손수 옮겨쓰고, 자신도 시 한 수를 지어 다시 걸도록 하였습니다. 그 뒤 정조(正祖)임금도 선왕들의 어필 현판을 잘 보존하라는 서문을 쓰고, 자신도 시 한 수를 지어 여기에 걸도록 하셨습니다.

이렇게 해서 청허루에는 숙종·영조·정조 세 임금의 시가 나란히 걸리게 되었답니다. 참으로 대단한 영광이었을 겁니다. 그러나 세월은 무심히 흘러 사람들의 무관심 속에 청허루는 차츰 허물어져 갔습니다. 그렇게 정자가 무너져 내리자 한 민가에서 어제시 현판을 떼어내 고이 간직하고 있었답니다.

그런데 그 현판을 보관하였던 사람이 어느 분인지 저로서는 알 길이 없습니다. 제가 수집한 답사자료를 아무리 꼼꼼히 뒤져봐도 그분의 이름 석자가 나오질 않네요. 이것이 저의 한계인가 봅니다. 여기에 그분의 이름을 기록하지 못하는 것이 너무나 안타깝습니다. 만약 이분이 없었더라면 저 유명한 '어제현판'은 그냥 사라지고 말았을 거예요. 정말 생각만 해도 끔찍합니다.

그렇게 스러져 간 청허루

임금의 어제시가 걸려 있던 청허루가 언제 어떻게 스러져 갔을까? 이것이 궁금하여 수집한 답사자료를 검색하던 중 하나의 단서를 찾아냈습니다. 물론, 궁금증을 다 풀어줄 수 있는 단서는 아니었지만 추측은 가능했습니다.

그 단서는 엄홍용 영월 향토사연구회 회장의 저서인 『영월 땅이름의 뿌리를 찾아서』의 358쪽 '주천리(酒泉里)'편에서 찾았습니다. 그 내용은 다음과 같습니다.

　조선 후기 평창군 봉평출신인 봉서(蓬西) 신범(辛汎)은 『월행(越行)』이라는 영월기행문에서 '청허루'의 풍광을 이렇게 읊조립습니다.

　　주천이 생긴 역사는 옛날 어느 때인가
　　가리키는 옛터는 왼쪽 물가인데
　　빛 바랜 누각은 햇빛 받은 채 고요히 서 있고
　　궂은 비바람은 어제 현판을 두드리네.

　이 시문을 읽어보면 신범이 영월지역을 답사할 때만 하더라도 청허루는 분명 '빛 바랜 누각'으로 그 자리를 지키고 있었음을 알 수 있습니다. 그런데 문제가 생겼습니다. 봉서 신범의 생몰연대와 '청허루'의 시문을 지은 연대를 알 수 없으니 말이에요.

　그래서 이번에는 '봉서 신범'을 인터넷으로 검색하였더니 이렇게 나오는 거예요. 주소는 'http://shinjongwoo.co.kr/name/sa/data/saa1-258.html'입니다.

　　영산인 신범(辛汎 : 1832~?)

　　호는 봉서(蓬西)이고 순조 23년(1832)에 평창군 봉평면 원길리에서 진사 신석우의 아들로 태어났다.… 그는 노후에 자신의 본관인 영월을 찾으면서… 보고 느낀 것을 상세히 기록했으며, 특히 단종의 사적지인 장릉·청령포·관풍헌·자규루·낙화암·관란정 등지를 직접 답사하면서 보고 느낀 점을 글과 한 편의 시문으로 남김으로써 단종 역사에 대한 사료적 가치를 갖게 되었다.

비록 졸한[죽은] 연도는 나와 있지 않으나 『월행』은 그가 노후에 영월지역을 직접 답사하면서 쓴 기행문이란 것을 알 수 있었습니다. 따라서 19세기 후반에 청허루의 시문을 쓰지 않았나 짐작됩니다. 그렇다면 청허루가 폐허로 변하여 어제현판을 한 민가에서 보관하게 된 것은 19세기 말 이후의 일로 추정이 가능해집니다. 즉 1890년에서 1910년 사이에 무너진 것으로 생각됩니다.

새로 복원되는 빙허루

뒤 일제강점기 때인 1929년 주천면장인 엄경렬(嚴敬烈)을 비롯한 지역유지들이 '주천보승회(酒泉保勝會)'를 조직하고, 청허루가 있던 자리에 빙허루를 복원하게 됩니다. 그런데, 왜 청허루가 있던 자리에 정자를 복원하면서 빙허루라는 현판을 달았는지 모르겠습니다.

아무튼 한국전쟁 즉 6·25사변 때 빙허루는 또다시 불타버렸습니다. 그렇게 폐허로 변하여 있던 것을 지난 1986년 심명보(沈明輔)·안구순(安球淳) 등의 주선으로 다시 복원한 것이 지금의 빙허루입니다. 2층 누각으로 오르면 어제시 현판이 나란히 걸려 있습니다. 하지만 이것은 진품이 아니고, 이웃 수주면 무릉리에 있는 요선정의 '어제시 현판'을 복사하여 걸어 놓은 것이랍니다.

그렇다면, 여기서 또 궁금한 점이 생기죠. 왜, 어제현판 진품이 여기에 있지 않고 요선정에 걸려 있을까? 자! 그럼, 다음 편을 기대해 주세요. 그 궁금증을 풀어드리겠습니다.

잠깐! 어차피 망산의 빙허루까지 올라왔으니 그냥 내려가시지 말고, 태실과 태봉산에 대해서 알고 가시죠. 그런 다음 아래로 내려가서

어제현판 복사본
빙허루의 2층 누각에 나란히 걸려 있는 어제시 현판입니다. 하지만 이것은 진품이 아니고, 이웃 수주면 무릉리의 요선정에 있는 '어제시 현판'을 복사하여 걸어 놓은 것이랍니다.

비석밭도 살펴보고 가세요. 알아서 손해볼 것 없잖아요.

태실은 망산, 이름은 태봉산

망산의 지세를 풍수지리학적으로 살펴보면 갈마음수형국(渴馬陰水形局)에 해당된다고 합니다. 즉 '말머리처럼 생긴 명당 터'라는 뜻입니다. 그래서인지 망산은 조선조 제25대 철종(哲宗)임금의 태(胎)를 묻었다고 전해지는 곳입니다.

처음에는 오목골 북쪽에 있는 둥근 산에다 철종의 태를 봉안하려 했으나 오목골의 지형이 음부형국(陰部形局 ; 음기가 강하여 물이 나는 곳)이라 하여 지금의 망산으로 옮겨 봉안했다고 합니다. 그래서 오목골 북산이름이 '태봉산'이 되었다고 하네요. 결국 태실은 망산으로 빼앗기고 이름만 얻은 셈입니다.

탑거리에서 바라본 망산
삼층석탑이 있는 탑거리에서 바라다 본 망산입니다. 그 정상에 세워져 있는 빙허루의 모습이 마치 날갯짓하는 한 마리 학처럼 보인답니다.

그러나 철종의 태를 언제 어떻게 묻었는지는 알 수 없습니다. 철종은 왕위를 계승할 세자도 아니었습니다. 헌종이 후사없이 죽자 강화도에서 어느 날 갑자기 왕으로 불려간 왕족이었을 뿐입니다. 세도정권하에서 목숨을 보전하기 위해 강화도에 숨어살았던 원범[철종 이름]의 탯줄이 남아 있을 것이라 생각하기에는 많은 무리가 따릅니다.

아무튼 일제강점기로 접어들면 일본인들은 전국 명산의 혈을 끊고 명당자리에 봉안되어 있는 태실을 파괴하는 데 혈안이 됩니다. 그러자 1929년 이왕직(李王職)에서 철종의 태를 수거하여 경기도 고양시 서삼릉 경내에 따로 태실을 만들어 옮겨 놓았다고 전해집니다.

지금도 그 자리에는 덮개돌과 금표비가 남아 있어 태실이었음을 증언하고 있습니다. 그리고 1985년 11월 19일, 문화재관리국의 고증에 의해 철종의 태실자리로 확인되었다고 합니다.

빙허루에 올라 동쪽을 잘 살펴보시면 음부형국의 태봉산이 보일 겁니다. 물론, 굽이도는 주천강도 시원하게 보이고요. 한 폭의 그림 같죠. 저는 여기에 오면 아름다운 주천강보다, 더 좋아하는 것이 한 가지 있습니다. 그게 뭐냐고요? 이 곳의 맑고 깨끗한 공기랍니다. 정말 그렇게 좋을 수가 없어요. 숨을 한 번 크게 들이마셔 보세요. 정말 공기가 달다는 것을 느낄 겁니다.

여기보다 공기맛이 더 좋은 곳이 또 있어요. 우리가 찾아갈 무릉도원의 땅, 요선정이에요. 거기보다 더 맛깔스러운 곳은 부처님이 상주하고 계신 사자산 적멸보궁, 바로 그 앞마당이랍니다. 정말 '따봉', 아니 요즘 말로 '열라 짱'이에요. 자, 이제 우리는 그 곳을 찾아 갑니다.

비석거리

참! 빙허루에서 내려오셨으면 그냥 가지 말고 비석밭을 살펴보고 가세요. 이 곳 비석거리에는 강원도 관찰사와 판관을 역임한 분들의 송덕비가 여럿 세워져 있습니다. 관찰사(觀察使)는 종2품으로 오늘날의 도지사에 해당되는 관직이고, 판관(判官)은 정5품의 관직으로 지금의 부군수와 같은 직책입니다.

이제, 비석을 살펴보며 관직과 이름을 한 번 맞춰보세요. 「영의정 조공인영 만세불망비(領議政 趙公寅永 萬世不忘碑)」·「관찰사 윤공정구 영세불망비(觀察使 尹公正求 永世不忘碑)」·「관찰사 민공형직 애민청덕비(觀察使 閔公亨稙 愛民淸德碑)」·「관찰사 조공병헌 영세불망비(觀察使 趙公秉憲 永世不忘碑)」·「판관 정공익영 청덕선정비(判官 鄭公翼永 淸德善政碑)」·「판관 김공진화 영세불망비(判官 金公鎭華 永世不忘碑)」·「판관 윤공종호 영세불망비(判官 尹公宗鎬 永世不忘碑)」·「육군참령 박공선 전정택민비(陸軍參領 朴公善 戰整澤民碑)」 등이 나란히 세워져 있습니다.

그리고 한 옆으로 '금표(禁標)'비가 세워져 있습니다. 이 금표비는 1859년 철종의 태를 봉안하였던 태봉에 설치한 것으로 일반인들의 출입을 금지한다는 경고 표지석입니다.

금표비
1859년 철종의 태를 망산의 태봉에 봉안하고, 일반인들의 출입을 금지하기 위해서 세운 경고표지석이랍니다. 지금은 비석거리 옆으로 옮겨 놓았습니다.

비석밭
관찰사와 판관을 역임한 분들의 송덕비가 나란히 세워져 있다고 하여 비석거리라 불렀습니다. 정말 그들은 백성들을 위해 공덕을 베풀었을까요? 그 판단은 여러분들의 몫입니다.

무릉도원 가는 길

요선암 바위 아래는 천길 낭떠러지입니다. 그 밑은 왼쪽에서 흘러오는 서마니강과 오른쪽에서 흘러드는 법흥천이 하나로 만나 주천강을 이루는 모습이 그림처럼 펼쳐집니다. 마치 무릉도원 속으로 들어온 느낌이랍니다.

아빠! 무릉도원이 뭔데요?

무릉도원(武陵桃源)은 중국의 위진남북조시대[동진(東晋)·송대(宋代)]의 전원시인이었던 도연명(陶淵明, 365~428)이라는 사람이 쓴 『도화원기(桃花源記)』에 나오는 이상향을 말합니다. 즉, 별천지·선경이라는 뜻입니다. 다시 말해 사람들이 행복하고 화목하게 살아갈 수 있는 곳을 의미한답니다.

주천면 소재지에서 82번 도로를 따라 평창 쪽으로 1.2킬로미터쯤 가면, 왼쪽으로 법흥사로 갈 수 있는 군도로가 나옵니다. 도로표지판에 잘 표시되어 있어요. 그 길로 접어들어 조금만 가면 주천강을 건너는 다리가 나옵니다. 이 다리가 '무릉1교'입니다. 다리를 건너 조금 더 가면 도로가 오른쪽으로 꺾입니다. 수주우체국 옆으로는 무릉초등학교가 보입니다. 학교이름마저도 '수주'가 아니라 '무릉'이라 지었어요. 참! 수주면 할 때 수주란 '물돌이'라는 뜻입니다.

여기서 1백 미터쯤 가면 길 왼쪽으로 '무릉리 3층석탑'이 보입니다. 이 탑도 주천리 삼층석탑과 더불어 지금의 법흥사인 흥녕사를 찾

무릉리 3층석탑
무릉리 삼층석탑은 주천리 삼층석탑과 함께 흥녕사를 찾아가는 신도들의 이정표 역할을 했던 탑이라고 전해집니다. 절도 중도 없이 그렇게 길가를 쓸쓸히 지켜주고 있어 고독함이 묻어납니다.

아가는 신도들의 이정표 역할을 하였던 탑이라고 전해집니다. 생김새도 비슷하고요. 굳이 차이점을 말한다면, 주천리 삼층석탑은 홀쭉하고, 이 탑은 아담하게 보입니다. 절도 중도 없이 그렇게 길가를 쓸쓸히 지켜주고 있어 고독함이 묻어납니다.

 탑을 지나면 '무릉2교'가 나옵니다. 다리를 건너 왼쪽으로 접어들어 1.2킬로미터를 달리면 무릉 삼거리가 나옵니다. 우리가 달려온 이 곳이 바로 무릉리입니다. 더 쉽게 설명하면, 요선정을 중심으로 동쪽 마을은 무릉리, 서쪽 마을은 도원리라고 부르는 것이에요. 이제 요선정에 오르면 왜 이 곳을 무릉도원이라 했는지 금방 알 수 있을 겁니다.

 지난 1997년 여름, 가족과 함께 와서 법흥천 소나무숲에서 텐트를 치고 야영을 할 때였습니다. 그날따라 별빛이 너무도 곱고 아름다웠습니다. 쏟아지는 별빛을 받으며 오빠와 함께 별자리를 찾던 딸아이 혜리가 "아빠!" 하고 저를 부르는 거예요.

 "아빠! 여기가 어디야?"

 "응, 여기가 바로 무릉도원이야."

 "무릉도원! 무릉도원이 뭔데요?"

 "음~, 무릉도원은 복숭아꽃이 활짝 피어 있고, 우리 지언이와 혜리처럼 착하고 예쁜 사람들만 모여사는 아주 행복한 마을이야."

 "우와! 신난다. 그럼 우리는 무릉도원 가족이네. 아빠! 우리~, 집에 가지 말고 여기서 살자! 응?"

 "..."

 하-! 고녀석 말이나 못하면 밉지나 않지. 당시 유치원생이었던 딸아이가 천진스럽게 던졌던 그 질문이 생각나서 여기에 이렇게 적어보았습니다. 괜찮다고요? 고맙습니다. 그런데 그녀석이 벌써 중학교

요선정

강원도 문화재자료 제41호. 아담한 정자, 물방울 바위에 새겨진 부처님, 그 앞에 서 있는 5층청탑, 고고한 자태를 뽐내는 소나무들, 이들이 하나로 어우러져 절묘한 조화를 이루고 있는 무릉도원의 땅, 바로 요선정이랍니다.

1학년이 되었어요. 세월 참 빠르죠.

신선을 맞이하는 정자, 요선정

무릉 삼거리에서 법흥사로 가는 직진 길을 버리고, 왼쪽으로 꺾어들어 150미터를 가면 요선교가 나옵니다. 그 요선교를 건너기 바로 직전 왼쪽의 강둑길로 접어들면 '해동제일 방생도량—사자산 미륵암 300m'라는 표지판이 보입니다. 여기서 시멘트포장길을 따라 산모퉁이를 돌아들면 미륵암 앞마당에 당도합니다.

미륵암 뒤쪽에서 요선정으로 오르는 산길은 불과 150미터밖에 안 되는 짧은 거리입니다. 하지만 아스팔트포장길에 익숙한 도시민들에겐 더할 나위 없이 반가운 오솔길입니다. 싱그러운 숲속의 나무 향기와 풀 향기 짙은 청신한 바람, 사각사각 밟히는 입자 고운 포근한 흙길, 이 모두가 하나로 어우러져 절묘한 조화를 이룬답니다. 참으로 정겹고 아기자기한, 행복한 여로입니다.

그렇게 걷다 보면 아담한 정자가 살포시 나타납니다. 그리고 그 옆으로는 물방울처럼 생긴 커다란 바위가 보입니다. 마침 그 곳에서 인자한 부처님이 반갑게 맞아주네요. 앞마당에는 아주 작은 석탑이 다소곳이 서 있고요. 소나무들도 제 위치에서 고고한 자태를 뽐내며 아름다움을 더해 준답니다.

요선암 바위 아래는 천길 낭떠러지입니다. 그 밑은 왼쪽에서 흘러오는 서마니강과 오른쪽에서 흘러드는 법흥천이 하나로 만나 주천강을 이루는 모습이 그림처럼 펼쳐집니다. 마치 무릉도원 속으로 들어온 느낌이랍니다. 그렇습니다. 여기가 바로 선경(仙境)을 뜻하는 무릉도원이에요.

오솔길
미륵암에서 요선정으로 오르는 숲속의 오솔길입니다.
참으로 정겹고 아기자기한 행복한 여로랍니다.

바위벼랑 절벽 틈에서 자란 소나무는 그 자체가 하나의 예술이요, 절제의 미학입니다. 살아남기 위해 곁가지마저도 절제했습니다. 생명의 소중함이 진하게 묻어납니다. 비바람에 씻기며 인고의 세월을 버텨왔을 그 생명력에 가슴이 뭉클해집니다. 풍경 그 자체가 하나의 시가 되고 노래가 되어 가슴을 따뜻하게 만들어 준답니다.

물방울바위에 새겨진 마애여래좌상은 상체는 양각, 하체는 음각으로 처리하여 불균형을 이루고 있습니다. 하지만 통통한 눈매·큰 코·커다란 귀·다문 입에 미소를 머금은 얼굴모습은 인자하신 할아버지 같습니다. 얼른 보면 서 있는 모습이나, 자세히 살펴보면 분명 앉아 있는 좌상입니다.

그렇게 인체비례가 전혀 맞지 않는답니다. 하지만 그렇기 때문에 더욱 소탈하고 서민적인 체취가 묻어나는 겁니다. 이 얼마나 온화하고 정겨운 모습입니까. 그래서 저는 이 부처님을 사랑합니다. 그 자애로운 미소여! 부디 영원하소서! 강원도 유형문화재 제74호랍니다.

그 앞에 서 있는 작은 석탑은 기단부는 화강암이지만 몸돌과 지붕돌은 청색빛이 도는 청돌로 만들었습니다. 몸돌에는 면마다 동그란 원을 세 개씩 그린 다음 그 안에 인도의 고대어인 범어(梵語, Sanskrit)를 새겨 놓았습니다. 지금은 3층석탑처럼 보이지만 원래는 5층석탑이었던 것 같습니다. 하지만 지붕돌이 청색이니까 석탑보다는 '청탑'으로 부르는 것이 더 걸맞은 것 같아요. '요선암 5층청탑!' 이렇게 말이에요.

요선암 아래에는 억겁의 세월이 흐르면서 강물에 깎이고 비바람에 씻기며 기기묘묘한 형상들을 만들어 놓은 선녀탕이 있습니다. 어느 날 선녀탕에 한 풍류객이 찾아옵니다. 그가 조선 중기의 풍류가로 시와 글씨로 명성이 높았던 호가 봉래(蓬萊)인 양사언(楊士彦)입니다.

바위벼랑의 소나무
바위벼랑 절벽 틈에서 자란 소나무는 그 자체가 하나의 예술이요, 절제의 미학입니다. 살아남기 위해 곁가지마저도 절제한 그 생명력에 가슴이 뭉클해집니다. 풍경 그 자체가 하나의 시가 되고, 노래가 되어 가슴을 따뜻하게 만들어 준답니다.

이웃 평창부사로 부임하고 있을 때였습니다.

그 양사언이 이 곳 경치에 반하여 선녀탕 위 바위에다 '요선암(邀僊岩)'이라는 글자를 새겨 놓았습니다. 그 때부터 이 곳을 요선암이라 부르게 되었답니다. 그리고 그 요선암 정상에 정자를 지으니 요선정(邀僊亭)이 된 것입니다. 요선정은 강원도 문화재자료 제41호입니다.

어제현판이 요선정에 걸린 까닭은?

요 선암에 마애여래좌상과 5층청탑이 있는 것으로 보아, 아마도 조그만 암자가 있었던 것으로 생각됩니다. 그 조성수법이 고려시대에 나타나는 지방색을 띠고 있어서 적어도 고려시대까지는 무릉도원을 경영하는 선승들의 수도처였을 것입니다. 그러나 세월이 흘러 암자는 폐허로 변하고 마애불과 청탑만이 쓸쓸히 남아 주천강을 지켜주고 있었습니다.

그 뒤 1913년 수주면 무릉리에 살고 있던 이응호·원세하·곽태웅 등이 '요선계'를 조직하고 절터에다 요선정을 건립하였습니다. 그리고 청허루가 무너져내려 한 민가에서 보관중이던 '어제현판'을 가마로 모시고 와 새로 지은 요선정에 걸게 됩니다. 이렇게 하여 요선정은 세 임금의 친필 어제현판을 걸게 되는 행운을 갖게 된 것이랍니다. 주천면 사람들은 무척 억울할 거예요. 수주면에 어제현판을 모두 빼앗겨 버리고 말았으니 말이에요.

그러자 1929년 당시 주천면장인 엄경렬을 비롯한 지역유지들이 '주천보승회'를 조직하고, 청허루가 있던 자리에 빙허루를 복원합니다. 그리고 수주면 요선계측에 요선정에 걸려 있는 어제현판을 되돌

어제현판 진본

요선정 안에 걸려 있는 어제현판 진본입니다. 숙종이 지은 시를 아들인 영조가 친필로 옮겨쓴 「빙허청허양루시」와 정조가 쓴 「경취주천현루소봉서」 현판이랍니다.

려줄 것을 요구하였습니다. 요선계에서는 당연히 반환요구를 거부하겠죠. 지루한 싸움 끝에 결국 법정소송으로 이어지게 됩니다.

경성지방법원 원주지청에서 드디어 판결이 내려집니다. "22년간 어제현판을 관리해 온 수주면 요선계에서 계속 보관하라"는 판결이었습니다. 현재 관리 · 보관하고 있는 요선정의 기득권을 인정함으로써 수주면의 손을 들어준 것입니다. 이제 왜 어제현판이 요선정에 걸려 있는지 알 수 있겠죠.

요선정 안으로 들어가서 왼쪽을 보면 「빙허청허양루시(憑虛淸虛兩樓詩)」가 걸려 있습니다. 이것이 아버지 숙종의 시를 아들인 영조가 친필로 옮겨 쓴 바로 그 현판입니다.

> 듣자 하니 주천에 두 개의 정자가 있다는데
> 고치고 가꾸어 지금도 온전한가.
> 높고 높은 절벽은 구름에 닿았고
> 맑은 강물은 짙푸르게 이어지네.
> 산새들은 숲에서 서로 좋아 우짖는데
> 들꽃 봄풀은 뜰 앞에 비치누나.
> 술을 가지고 올라 아이에게 따르게 하니
> 취하여 난간에 기댄 채 낮잠이 드네.

그리고 오른쪽에는 정조가 쓴 「경취주천현루소봉서(敬吹酒泉縣樓所奉序)」 현판이 걸려 있습니다. 한편, 정자 앞에 붙어 있는 요선정(邀僊亭) · 모성헌(慕聖軒) 편액은 요선계를 조직하였던 이응호의 글씨라고 합니다.

자, 여기서 그 뜻을 풀이해 볼까요? 먼저 요선정은 '맞을 요(邀)' '춤출 선(僊)' · '정자 정(亭)'입니다. 그런데 조심할 것이 하나 있어요.

가운데의 '춤출 선(僊)'자는 선인(仙人)을 의미합니다. 따라서 '신선을 맞이하는 정자'라는 뜻입니다.

모성헌은 '그리워할 모(慕)'·'성스러울 성(聖)'·'추녀 헌(軒)'입니다. 이를 조합하면 '성인[임금]을 그리워하는 집[추녀]'이란 뜻입니다. 어렵다고요? 뜻을 잘 음미해 보세요. 가슴이 따뜻해집니다.

요선정에서 미륵암까지 내려오셨으면 잠시 왼쪽으로 나 있는 강가로 내려가 보세요. 억겁의 세월을 강물에 씻기며 만들어진 기가 막힌 형상들이 펼쳐집니다. 장엄한 경관이 파노라마처럼 이어집니다. 그 위로 강물이 흘러갑니다. 선녀가 내려와 살며시 옷을 벗고 목욕을 할 것 같지 않으세요? 바로 선녀탕이랍니다. 거기서 우뚝 치솟은 절벽이 요선암이고, 그 위에 요선정이 자리잡고 있는 것이에요.

이 수려한 경관과 요선정의 마애불상을 보고 있노라면 한 편의 시가 떠오를 겁니다.

신경림 시인의 〈주천강가의 마애불–주천에서〉입니다.

다들 잠이 든 한밤중이면
몸 비틀어 바위에서 빠져나와
차디찬 강물에
손을 담가보기도 하고
뻘겋게 머리가 까뭉개져
앓는 소리를 내는 앞산을 보며
천년 긴 세월을 되씹기도 한다

빼앗기지 않으려고 논틀밭틀에
깊드리에 흘린 이들의 피는 아직 선명한데
성큼성큼 주천장터로 들어서서 보면

짓눌리고 밟히는 삶 속에서도
사람들은 숨가쁘게 사랑을 하고
들뜬 기쁨에 소리 지르고
뒤엉켜 깊은 잠에 빠져 있다

참으려도 절로 웃음이 나와
애들처럼 병신 걸음 곰배팔이 걸음으로 돌아오는 새벽
별들은 점잖지 못하다
하늘에 들어가 숨고
숨 헐떡이며 바위에 서둘러 들어가 끼어 앉은
내 얼굴에서는
장난스러운 웃음이 사라지지 않고 있다

선녀탕

요선정 밑에 있는 선녀탕입니다. 억겁의 세월을 강물에 씻기며 만들어진 기막힌 형상들이 마치 장엄한 파노라마처럼 펼쳐집니다. 그 위로 강물이 흘러갑니다. 선녀가 내려와 살며시 옷을 벗고 목욕을 할 것 같지 않으세요?

적멸보궁 가는 길

> 봄에는 연초록의 새싹들이 그렇게 예쁠 수가 없고, 진달래꽃이라도 화들짝 펴 있을라치면 화사하기 이를 데 없는 구절양장의 비단길이 됩니다. 그리고 단풍이 곱게 물든 가을날의 이 길은 만산홍엽이 붉게 타는 환상의 여로로 바뀐답니다.

무릉도원을 지나 부처님의 세계로

이제 우리는 무릉도원을 지나 부처님이 상주하고 계신 불국토의 땅, 적멸보궁을 찾아갑니다. 마음을 경건히 다잡으세요. 요선정을 둘러보고 오던 길로 되돌아 나오면 다시 무릉 삼거리입니다. 여기서 왼쪽 길로 접어들면 토실마을 앞을 지나갑니다. 그 마을 안에 원호를 모신 모현사(慕賢祠)라는 사당이 있습니다.

원호(元昊)는 단종이 사약을 받고 죽임을 당하자 관란정을 떠나 이곳으로 옮겨와 토굴을 파고 은둔생활을 하였습니다. 그래서 토굴을 파고 기거했던 마을이라 하여 토실이 되었습니다. 그 뒤 정조는 원호에게 정간공(貞簡公)이라는 시호를 내리고 모현사라는 사당을 세워주었다고 합니다. 원호와 관란정에 관한 이야기는 '단종의 유뱃길 2—일편단심 민들레'편에서 계속됩니다.

여기서 법흥천을 따라 10.2킬로미터를 달리면 법흥사로 이어집니다. 제가 영월지역을 답사하면서 가장 좋아하게 된 길이 바로 이 법흥천 도로입니다. 법흥천을 따라 이어지는 계곡길은 참으로 아름답

모현사

생육신의 하나인 원호를 모신 사당입니다. 단종이 사약을 받고 죽임을 당하자 관란정에서 기거하던 원호가 이 곳으로 옮겨와 토굴을 파고 은둔생활을 한 곳입니다. 그 후 정조는 원호에게 정간공이라는 시호를 내리고 모현사라는 사당을 세워주었습니다.

고 포근하고 정겹습니다. 산은 많으나 거만하지 않고, 물은 흐르되 겸손하여 길손의 마음을 아주 편안하게 해줍니다.

봄에는 연초록의 새싹들이 그렇게 예쁠 수가 없고, 진달래꽃이라도 화들짝 펴 있을라치면 화사하기 이를 데 없는 구절양장의 비단길이 됩니다. 그리고 단풍이 곱게 물든 가을날의 이 길은 만산홍엽이 붉게 타는 환상의 여로로 바뀐답니다. 하지만 여름철에는 야영하는 물놀이 인파로 인산인해를 이루어 조금은 피곤할 거예요. 그래도 정말 짱입니다.

그렇게 달리다 보면 예쁘장한 민박집·오토캠핑장·음식점 등이 나타나고 평화롭게 보이는 마을도 지나갑니다. 그 가운데 한 집만 소개할게요. 서울에서 직장생활을 하다 산이 좋아 이 곳에 정착한 김덕제 님이 운영하는 통나무집입니다. 법흥리 통나무집 '아람'. 이름도 참 예쁘죠. 통나무와 황토를 섞어 만든 귀틀집으로 하룻밤 묵어가는데는 아주 그만이랍니다. 물론 맛깔스런 식사도 주문할 수 있고요. 예약문의 전화는 ☎ 033-372-5803번입니다.

겨울날의 이 길은 한적하기 이를 데 없는 내 마음의 고향이랍니다. 전형적인 산골마을의 풍경이 고요한 한 폭의 동양화로 클로즈업 된답니다. 그렇게 작은 행복, 큰 기쁨이 우리들 마음속에 함께 하는 한갓진 길이랍니다. 벌써 다 와가네요.

법흥마을 입구에 당도하면, 커다란 자연석 바위에 '사자산 법흥사 적멸보궁'이라는 표지석이 보입니다. 여기서 왼쪽으로 접어들어 작디작은 연화교를 지나 1킬로미터를 들어가면 절골을 지나 법흥사 주차장에 이릅니다. 길가에는 하늘 높이 쭉쭉 뻗은 소나무가 가히 장관입니다.

9산선문의 사자산, 흥녕사 터

조선 후기의 인문지리서인 이중환의 『택리지(擇里志)』에는 사자산을 이렇게 기록하였습니다.

> 적악산(赤岳山, 지금의 치악산) 동북쪽에 있는 사자산(獅子山)은 수석(水石)이 삼십 리에 뻗쳐 있으며 주천강(酒泉江)의 근원이 여기이다. 남쪽에 있는 도화동(桃花洞)과 무릉동(武陵洞)도 아울러 계곡의 경치가 아주 훌륭하다. 또 복지라 부르는데 참으로 속세를 피해서 살 만한 지역이다.

높이가 1,120미터인 사자산에서 남쪽으로 강하게 뻗어내린 맥이 연꽃모양의 봉우리를 형성한 곳이 연화봉입니다. 동쪽으로는 백덕산[1,350m], 서쪽으로는 삿갓봉[1,030m]이 웅장하게 감싸주는 형국이에요. 그 연화봉 바로 아래 명당터에 적멸보궁이 있고, 그 밑의 산자락에 신라 하대 9산선문(禪門)의 하나였던 흥녕사(興寧寺)가 있었습니다.

일설에는 산삼·석청·옻나무·전단토 등의 네 가지 재물이 나는 산이라 하여 사재산(四財山)이라 부르기도 한답니다. 석청은 산 속의 커다란 바위에서 채취한 꿀이고, 전단토는 식량이 떨어졌을 때 대용으로 먹었던 하얀 진흙을 말합니다.

신라의 자장율사는 636년 당나라로 건너가 산시성 청량산 운제사에서 문수보살을 친견하고, 석가의 진신사리와 치아·가사·염주·패엽경(貝葉經) 등을 전수받아 선덕여왕 12년(643)에 귀국합니다. 자장율사는 이것을 다섯 군데에 나누어 모십니다. 그 중에 마지막으로 모신 곳이 바로 지금의 법흥사인 흥녕사 적멸보궁입니다. 이렇게 홍녕사는 자장율사에 의해 창건되었습니다.

그 뒤 도윤국사의 가르침을 받은 징효대사가 헌강왕 때 홍녕선원을 개원하고 선풍을 크게 진작시킵니다. 즉 선종 9산의 하나인 사자산문이 열린 것이죠. 그러나 9산선문의 영화도 그리 오래가지는 못했습니다. 1천여 년의 세월을 명맥만 유지하다가, 1902년 절을 다시 지으면서 법흥사로 이름을 바꾸어 오늘에 이르고 있는 겁니다.

참, 선종 9산에 대한 이야기는 제2부에서 자세히 설명드릴게요.

징효대사 승탑·탑비

절 입구로 들어서서 왼쪽 산자락 밑을 보면 징효대사 승탑[부도]과 탑비[부도비]가 보입니다. 그 옆으로는 극락전이 자리잡고 있고요. 승탑은 스님의 사리를 봉안한 탑을 말하고, 그 스님의 일대기를 비에 새겨 세운 것을 탑비라고 부릅니다.

탑비는 하나의 돌로 지대석과 거북받침[귀부]을 만들고, 거북등에는 육각의 겹테를 둘러 귀갑문을 새기고 그 안에 꽃무늬를 장식하였습니다. 머리는 두 눈을 부릅뜨고 여의주를 물고 있어 생동감이 넘칩니다. 거북 등위의 받침대에는 구름무늬가 조각되어 있고, 그 위에 비신을 꽂은 다음 머릿돌[이수]을 얹어 놓았습니다.

머릿돌은 각 모서리마다 목을 길게 뽑은 네 마리의 용이 중앙의 보주를 향해 서로 다투고 있는 모습입니다. 그 앞면 가운데에 '고징효대사비(故澄曉大師碑)'라는 전자체의 글씨를 새겨 놓았습니다. 보주(寶珠)란 모든 소원을 이루어준다는 구슬을 말합니다. 탑비의 전체 높이는 3.96미터입니다.

징효대사의 탑비를 언제 세웠는지는 비문의 마지막 부분에 씌어

법흥사 극락전
법흥사 극락전은 근래에 지은 건물이나, 화려한 단청을 하지 않아 오히려 고풍스럽게 보이는 것이 정말 좋습니다. 극락전이란 서방 극락정토에 살면서 중생을 위해 자비를 베푸는 아미타여래 불상을 모신 전각을 말합니다.

있는 '天福九年歲在甲辰六月十七日立(천복구년세재갑진유월십칠일립)'이라는 기록을 통해 알 수 있습니다. 자, 한 번 알아볼까요? 당시 중국대륙은 5대10국의 분열기였습니다. 이 때 고려는 중국의 5대 여러 나라와 외교관계를 수립하여 대외안정을 꾀했습니다. 5대는 후량→후당→후진→후한→후주를 말합니다. 여기서 '천복(天福)'은 후진(後晉, 936~946)의 연호이고, '9년'은 후진이 9년째 되는 해로서 갑진(甲辰)년에 해당하는 944년입니다. 따라서 고려 혜종 1년(944)에 탑비를 세웠음을 알 수 있습니다. 생각보다 쉽죠. 어렵다고요!…

징효대사(826~900)는 선종 9산의 사자산문을 연 철감국사 도윤(798~868)의 제자로 이름은 절중(折中)입니다. 신라 헌강왕 때에 흥녕선원을 개원하여 크게 선풍을 일으킨 당대의 선승이었습니다. 신라 효공왕 4년(900) 3월 9일, 영월 흥녕사의 암자인 요선암에서 향년 74세로 열반에 드셨습니다.

이 징효대사 보인탑비는 보물 제612호입니다. 영월군에 단 하나 밖에 없는 유일한 보물입니다. 사실 영월은 국보 하나 없는 빈곤한 고장입니다. 그러나 국보나 보물이 없다고 해서 그 문화재적 가치가 떨어진다고는 전혀 생각지 않습니다. 영월에는 제가 이 책을 쓰고 있듯이 조상의 숨결이 어린 크고 작은 유형무형의 값진 문화재가 수없이 많습니다. 지금 우리는 그것을 찾아 '역사기행 문화탐방'을 하고 있는 것입니다. 영월이 없으면 단종도, 김삿갓도, 그리고 저 아름다운 동강도 존재할 수 없는 겁니다. 영월이여! 영원하리라!!

그 옆에 세워져 있는 징효대사 승탑은 높이가 2.7미터로, 강원도 유형문화재 제72호입니다. 장구처럼 생긴 기단부의 위아래에는 앙련과 복련이 새겨져 있고, 그 위에 팔각원당형의 몸돌 즉 탑신을 얹은 다음, 귀꽃이 소담한 팔각의 지붕돌 즉 옥개석을 올려 놓았습니다.

징효대사 보인탑비

보물 제612호. 징효대사는 선종 9산의 사자산문을 연 철감국사 도윤의 제자로 이름은 절중입니다. 하나의 돌로 지대석과 거북받침을 만들고, 거북 등에는 육각의 겹테를 둘러 귀갑문을 새겼으며 그 안에 꽃무늬를 장식하였습니다. 머리는 두 눈을 부릅뜨고 여의주를 물고 있어 생동감이 넘칩니다.

징효대사 승탑

강원도 유형문화재 제72호. 장구처럼 생긴 기단부의 위아래에는 앙련과 복련이 조각되어 있고, 그 위에 팔각원당형의 몸돌을 얹은 다음, 귀꽃이 소담한 팔각의 지붕돌을 올려 놓은 고려 초기의 승탑입니다.

몸돌에는 자물통이 새겨진 문비가 조각되어 있습니다. 이는 그 안에 모신 사리를 보호한다는 상징성을 갖고 있는 겁니다. 지붕돌 위로는 보개와 보주가 얹혀 있습니다. 지붕돌이 약간 크게 보여 둔중한 느낌을 주지만 전체적으로 보아 정돈된 느낌을 주는 고려 초기의 양식입니다.

그 앞쪽에 자리잡고 있는 극락전은 근래에 지은 것이나, 화려한 단청을 하지 않아 오히려 고풍스럽게 보이는 것이 너무 좋습니다. 극락전은 서방 극락정토에 살면서 중생을 위해 자비를 베푸는 아미타여래불상을 모신 전각을 말합니다. 좌우의 협시보살로는 관음보살과 대세지보살을 모시는 것이 일반적이랍니다.

솔아 솔아 푸른 솔아

적멸보궁 장승
적멸보궁으로 오르는 소나무 숲길을 안내하는 장승으로 답사객들의 이정표 역할을 해준답니다. 둥그런 눈에서 친근감이 느껴지는 아주 예쁜 꼬마장승이랍니다.

적멸보궁으로 오르는 소나무 숲길은 참으로 상쾌하고 행복한 길입니다. 쭉쭉 뻗은 소나무들이 시원한 터널을 이룹니다. 그 울창한 숲길 사이로 귀여운 아기 다람쥐가 발길을 재촉합니다. 정겨운 산책길이죠. 키가 30미터를 넘는 아름드리 소나무들이 하늘을 향해 올곧게 뻗어 올라 마치 팔등신 미인을 보는 듯합니다. 미끈한 몸매에 홍조까지 띠고 있어 미스코리아를 연상시킵니다. 마치 소나무들이 벌이는 '미스코리아 선발대회' 경연장 같습니다.

그러나 다시 보면 고매한 인품이 느껴집니

소나무 숲길 쭉쭉 뻗은 소나무들이 시원한 터널을 이루고, 그 울창한 숲길 사이로 귀여운 아기 다람쥐가 발길을 재촉하는 정겨운 산책길입니다. 키가 30m를 넘는 아름드리 소나무들이 하늘을 향해 올곧게 뻗어 올라 마치 팔등신 미인을 보는 듯합니다.

다. 고고한 자태에서 품격 높은 격조가 묻어납니다. 푸른 솔의 기품에서 우리 민족의 기상을 엿볼 수 있답니다. 여기에는 수백 년을 자라온 우리나라의 대표적인 적송(赤松)으로 산림청에서 지정한 4그루의 보호수도 있습니다.

수만 평에 이르는 이 곳 법흥사 소나무숲은 천연기념물 제242호인 까막딱따구리의 서식지이기도 합니다. 한 번 살펴볼까요? 자, 소나무 위를 쳐다보세요. 잘 살펴보셔야 보일 겁니다. 동그랗게 파인 구멍이 보이시죠. 그것이 바로 까막딱따구리가 입으로 쪼아 놓은 구멍이랍니다. 정말 운이 좋은 분은 까막딱따구리를 직접 볼 수도 있습니다. 그런데 그놈이 자주 안 나타나요. 그래서 여간해서는 보기가 힘들답니다.

까막딱따구리
수만 평에 이르는 이 곳 법흥사 소나무숲은 천연기념물 제242호인 까막딱따구리의 서식지입니다.

그렇게 오르다 보면 왼쪽으로 선원이 보이고, 오른쪽으로 '적멸보궁 가는 길'이라는 표지판이 보입니다. 하지만 아무리 좋은 산길이라도 올라가다 보면 힘들고 땀이 나게 마련입니다. 갈증을 느끼시죠? 걱정하지 마세요. 오른쪽 산길로 접어드는 길목에 시원한 청정약수가 나옵니다. 이름하여 '부처님의 젖'이랍니다.

왜, 부처님 젖이냐고요? 민망스럽게. 그럴 만한 이유가 있습니다. 지금 우리가 찾아가고 있는 적멸보궁 밑에서 흘러나오는 물이 바로 이 약수예요. 그러니까 부처님이 주시는 거잖아요. 절대 불손한 마음에서 그렇게 부른 것이 아니란 걸 알 수 있겠죠. 여기서 아주 정중한

청정약수
적멸보궁 밑에서 흘러나오는 청정약수터입니다. 이름하여 '부처님의 젖'이랍니다.

마음으로 법흥사에 한 가지만 제안하고 싶습니다. 이 약수터 처마 밑에다 '불유각(佛乳閣)'이라는 현판을 달아주셨으면 합니다. '부처님의 젖이 흐르는 집', 이 얼마나 의미심장하고 아름다운 멋진 이름입니까!

약수는 3단을 이루며 흘러내리는데, 그 곳에 씌어 있는 '주의사항'이 아주 재미있습니다. "상단은 부처님 전에 올리는 물로서 절대 사용을 금합니다. 중단은 불자님들의 식수용입니다. 하단은 바가지 및 손을 씻을 때 사용하는 물입니다." 여러분! 꼭 지켜주십시오.

목을 축이고 나서 오른쪽의 산자락을 돌아들면 가지런한 돌계단이 나옵니다. 그 돌계단을 밟고 올라서면 부처님의 땅, 바로 적멸보궁이랍니다.

적멸보궁에는 불상이 없습니다

사자산에서 강하게 뻗어내린 맥이 마치 벌의 허리모양으로 지세를 이룬 명당 혈에 부처님의 진신사리를 모셨다고 전해집니다. 그리고 그 언덕 아래에 적멸보궁이 정갈하게 자리잡고 있습니다. 정면 3칸, 측면 2칸의 팔작지붕 건물입니다. 목조건축에서는 기둥과 기둥 사이를 한 칸이라고 셈한답니다.

건물 중앙상단에 '적멸보궁(寂滅寶宮)'이라는 현판을 달아 놓았습니다. 뜰에는 쌍사자석등 한 쌍이 나란히 배치되어 있으나 세월의 무게가 전혀 느껴지지 않습니다. 안으로 들어가면 불상은 없고 밖을 내다볼 수 있는 창틀만 보입니다. 그렇습니다. 본래 적멸보궁 안에는 불상이 없습니다. 이는 적멸보궁이 예배를 위한 공간이기 때문이랍니다. 다시 말해서 부처님의 진신사리를 봉안한 언덕을 향해 '예배를 보는 전각'이란 뜻입니다. 그래서 불상 대신 창문을 설치한 것이고요.

적멸보궁

사자산 연화봉에 자리잡고 있는 법흥사 적멸보궁입니다. 정면 3칸, 측면 2칸의 팔작지붕 건물로 부처님의 서기가 가득합니다.

적멸보궁 창문

적멸보궁 안에는 불상이 없습니다. 이는 적멸보궁이 예배를 위한 공간이기 때문입니다. 따라서 적멸보궁은 부처님의 진신사리를 봉안한 언덕을 향해 '예배를 보는 전각'을 의미합니다. 그래서 불상 대신 창문을 설치한 것이랍니다.

적멸보궁이란 열반에 드신 부처님께서 늘 머물러 계시는 보배로운 궁전을 뜻합니다. 불교에서 부처님의 유골인 진신사리(眞身舍利)는 부처님과 똑같이 취급되는 까닭에 가장 경건한 숭배의 대상이랍니다. 따라서 처음에는 진신사리를 모신 계단(불탑)만 마련하고 마당에서 예배를 보았습니다. 그러다가 점차 편의를 위해 예배장소를 따로 지은 것이 적멸보궁이에요.

신라의 자장율사는 당나라에서 가져온 부처님의 진신사리를 다섯 군데에 나누어 봉안합니다. 즉 양산 통도사, 오대산 상원사, 설악산 봉정암, 태백산 정암사, 그리고 바로 이 곳 사자산 흥녕사에 마지막으로 진신사리를 모시게 된 것입니다. 이를 일러 5대 적멸보궁이라고 부릅니다.

적멸보궁 뒤쪽에는 자장율사가 기도하였다는 토굴과 사리를 모신 승탑(부도)이 보입니다. 하지만 이 승탑은 부처님의 진신사리를 모신 탑이라기보다는 어느 고승의 사리를 모신 승탑으로 보일 따름입니다. 조성양식으로 보아 징효대사의 승탑과 비슷한 시기에 만들어진 것으로 생각됩니다. 이 법흥사 승탑은 강원도 유형문화재 제73호이고, 토굴(석분)은 제109호입니다.

부처님의 진신사리가 어디에 모셔져 있든, 그것이 뭐 그리 중요합니까. 사자산 전체가 부처님의 품안인

처마 끝에 풍경
적멸보궁을 둘러보았으면 마당을 한 번 걸어보세요. 때마침 상큼한 바람이라도 불라치면 댕그랑~! 댕그랑~! 울리는 청아한 풍경소리가 고요한 산사를 깨웁니다. 내 마음의 평화는 그렇게 찾아온답니다.

법흥사 승탑과 토굴
적멸보궁 뒤꼍에 있는 승탑과 토굴입니다. 조성양식으로 보아 고려 초기에 만들어진 것으로 짐작됩니다.

것을. 적멸보궁을 둘러보았으면 마당을 한 번 걸어보세요. 때마침 상큼한 바람이라도 불라치면 댕그랑~! 댕그랑~! 울리는 청아한 풍경소리가 고요한 산사에 파문을 일으킵니다. 속세의 여진마저도 씻겨 내립니다. 저 위로 보이는 연화봉에는 부처님의 서기가 가득합니다. 그런데도 답사객의 마음은 아늑하기만 합니다. 마음속에 그윽한 평화가 찾아옵니다. 내 안의 행복은 그렇게 찾아오고 있었습니다.

이렇게 평화롭고 아늑한 적멸보궁을 김봉렬 교수는 『가보고 싶은 곳, 머물고 싶은 곳』에서 다음과 같이 예찬하였답니다.

> 법흥사 적멸보궁에는 불상이 없다.
> 법당을 안고 있는 뒷산 어딘가에
> 석가세존의 진신사리가 있다고 믿기 때문이다.
> 아니 사리가 없다 한들 어떠랴.
> 돌멩이 하나, 풀포기 하나도 부처의 현현인데.
> 온 산이 다 부처의 몸인데.

산신각에는 호랑이가 있습니다

적멸보궁을 둘러본 뒤 되돌아 내려오다 약수터에서 왼쪽으로 난 계단을 밟고 올라서면, 단아한 산신각이 오붓하게 자리잡고 있습니다. 법흥사의 맨 뒤켠에 자리잡고 있는 셈입니다. 산신각은 이처럼 어느 절집이건 간에 그 절의 맨 뒤쪽에 위치하고 있답니다.

산신(山神)은 본래 불교와는 아무런 관련이 없는 신이었습니다. 우리 민족의 삶의 터전인 한반도는 대부분 산악지형으로 이루어져 있습니다. 그러다 보니 자연스럽게 산신을 숭배하는 토착신앙이 아

산신각 탱화
법흥사 산신각 안에 모셔져 있는 산신 탱화입니다. 대머리에 흰 눈썹이 하얀 수염과 함께 밑으로 길게 뻗어 내렸습니다. 한 손은 호랑이 등을 짚고 또 다른 손에는 지팡이를 잡고 있습니다. 그런 다음 삼신산을 배경으로 호랑이 등에 앉아 있는 모습입니다. 이렇게 산신령은 호랑이와 함께 한 답니다.

법흥사 산신각
사자산의 산신을 모신 전각으로 사찰의 맨 뒤켵에 자리잡고 있습니다.

주 일찍부터 생겨났습니다. 이와 같은 산신 숭배사상이 불교에 수용되면서 호법신중(護法神衆)의 하나로 자리잡게 된 것이 바로 산신각입니다. 즉 우리 민족의 토착신앙인 산신과 외래종교인 불교와의 절묘한 만남인 것입니다.

그러나 산신각이 절 안에 세워지기 시작한 것은 조선 후기부터라고 알려져 있습니다. 산신각 안에는 산신을 그린 탱화를 모십니다. 그럼 탱화에 그려진 산신의 모습을 살펴볼까요? 머리는 대머리에 흰 눈썹이 하얀 수염과 함께 밑으로 길게 뻗어 내렸습니다. 한 손은 호랑이 등을 짚고 또 다른 손에는 깃털부채 · 불로초 · 파초선 등을 잡고 있습니다. 그런 다음 삼신산을 배경으로 호랑이에 기대거나 앉아 있는 모습입니다. 이렇게 산신령은 반드시 호랑이와 함께 합니다.

그리고 절 안에는 산신각만 있는 것이 아닙니다. 이와 유사한 기능을 갖고 있는 삼성각도 있고, 칠성각 · 독성각도 있습니다. 즉 산신을 모시면 산신각(山神閣), 칠성여래를 모시면 칠성각(七聖閣), 독성인 나반존자를 모시면 독성각(獨聖閣)입니다. 이 모두를 한꺼번에 모시면 삼성각(三聖閣)이 됩니다. 독성은 스승도 없이 혼자서 깨달음을 얻은 성자를 일컫는 말로, 우리나라에서는 나반존자(那畔尊者)라고 부릅니다

처음에는 산신만 모시던 단독기능에서 후대로 내려오면서 점차 복합기능으로 발전한 것이 삼성각이라 합니다. 따라서 산신각은 산신숭배 자체로서만 치부할 것이 아니라 우리 민족의 전통신앙의 하나로 이해되어야 마땅할 것입니다.

단종의 유뱃길 2

> 그는 세조가 주는 벼슬자리마저도 뿌리치고 남은 여생 또한 단종을 위해 보냈답니다. 원호 자신에게는 두 임금이 존재할 수 없었기 때문입니다. 오직 단종만이 마음속의 임금으로 존재할 뿐이었습니다. 참으로 충성스런 '일편단심 민들레'였습니다.

느티나무 쉼터

천나루를 건너고 탑거리를 지난 유배행렬은 좌편 마을을 향하여 발길을 재촉합니다. 벌써 며칠째 비 한 방울 내리지 않는 삼복더위가 기승을 부리고 있습니다. 지칠 대로 지친 유배행렬은 발걸음조차 떼어 놓기가 어려울 지경입니다. 좌편 마을을 지나자 커다란 느티나무가 나타납니다. 여독으로 파김치가 된 단종은 이 느티나무 정자 아래에서 잠시 쉬어갑니다.

주천에서 영월 쪽으로 나 있는 88번 지방도로를 따라 2킬로미터쯤 가면 좌편 마을을 지나 길 왼쪽으로 쉼터공원이 나옵니다. 커다란 자연석 바위

느티나무 쉼터
유뱃길에 오른 어린 단종이 잠시 느티나무 그늘에서 쉬어갔던 좌편마을의 쉼터입니다. 그 뒤에는 떠나온 한양 쪽을 바라보며 깊은 시름에 잠겨 있는 단종의 동상이 보입니다.

에 '쉼터'라고 새긴 표지석이 공원 한켠에 자리잡고 있습니다. 하지만 단종이 쉬어갈 때 그늘을 드리웠다던 느티나무는 흔적조차 보이지 않습니다. 왠지 모를 허전함이 아리게만 느껴집니다.

쉼터 표지석 뒤켠에는 떠나온 한양 쪽을 바라보며 깊은 시름에 잠겨 있는 단종의 동상이 세워져 있습니다. 두고 온 궁궐이 그립기도 할 겁니다. 아마 소리 없는 눈물도 흘렸을 거예요. 어린 단종에게는 감내하기 힘든 회한이었을 겁니다. 땀을 훔친 단종은 힘겹게 일어나 다시 가마에 올랐습니다.

한편 이 곳에는 조선시대 세곡과 대동미를 수납하던 주천창(酒泉倉)이 있었습니다. 그래서 '고사(庫舍)'라고 부르기도 한답니다. 주천창은 주천현에서 거둬들인 세곡을 보관하는 창고를 말합니다. 이를 조창(漕倉)이라고 부릅니다. 여기서 모아진 세곡은 주천강→서강→남한강의 뱃길을 따라 원주시 부론면에 있는 흥원창으로 옮겨졌습니다. 이렇게 흥원창으로 옮겨진 세곡은 원주·평창·정선·횡성 등에서 운반된 세곡과 함께 다시 서울 마포에 있는 경창(京倉)으로 운송되었습니다.

고사와 쉼터를 거친 유배행렬은 바둑골 옆을 지나서 험준한 고갯마루를 넘어갑니다. 여기서 바둑골은 단종이 바둑을 두었다고 해서 부르는 명칭인데, 과연 바둑을 둘 만큼 유뱃길이 한가로웠는지 저로서는 도저히 이해가 가질 않는답니다.

임금이 오른 고개, 군등치

01 욱고 깎아지른 듯한 벼랑길을 따라 힘겹게 고갯마루에 올랐습니다. 그 아래로는 주천강이 굽이돌아 흘러갑니다. 이 때

옛 고갯길
단종임금이 넘었던 군등치의 옛 고갯길입니다. 그 벼랑 밑으로는 주천강이 흘러갑니다.

군등치 표지석
주천면 거안리에서 서면 신천리로 넘어가는 고갯길로, 단종임금이 오른 고개라 하여 '군등치'가 되었답니다.

부터 임금이 오른 고개라 하여 군등치(君登峙)가 되었답니다. 지금은 그 옆으로 88번 도로가 시원하게 넘어가지만 당시에는 아주 험난한 산길이었다고 전해집니다.

군등치는 쉼터에서 영월 쪽으로 갈 때 첫번째로 넘는 고개입니다. 행정구역상으로 주천면 거안리에서 서면 신천리로 넘어가는 고갯길을 일컫습니다. 고개 정상에서 오른쪽을 보면 '군등치'라 새겨진 까만 표지석이 보입니다. 차를 세울 주차공간이 없기 때문에 도로 한켠에 조심해서 세워야 합니다.

군등치 표지석에서 오른쪽 벼랑 끝을 보면 단종이 넘었던 '옛 고갯길' 표지석이 보입니다. 당시에는 이렇게 벼랑을 타고 산 정상으로 이어지는 험악한 산길이었습니다. 여기서 멀리 내려다보면 주천강이 평화롭게 다가오지만, 바로 아래쪽을 쳐다보면 현기증이 날 만큼 아찔합니다. 그러나 그 옛날의 슬픔을 아는지 모르는지 오늘도 주천강은 그렇게 흘러만 간답니다.

군등치 고개를 넘어 쭉 내려가면 서면 소재지인 신천리에 이릅니다. 이 곳을 '명라곡'이라 부릅니다. 단종의 유배행렬이 군등치 고갯길을 넘어온다는 소문이 전해지자 마을사람들이 몰려들었습니다. 사람들은 그저 어린 임금이 가엾게만 느껴질 뿐입니다. 드디어 유배행렬이 마을을 지나갑니다. 가마를 탄 어린 임금을 보자 참았던 눈물이 왈칵 쏟아집니다. 모두들 목놓아 통곡했습니다. 그래서 귀양길에 오른 단종을 전송하며 울었던 마을이라 하여 우리말로 울래실[우래실], 한자로 명라곡(鳴羅谷)이 되었답니다.

여기서 일단 단종의 유뱃길을 접고, 단종이 청령포에서 귀양살이를 할 때 이 곳 영월까지 찾아와 충성을 다한 생육신 원호의 관란정을 찾아갑니다.

충절이 흐르는 정자, 관란정

면 소재지인 신천리에서 오른쪽으로 나 있는 군도로를 따라 약 2.5킬로미터쯤 가면 관란정 표지석이 나옵니다. 주천강을 건너고 현대시멘트공장을 지나 고갯마루를 넘어가야 합니다. 고갯마루를 천천히 내려가면서 왼쪽 산자락 끝을 잘 보시면 버섯모양으로 생긴 '관란정(觀瀾亭)' 표지석이 보입니다. 조심하지 않으면 찾기가 매우 어렵답니다. 표지석 바로 위쪽 도로 한켠에 승용차를 주차할 공간이 마련되어 있습니다.

관란정 표지석에서 산길을 따라 곧장 10분 정도 오르면 산뜻한 정자가 나타납니다. 이름하여 관란정, 그 뜻을 한 번 풀이해 볼까요? '볼 관(觀)'·'물결 란(瀾)'·'정자 정(亭)'입니다. 즉 비단결 같은 '강물을 바라보는 정자'라는 뜻입니다. 그러니 이 관란정에서 내려다보는 강물이 얼마나 아름다울지 능히 상상이 갈 겁니다.

관란정에 올라 서강(평창강)을 바라보면 상쾌하기 이를 데 없습니다. 강물이 활처럼 휘돌아 흘러가는 모습이 가히 장관이랍니다. 정자 바로 밑은 층암절벽으로 이루어진 천길 낭떠러지입니다. 그 위로 날아갈 듯 외롭게 서 있는 정자가 바로 관란정입니다. 정자 옆에는 앙증맞게 생긴 보호각이 원호의 유허비를 지켜주고 있습니다.

단종이 노산군으로 강등되어 영월의 청령포로 유배되자, 좀더 가까운 곳에서 임금을 모시려고 이 곳을 찾아온 신하가 있었습니다. 그가 바로 생육신의 한 사람인 무항 원호(元昊)입니다. 그는 여기에 석실을 짓고 살며 매일같이 단종이 계신 청령포를 향해 아침·저녁으로 문안을 드리고 안위를 걱정하였답니다.

또한 손수 가꾼 채소와 과일을 함지박에 넣고는, 이것을 강물에

띄워 청령포로 흘려보내 단종께서 드실 수 있게 하였다고 전해집니다. 참으로 눈물겨운 충절이요, 임 향한 일편단심이었습니다. 이렇게 관란정은 원호의 충성심이 절절히 배어 있는 역사의 현장이자 서강의 시발점입니다.

한편, 영월지방을 답사하며 이 곳을 찾은 봉서 신범은 관란정에 올라 다음과 같은 절창의 시를 『월행』에 남긴답니다.

> 높이 솟은 절벽은 열사의 정성이 담겨 있고
> 누각에 오르니 오관성이 지척이네
> 정자는 멀리 절벽을 바라보며 서 있고
> 여울은 지난일 생각하며 옛날과 같이 울며 흐른다
> 청령포는 아득하게 구름이 비추고
> 고요한 관풍헌에는 소쩍새 우는 소리만 들리누나
> 표주박 서신 끊겼으니 소식은 알 수 없고
> 천지는 유유하고 일월만 밝구나
> 아이고 바우

이 시의 맨 마지막에 나오는 '아이고 바우'는 관란정 밑에 있는 바위를 가리키는 것입니다. 이 바위에 올라 '아이고'를 세 번 외치면 물에 빠져죽게 된다는 이야기가 전해 오고 있습니다.

일편단심 민들레

원호는 강원도 원주 출신으로 자가 무항(霧巷), 호는 관란(觀瀾)입니다. 세종 5년(1423)에 문과에 급제하고 문종 때에 집현전 직제학(直提學)에 올랐습니다. 그러나 세조가 계유정난을 일으켜 왕

관란정
단종이 노산군으로 강등되어 청령포로 유배되자, 좀더 가까운 곳에서 단종을 모시려고 찾아온 원호가 아침·저녁으로 문안을 드렸던 곳에 세운 정자입니다.

관란정 표지석
고갯마루를 천천히 내려가면서 왼쪽 산자락 끝을 잘 보셔야 버섯모양으로 생긴 '관란정' 표지석을 찾을 수 있습니다. 조금만 방심해도 그냥 지나칠 수 있기 때문에 조심해야 됩니다.

위를 찬탈하자, 과감히 벼슬을 버리고 고향인 원주로 내려가 은둔생활에 들어갔습니다.

    그렇게 고향에서 은둔생활을 하고 있을 때 단종임금께서 노산군으로 강등되어 강원도 영월땅으로 유배되었다는 소식을 듣게 됩니다. 이에 직접 모실 수는 없으나 먼발치에서나마 가까이 모시려고 찾아온 곳이 바로 이 곳 관란정이랍니다.

    어느 날, 관란정에 오른 원호는 단종을 향한 애끓는 슬픔을 가눌 길 없어 다음과 같은 '절의가'를 읊조립니다.

    간밤에 울던 여울 슬피 울어 지내여라
    이제와 생각하니 님이 울어 보내도다
    저 물이 거슬러 흐르고저 나도 울어 보내리라

    이 시를 한 번 풀이해 볼까요? 간밤에 울면서 흐르던 여울, 슬피 울며 흘러갔는데, 이제 와서 생각해 보니 님이 울며 흐른 소리로다. 저 물도 거슬러 흐르고 싶어하는데 나도 울면서 가리라. 여기서 님은 단종을 가리키는 것입니다. 다 알고 있다고요? 죄송합니다.

    한편, 세조는 원호를 호조참의에 임명하여 조정으로 올라오도록 조치합니다. 그러나 이를 받아들일 원호가 아니었습니다. 그는 세조가 주는 벼슬자리마저도 뿌리치고 남은 여생 또한 단종을 위해 보냈답니다. 원호 자신에게는 두 임금이 존재할 수 없었기 때문입니다. 오직 단종만이 마음속의 임금으로 존재할 뿐이었습니다. 참으로 충성스런 '일편단심 민들레'였습니다.

    역사는 이런 충신을 가리켜 생육신(生六臣)이라 부릅니다. 즉 살아서 절의를 지킨 신하라는 뜻입니다.

박물관 옆 한반도지형

> 강줄기가 산자락을 U자형으로 에돌아 흐르는데, 그 안의 산세는 한반도지형이 되었고 3면의 강줄기는 바다를 이루어 놓았습니다. 북쪽을 보면 백두산처럼 우뚝 솟은 봉우리도 보이고 광활한 만주대륙과 연결되어 있는 모습입니다.

문화의 향기를 찾아 책마을로

영월의 책박물관을 찾아가는 길은 자연 속에서 문화의 향기를 느낄 수 있는 테마여행입니다. 그래서일까, 책박물관 홈페이지에도 "영월 책박물관을 찾아가는 길은 자연 속으로 떠나는 여행입니다. 그것은 마음의 고향을 찾아가는 길이기도 합니다. 우리는 자연과 더불어 그 동안 잊었던 나 자신을 돌아보게 될 것입니다"라고 씌어 있답니다.

관란정에서 되돌아 나와 신천리에서 88번 도로를 따라 영월 쪽으로 가다 보면, 고갯마루 정상에 '옹정소공원'이 나타납니다. 돌로 쌓은 동화 속의 궁전도 보이고 빨간 풍차도 바람결에 예쁘게 돌아갑니다. 그 앞으로는 제멋에 겨운 장승들이 즐비합니다. 어린이들이 정말 좋아하는 쉼터랍니다. 잠시 쉬었다 고갯길을 내려가면 당마루휴게소를 지나 광전교를 건너갑니다.

다리를 건너 2백 미터쯤 가면 왼쪽으로 조그만 주차장이 보이고, 그 오른쪽에는 '영월책박물관' 표지판이 반갑게 맞아줍니다. 여기서 계단을 밟고 오르면 운동장이 나오고, 그 위로 단층짜리 책박물관 두 동이 보입니다. 꼭 그 옛날 시골마을의 초등학교 같습니다. 맞습니다. 본래 이 곳은 신천초등학교 여촌분교였습니다. 그 여촌분교가 폐교되자 이렇게 책박물관으로 바뀌었답니다. 참으로 조용하고 아늑하기 그지없지요.

박물관 앞으로 보이는 마을이 '골말'입니다. 원래의 지명은 고울마을이었대요. 그것이 점차 '고울마을→고울말→골말'로 변하였다고 하네요. 앞으로 이 골말 일대에 전문서점·화랑·카페·모텔 등을 유치하여 문화·예술의 책마을로 조성할 계획이랍니다. 자연 속의 문화·예술 마을이라! 생각만 하여도 가슴이 설렙니다.

영월책박물관

영월책박물관은 1999년 4월 3일 서울 종로에서 고서점인 호산방을 운영하던 박대헌님이 영월군 서면 광전리의 여촌분교에 개관한 우리나라 최초의 책전문박물관입니다. 교실 다섯 개 가운데 세 교실은 책 전시실로 꾸몄으며 두 교실은 서울에서 운영하던 호산방을 옮겨왔습니다.

제1전시실은 '아름다운 책'을 주제로 꾸몄습니다. 여기에는 1922년 김영보의 『황야에서』부터 1953년까지 대표적인 단행본 1백여 권이 전시되어 있습니다. 그 중에는 서정주의 『귀촉도』, 박목월 외 『청록집』, 김동인의 『왕부의 낙조』, 김동리의 『황토기』, 최남선의 『심춘순례』 등 유명한 희귀본도 전시되어 있습니다.

제2전시실의 주제는 '어린이책'입니다. 조선시대의 어린이 교육 자료인 『격몽요결』·『동몽선습』목판본 등을 비롯하여 1960년대까지

옹정소공원
서면 신천리에서 광전리로 넘어가는 방울재 정상에 만들어 놓은 옹정소공원입니다. 마치 동화 속의 궁전 같답니다.

의 교과서 · 동화 · 만화 · 잡지 · 음반 등 1백여 점의 어린이 관계 자료가 전시되어 있어 교과서의 변천사를 한눈에 알아볼 수 있답니다.

그리고 제3전시실은 19세기를 전후하여 서양인들이 본 조선의 모습과 이들이 남긴 조선 관계 서양도서를 사진으로 보여주는 '개화기 사진'을 주제로 설정하여 꾸며 놓았습니다.

이밖에 월북무용가 최승희의 공연 포스터 원본, 그리고 옛날 앨범 · 사진 · 포스터 · 악보 등도 전시되어 있어 아련한 옛 추억이 떠오릅니다. 한편 호산방서점에서는 각종 고서와 어린이 미술분야의 신간서적도 판매하고 있습니다.

책박물관 개관은 연중무휴이며 오전 10시부터 오후 7시까지 열고 있습니다. 물론 동절기인 11월부터 2월까지는 오후 5시까지만 허용합니다. 입장료는 초등학생 1천 원, 중고등학생 1천5백 원, 일반 2천 원입니다. 유치원생과 할머니 · 할아버지는 당연히 무료이고요. 너무 자세한 정보를 드렸나요?

우와! 정말 한반도 지형처럼 생겼네!

책박물관 입구에서 불과 10미터만 가면 선암마을로 갈 수 있는 삼거리가 나옵니다. 물론 길 왼쪽으로는 '선암마을[한반도지형]' 표지판도 세워져 있고요. 여기서 우회전하여 1.8킬로미터를 달리면 '한반도지형, 선암마을입구'라는 표지판이 나타납니다. 아직까지는 비포장도로예요. 지금 한창 공사중이랍니다. 여기서 또 우회전하여 1.2킬로미터를 구불구불 내려가면 선암마을에 도착합니다. 이 길은 말끔하게 포장되어 있답니다.

선암마을은 10여 가구가 옹기종기 모여 있는 강변마을입니다. 마

영월책박물관 입구
본래 이 곳은 신천초등학교 여촌분교 교문이었습니다. 그 여촌분교 교문이 영월책박물관 정문으로 바뀌었답니다.

제1전시실 아름다운 책
한국 근대 도서 가운데 아름다운 책 1백 권을 전시하였습니다.

제2전시실 어린이책
어린이 관계자료 1백여 점을 전시하였습니다.

을을 지나 강변길로 접어들
면 수수밭이 바람결에 일렁
거립니다. 그 밭도랑 옆으로
나 있는 강변길을 따라 미루
나무 숲을 지나면 종만봉으
로 오를 수 있는 가파른 산길
이 나옵니다. 중간에 매어 놓
은 밧줄을 잡고 올라가야 하
는데, 거리는 15미터 정도의
짧은 벼랑길입니다. 어린이
들도 충분히 오를 수 있답니다.

선암마을 표지판
영월책박물관에서 불과 10m쯤 가면 선암마을로
가는 삼거리가 나옵니다. 그 삼거리에 세워져 있
는 한반도지형 표지판입니다.

　밧줄을 잡고 올라서면 작디작은 바위 봉우리가 나타납니다. 여기
가 종만봉입니다. 바로 이 한반도지형을 처음으로 발견하여 세상에
알린 고 이종만님을 기리기 위해 그의 이름을 따서 '종만봉'이라 부
르는 것이랍니다. 이 종만봉에서 강쪽을 쳐다보면, "우와! 정말 한반
도 지형처럼 생겼네!"라는 감탄사가 절로 나옵니다. 정말 아름답습
니다. 한반도 지도가 따로 필요없습니다. 풍광 자체가 한 장의 한반
도 지도가 되기 때문입니다. 어쩜 저리도 한반도 지형과 똑같이 생겼
을까? 그저 탄성만 자아낼 뿐입니다.

　강줄기가 산자락을 U자형으로 에돌아 흐르는데, 그 안의 산세는
한반도 지형이 되었고 3면의 강줄기는 바다를 이루어 놓았습니다. 북
쪽을 보면 백두산처럼 우뚝 솟은 봉우리도 보이고 광활한 만주대륙
과 연결되어 있는 모습입니다. 더욱 신기한 것은 동쪽은 높은 절벽이
고 남서쪽은 완만한 경사를 이루고 있어, 마치 동고서저(東高西低)의
한반도 지형을 그대로 빼닮았습니다. 서해안은 모래밭까지 있어 갯

한반도지형

강줄기가 U자형으로 에돌아 흐르며 산자락은 한반도 지형이 되었고, 3면의 강줄기는 바다를 이루었습니다. 북쪽으로는 백두산처럼 우뚝 솟은 봉우리도 보입니다. 더욱 신기한 것은 동쪽은 높고 남서쪽은 완만하여, 마치 동고서저의 한반도 지형을 그대로 빼 닮은 모습입니다. 그리고 오른쪽으로는 선암마을이 내려다보입니다.

벌을 연상시킵니다.

　혹시 한반도지형을 가 보고 싶은 분이 있으시면 선암마을 앞에 매어 있는 나룻배를 타고 건너가면 길이 나옵니다. 여기가 바로 영월군 서면 옹정리 한반도지형입니다. 마을진입로가 포장되기 전까지는 이 나룻배가 밖으로 나갈 수 있는 유일한 수단이

서강 두꺼비
지난 2002년 9월 29일 한반도 지형을 답사하기 위해 종만봉에 올랐을 때 만난 커다란 두꺼비입니다. 정말 오랜만에 보는 두꺼비라 그런지 꼭 카메라에 담아 책에다 싣고 싶었답니다.

었습니다. 강을 건너 남산재를 넘어가야 학교도 가고, 시장도 갈 수 있었답니다.

　그래서 마을사람들은 섶다리를 놓고 건너다녔습니다. 하지만 그 섶다리마저도 이제는 추억의 한 장으로만 기억될 뿐입니다. 마을 진입로가 새로 뚫렸기 때문이랍니다. 이렇게 사라져 가는 것들에 대한 아쉬움은 여기서도 예외가 아닙니다.

눈물겨운 서강지킴이

　강은 아름답게 살아 숨쉬는 생태박물관입니다. 1급수의 맑은 물에는 쉬리와 어름치·버들치 등 한국 특산종 16종이 살고 있다고 합니다. 그리고 천연기념물인 수달·원앙·황조롱이 등도 보금자리를 틀고 살아갑니다. 또한 냉수성 어류인 퉁가리·금강모치·종개 등도 서식하고, 예쁘장한 물총새와 비오리도 날갯짓합니다.

능선이 날카롭고 물의 흐름이 급한 동강이 남성적이라면, 서강은 흐름이 완만하고 능선이 부드러워 여성스러운 강입니다. 동강의 절경이 어라연 계곡이라면 서강의 비경은 한반도지형입니다.

이처럼 평화롭고 아름다운 서강에 청천벽력 같은 비보가 날아들었습니다. 지난 1998년 8월, 영월군에서 서강의 상류지역인 덕상리 거리실에다 쓰레기매립장을 건설하겠다고 한 것입니다. 한반도지형에서 불과 8킬로미터밖에 안 떨어진 아주 가까운 거리입니다. 만약 덕상천에 쓰레기매립장을 건설하면 서강의 오염은 불을 보듯 뻔한 것입니다.

이에 서강을 의지해 살아가고 있는 덕상리 · 옹정리 · 광전리의 마을주민들이 쓰레기매립장 반대투쟁위원회를 조직하고 환경운동연합과 함께 반대투쟁에 들어갔습니다. 그 한가운데에 최병성 목사, 사진작가 고주서님, 옹정리 주민 이종만님이 있습니다.

최병성 목사는 투쟁위원회 공동위원장을 맡아 서강을 지키기 위한 인터넷 서강사이트(www.seogang.org)까지 운영하고 있습니다. 이를 위해 서강의 동·식물은 물론 아름다운 절경을 직접 사진에 담아 홈페이지에 올리고, 각종 언론기관에도 제공하여 매립장 반대투쟁 홍보에 앞장서고 있습니다.

한편, 동강댐 반대운동을 벌였던 사진작가 고주서님도 쓰레기매립장 반대운동을 위해 발벗고 나섰습니다. 지난 1999년 12월 어느 날이었습니다. 그날도 여느 때처럼 마을주민 이종만님과 함께 선암마을 주변을 돌아다니며 서강의 비경을 카메라에 담고 있었습니다.

그렇게 사진을 찍고 있는데 한순간 카메라에 한반도와 똑같은 지형이 클로즈업되는 겁니다. 눈을 크게 뜨고 다시 봐도 분명 한반도지형이었습니다. 가슴 벅찬 희열이 등줄기를 타고 올라왔습니다. 때마침 새로운 발견을 축복이라도 하듯 첫눈까지 내려주었습니다. 서강의 한반도지형은 이렇게 해서 탄생한 것이랍니다.

이에 쓰레기매립장 반대투쟁위원회는 그 사진을 '서강의 한반도'라는 이름을 붙여 영월군민들에게 배포하였습니다. 그리고 이처럼 아름다운 서강을 살리기 위해서라도 덕상리 쓰레기매립장 건설은 백지화되어야 한다고 그 당위성을 적극적으로 홍보하였습니다. 이 때부터 사람들의 호응이 급속히 달라졌습니다. 오히려 지역주민들은 한반도지형을 천연기념물로 지정하도록 문화관광부에 건의하자는 주장까지 제기하였답니다.

그런데, 고주서님과 함께 한반도지형을 발견한 이종만님은 불행하게도 하늘나라로 먼저 가고 말았습니다. 2000년 3월 9일, 저녁식사를 마친 뒤 오토바이를 타고 반대운동을 벌이는 컨테이너박스로 가기 위해 집을 나섰다가 그만 웅덩이에 빠져 얼어죽는 사고를 당한 겁니다. 너무나 안타까운 사고였습니다. 그래서 한반도 지형을 발견한 그 봉우리를 '종만봉'이라고 부르는 것이랍니다. 먼저 간 그를 기리기 위한 숭고한 의미가 담겨 있는 이름입니다.

이렇게 서강지킴이 분들의 피와 땀, 그리고 눈물의 열정이 숨어 있기에, 오늘도 서강은 저렇게 유유히 흐르고 있는 것이랍니다.

영월군에 제안드립니다

서강의 한반도지형을 관광지로 조성하자는 주민들의 주장에는 저도 쌍수를 들어 환영합니다. 하지만 이와 관련된 몇 가지 견해를 영월 관계자 여러분께 감히 제안드리고 싶습니다.

먼저 선암마을 입구에 적당한 크기의 주차장을 마련해 주십시오.

그래야 선암마을 주민들이 생업에 종사하는 데 지장을 받지 않습니다. 그리고 강변길은 좁다란 통나무다리로 연결하여 생태공원으로 조성하십시오. 이 때 풀 한 포기, 나무 한 그루라도 훼손하지 않는 범위 내에서 환경친화적인 진입로를 만들어야만 됩니다.

또한, 종만봉으로 오르는 벼랑길은 철책계단을 만들어 안전하게 올라갈 수 있도록 조성하였으면 합니다. 폭은 1미터를 넘지 않도록 해야 주위의 경관을 해치지 않을 겁니다. 만에 하나 현재의 코스를 버리고 뒷산을 까뭉개 도로를 개설하는 엄청난 미련을 범하지는 않으시겠죠.

그래야 서강도 살고, 선암마을도 살고, 한반도지형도 살아남는 겁니다. 아니 영월군 전체가 사는 겁니다. 제발 이 모두가 사는 방법을 선택해 주십시오. 그 길만이 우리 모두가 살 수 있는 최선의 방법입니다. 저는 굳게 믿습니다. 이 아름다운 경관을 자연 그대로 우리의 후손들에게 물려줘야 한다는 것을, 자연은 한 번 훼손되면 영원히 제자리로 돌아오지 않는다는 것을 우리는 명심해야 할 것입니다.

단종의 유배길 3

[단종은 바로 저 선돌 밑으로 나 있는 벼랑길을 따라 청령포를 향해 발걸음을 재촉하였습니다. 선돌 밑을 통과한 유배행렬은 소나무 숲이 울창한 솔모정을 지나 마침내 청령포 앞 나루터에 당도했습니다.]

깊은 상념에 잠긴 배일치

명라곡[우래실]을 지난 유배행렬은 또다시 큰 고개를 넘어갑니다. 고갯길을 오르는 말들도 힘에 겨운지 숨소리가 거칠어집니다. 그렇게 고갯마루를 힘겹게 넘어가는데 말 목에 매달렸던 방울 하나가 딸랑 땅으로 떨어졌습니다. 이때부터 사람들은 말방울이 떨어진 고개라 하여 '방울재'라 불렀답니다.

방울재를 넘어 아래로 내려가자 큰 느릅나무가 보이고 그 밑으로 서낭당이 있는 당마루가 나타납니다. 그 앞으로는 평창강이 유유히 흘러갑니다. 이

배일치 표지석
서면 광전리에서 남면 북쌍리로 넘어가는 고갯길로, 그 옛날 단종이 서산에 지는 해를 바라보며 절을 올렸다고 하여 '배일치'라 부릅니다. 지금은 그 밑으로 배일치터널이 뚫려 옛길로 전락하고 말았답니다.

제 강을 건너 뱃말[뱃마을]을 지나고 골말 앞을 거쳐서 배일치로 향합니다.

　신천리에서 88번 도로를 따라 영월 쪽으로 넘어가는 고개가 방울재입니다. 지금은 그 정상에 '옹정소공원'을 조성해 놓았습니다. 방울재를 내려가면 당마루휴게소가 나옵니다. 지금은 이 곳을 당마루라 하지만 원래의 당마루는 여기서 강 상류 쪽으로 조금 올라간 뱃말 앞쪽이었습니다. 88번 도로가 개통되기 전까지는 나룻배를 타고 건너다녔던 소중한 나루터였습니다. 그래서 마을이름도 뱃마을 즉 뱃말이 되었답니다.

　당마루에서 광전교를 건너고 영월책박물관을 지나 영월 쪽으로 가다 보면 배일치터널이 나타납니다. 여기서 배일치고개를 넘으려면 새로 난 터널 길을 버리고 왼쪽으로 나 있는 옛길로 접어들어 올라야 합니다. 불과 2년 전까지만 하더라도 이 길이 배일치를 넘어가는 유일한 도로였답니다. 하지만 이제는 새롭게 뚫린 터널에 그 기능을 고스란히 빼앗긴 채 '배일치'라고 쓴 표지석만 쓸쓸히 남아 제자리를 지키고 있을 뿐입니다.

　유배행렬이 골말 앞을 지나 몇 마장 오르자 굽이굽이 돌아오르는 고갯길이 나타납니다. 힘겹게 고갯마루에 당도한 단종은 서산으로 뉘엿뉘엿 지는 해를 바라보며 이내 깊은 상념에

옛 고갯길
단종이 유뱃길에 넘었던 원래의 길은 배일치 표지석에서 약간 뒤로 비켜나 있는 오솔길이었답니다.

잠깁니다. 그러나 상념도 잠시, 어린 임금은 서산에 기운 해를 바라보며 큰절을 올립니다. 앞으로 닥쳐올 자신의 운명을 기원하였을 겁니다. 참으로 눈물겨운 짧은 순간이 그렇게 스쳐가고 있었습니다.

배일치(拜日峙)는 서면 광전리에서 남면 북쌍리로 넘어가는 고갯길입니다. 단종이 서산에 기운 해를 바라보며 자신의 운명을 기원하는 절을 올렸다고 하여 '절 배(拜)'·'해 일(日)'·'우뚝 솟을 치(峙)'자를 조합해서 '배일치'라고 부르는 것입니다. 단종이 넘었던 본래의 길은 현재의 표지석에서 약간 오른쪽으로 비켜 나 있는 산길이었습니다.

옥녀봉

배일치를 넘어온 유배행렬은 점말(店洞)을 지나갑니다. 옛날 이 마을에는 항아리·장독·시루·물동이 등의 질그릇을 굽는 옹구점이 있었다고 합니다. 그래서 마을이름이 옹구점마을→옹구점말→점말이 되었습니다.

점말을 지나고 돌고개를 넘자 갈골이 나타납니다. 먹을 것이 없던 보릿고개 시절, 굶주림에서 벗어나고자 캐먹던 '칡이 많은 골짜기'라 하여 '칡 갈(葛)'자에, '골 곡(谷)'자를 써서 갈골[葛谷]이 되었습니다.

갈골을 지나자 동그란 봉우리가 나타납니다. 봉우리의 맵시가 마치 시골색시처럼 수줍은 듯 다가옵니다. 그 봉우리에 올라서자 옥색 빛을 띤 강물이 3면을 휘감아 흘러갑니다. 단종은 두고 온 정순왕후 송씨가 생각났습니다. 그리움만 쌓여갑니다. 그리운 마음에 찹찹한 심정을 가눌 길 없어 봉우리의 이름을 '옥녀봉'이라고 지었습니다. 그 앞쪽으로 강 건너 마을인 문개실이 그림처럼 펼쳐집니다.

일제강점기 때 신작로가 새로 개통되기 전까지는 배일치→점말→

갈골→옥녀봉으로 이어지는 노선이 주천에서 영월로 가는 가장 큰 교통로였습니다. 그러나 88번 지방도로가 북쌍리 돈대 쪽으로 곧장 개통되면서 갈골은 옛길로 전락하고 말았답니다. 그 갈골에는 지금 영월군 분뇨처리장이 설치되어 있습니다.

선돌을 지나 청령포로

옥녀봉을 지난 단종의 유배행렬은 서강이 흐르는 남애마을 쪽으로 접어들었습니다. 남애(南涯)라는 지명은 물가 '애(涯)' 자에 써서 '남쪽 물가 마을'이란 뜻입니다. 남애마을을 지나자 깎아지른 절벽이 나타나고 그 밑으로 위태롭게 보이는 바위벼랑길이 이어집니다. 길 밑은 시퍼런 강물이 굽이쳐 흘러갑니다. 이 깎아지른 절벽 옆으로 높다랗게 치솟은 바위봉우리가 선돌입니다.

오늘날에는 그 길이 없어져 버렸습니다. 하지만 38번 국도가 소나기재 쪽으로 개통되기 전에는 이 선돌 밑으로 신작로가 나 있었습니다. 지금도 이 곳을 가면 시멘트로 축대를 쌓은 흔적이 파손된 채로 그렇게 남아 있답니다. 하지만 이제는 더 이상 갈 수 없는 길이 되고 말았습니다.

배일치에서 88번 지방도로를 따라 영월 쪽으로 내려가면 38번 국도와 만나는 북쌍 삼거리가 나옵니다. 여기서 왼쪽으로 접어들어 갈골과 옥녀봉 옆을 지나면 검문소가 있는 영월 삼거리가 나타납니다. 이 삼거리 바로 앞에서 오른쪽 산모퉁이로 돌아드는 길이 그 옛날 유뱃길이었습니다. 그러나 지금은 갈 수 없는 것이 안타까울 뿐이랍니다.

영월 삼거리에서 오른쪽 38번 국도를 따라 1백 미터쯤 가면 길 왼쪽으로 영월곤충박물관이 보입니다. 폐교된 초등학교 교실을 이용하여 꾸민 곤충생태박물관입니다. 영월지역은 우리나라의 희귀곤충이 서식하는 천혜의 자연환경을 가진 보물창고랍니다. 전시실로 들어서면 나비·나방·잠자리·갑충류 등 2천여 점의 곤충들이 전시되어 있고, 특히 동강유역에서 서식하는 곤충 1천여 점도 따로 전시되어 있어 학생들의 체험학습장으로 전혀 손색이 없답니다. 어린 자녀를 동반한 분들은 꼭 들러볼 것을 권하고 싶습니다.

곤충박물관에서 다시 영월 쪽으로 가다 고갯마루를 올라서면 오른쪽으로 선돌 주차장이 나타납니다. 여기서 숲속의 산책길을 따라 1백 미터쯤 가면 시야가 확 트이는 선돌전망대가 나옵니다. 선돌과 층암절벽 그리고 푸른 강물이 어우러져 장쾌하기 이를 데 없습니다. 한 폭의 산수화를 보는 듯합니다. 그지없이 아름답습니다.

영월곤충박물관
영월지역은 우리나라의 희귀 곤충이 서식하는 천혜의 자연환경을 간직한 보물창고랍니다. 전시실로 들어서면 나비·나방·잠자리·갑충류 등 2천여 점의 곤충들과 동강 유역에서 서식하는 곤충 1천여 점이 따로 전시되어 있답니다.

선돌
순조 때인 1820년, 당시 영월부사였던 홍이간이 그를 찾아온 오희상·홍길주와 함께 운무에 쌓인 선돌의 신비스런 자태에 반하여, 시를 짓고는, 암벽에다 '운장벽'이란 글자를 새겼다고 전해집니다.

순조 때인 1820년, 당시 영월부사였던 홍이간(洪履簡 ; 1753~1827)은 그를 찾아온 오희상·홍필직과 더불어 운무에 쌓인 선돌의 신비스런 자태에 반하여 시를 짓고는 암벽에다 '운장벽(雲莊壁)'이란 글자를 새겼다고 전해집니다.

　단종은 바로 저 선돌 밑으로 나 있는 벼랑길을 따라 청령포를 향해 발걸음을 재촉하였습니다. 선돌 밑을 통과한 유배행렬은 소나무 숲이 울창한 솔모정을 지나 마침내 청령포 앞 나루터에 당도했습니다. 이제 나룻배를 타고 서강만 건너면 최종목적지인 청령포에 도착합니다. 이날이 음력으로 1456년 6월 28일 저녁이었습니다.

유배생활 1 - 절망

> 할 수 없이 홍수를 피해 영월객사인 관풍헌으로 거처를 옮겼습니다. 어린 단종에게 두 달간의 청령포 유배생활은 불안과 공포 그리고 그리움이 교차하는 절망의 세월이었습니다.

청령포의 천혜조건

선돌을 감상한 뒤 소나기재를 굽이돌아 내려오면 장릉 삼거리에 이릅니다. 여기서 우회전하여 250미터쯤 가면 오른쪽으로 가파르게 꺾이는 군도로가 나옵니다. 이 도로를 따라 2킬로미터를 가면 청령포 주차장에 도착합니다. 청령포를 휘감아 도는 서강을 경계로 왕방연시조비가 있는 주차장 쪽은 영월읍 방절리이고, 나룻배를 타고 강물을 건너면 남면 광천리 청령포랍니다.

나루터에서 청령포 쪽을 바라보면, 강물이 북·동·남쪽의 삼면을 U자형으로 휘감아돌며 복주머니 지형을 만들어 놓았습니다. 서쪽은 험준한 절벽으로 고립되어 있어 마치 절해고도(絶海孤

청령포
단종이 2달간 유배생활을 했던 곳으로 서쪽은 험준한 절벽으로 되어 있어 절해고도의 섬처럼 보입니다.

島)의 섬처럼 보입니다. 유배지로서는 천혜의 조건을 갖춘 셈이지요
　청령포 솔밭 앞으로는 모래톱과 자갈톱이 드넓게 펼쳐져 있어 한눈에도 시원스럽습니다. 나룻배를 타고 강물을 건너 자갈톱을 사뿐히 밟고 오르면 사각사각 밟히는 발자국 소리가 마냥 정겹게만 들린답니다. 하지만 550여 년 전 여기를 걸었을 단종의 발걸음은 천근만근 무겁기만 했을 겁니다.
　그렇게 오르다 보면 수백 년은 족히 됐을 울창한 소나무밭이 드넓게 펼쳐집니다. 가히 장관이랍니다. 하지만 단종의 유배지라 그런지 마음만은 한없이 숙연해집니다. 그래서일까, 노송들의 기품에도 교태보다는 엄숙함과 단정함이 배어 있습니다. 우리가 보았던 법흥사의 소나무들과는 그 느낌이 전혀 다르다는 것을 알 수 있습니다.
　바로 이 곳이 단종이 두 달 동안 귀양생활을 했던 청령포랍니다. 청령포를 답사할 때는 단묘유지비각→청령포금표→노산대→망향탑→관음송의 순서로 둘러보는 것이 가장 효율적인 방법입니다.

단종은 비운의 군주였습니다

　청령포의 솔밭으로 들어서면 담장을 두른 기와집이 보입니다. 최근에 새로 복원한 것인데 과연 단종이 살았던 집이 이렇게 좋았을까 궁금하기만 하답니다. 분명 단종이 기거했던 집은 초라한 초가삼간이었을 것으로 짐작되기 때문입니다.
　길게 누운 소나무 옆으로 단묘유지비를 모신 작은 비각이 세워져 있습니다. 비문에 '단묘재본부시유지(端廟在本府時遺址)'라는 글씨가 씌어 있어 이 곳이 '단종이 계셨던 옛 집터'임을 알 수 있답니다. 이 비는 원주관아에서 영조의 명으로 1763년 늦가을에 세운 것입니다.

새로 복원된 단종어소
단종이 청령포에서 유배생활을 하며 기거했던 옛 집터에 새로 복원한 단종어소입니다.

단묘재본부시유지비각
1763년 늦가을에 세운 것으로 '단종이 계셨던 옛 집터'임을 밝혀주고 있습니다.

단종(1441~57)은 조선왕조 제6대 왕으로, 태어날 때부터 비운의 운명을 타고난 군주였습니다. 아버지는 문종(文宗)이고 어머니는 현덕빈 권씨로 문종의 세번째 부인이었습니다. 그 사이에서 1441년 7월 23일 태어났습니다. 이름은 홍위(弘暐)입니다. 그러나 이를 어찌합니까! 태어난 지 불과 이틀 만에 어머니가 돌아가셨습니다. 어린 시절 어머니의 사랑도 받지 못한 채 자란 비운의 세자가 바로 단종이랍니다.

그러다가 열두 살 되던 해에 아버지인 문종마저 승하하십니다. 이때 문종은 나이 어린 세자가 걱정되어 황보인·김종서에게 보필할 것을 명하고, 성삼문·신숙주·박팽년 등에게도 옆에서 잘 협조하라는 유언을 남겼다고 전해집니다. 이렇게 해서 1452년 5월, 단종은 불과 12살의 어린 나이로 왕위에 올랐습니다.

그러나 작은아버지인 수양대군이 이를 가만히 두고볼 리 없었습니다. 그는 한명회·정인지·권남 등과 모의하여 단종을 보필하는 영의정 황보인, 좌의정 김종서 등을 죽이는 이른바 계유정난(1453)을 일으킵니다. 이것이 사실상 왕위를 찬탈하게 되는 전주곡이었답니다.

1455년 숙부인 수양대군에게 왕위를 빼앗긴 단종은 상왕자리에 오릅니다. 하지만 상왕이란 이름만 왕일 따름이지 아무 실권도 없는 허수아비에 불과한 자리랍니다. 즉 왕이 살아 있을 때 왕위를 물려주게 되면, 왕위를 물려받은 왕보다 높여서 불러야 되기 때문에 생긴 명칭일 뿐입니다.

그러자 단종을 보필하던 성삼문·박팽년·하위지·이개·유성원·유응부 등 6명의 신하가 수양대군을 제거하고 단종을 복위시키려는 운동을 도모합니다. 그러나 끝내 승리의 여신은 이들을 외면합니다. 결국 '단종복위운동'은 김질의 밀고로 사전에 발각되어 참형에 처해지는 끔찍한 사건으로 끝나고 말았습니다. 이들을 사육신(死六

臣)이라 부릅니다.

　이 사건으로 단종은 상왕에서 노산군(魯山君)으로 강등되고, 이어서 1456년 6월 22일 강원도 영월의 청령포로 유배를 당합니다. 그런데 유배연도가 『단종실록(端宗實錄)』에는 1457년으로 기록되어 있고, 남효온의 육신전(六臣傳)에는 1456년으로 기록되어 있습니다. 그 중에서 저는 1456년설을 따랐습니다.

　사육신의 한 사람인 성삼문은 온갖 고문으로 고초를 겪다가 사형장으로 끌려가면서 자신의 운명을 다음과 같이 읊조렸습니다.

임사부절명시(臨死賦絶命詩)
북소리는 둥둥 목숨 앗아가길 재촉하는데　　　　　　擊鼓催人命
서풍 불고 뉘엿뉘엿 해도 저무는구나.　　　　　　　西風日欲斜
저승길에는 여관 하나 없다 하거늘　　　　　　　　黃泉無客店
오늘밤은 뉘 집에서 잠을 자야 하는가.　　　　　　今夜宿誰家

　한편, 수양대군 즉 세조가 왕위를 찬탈하자 그의 패륜행위에 분개하여 벼슬을 버리고 한평생 단종을 위해서 끝까지 절의를 지킨 6명의 신하가 있었습니다. 이들이 김시습·원호·이맹전·조려·성담수·남효온입니다. 역사는 이들을 사육신과 비교하여 생육신(生六臣)이라고 부릅니다. 즉 사육신이 죽음으로써 절의를 지켰다면, 생육신은 살아서 절의를 지켰다는 뜻에서 붙인 명칭이랍니다.

단종의 한이 서린 곳

　다묘유지비각에서 오른쪽으로 난 길을 따라가면 '청령포금표(淸泠浦禁標)'라고 씌어 있는 초라한 비석이 보입니다. 이는 '동·서로 3백 척(尺), 남·북으로 4백9십 척은 왕이 계시던 곳이므로 아무도 들어오지 말라'는 출입금지 표지석입니다. 이 비는 영조 2년(1726)에 세웠습니다. 아마 단종의 유배시절에도 이 공간 안에서만 생활하도록 엄격하게 행동범위를 제한하였을 것으로 짐작됩니다.

여기서 솔밭 가장자리를 따라 북쪽으로 올라가면 높은 바위벼랑에 닿습니다. 절벽 밑으로는 서강이 무심히 흘러가고, 북서쪽으로는 가파른 산줄기가 이어지는 층암절벽입니다. 이 곳이 노산대(魯山臺)입니다. 노산군으로 강등된 어린 단종은 유배생활의 괴로움과 두려움을 달랠 길 없어 자주 이 곳에 올랐습니다. 그래서 궁궐이 있는 한양 쪽을 바라보며 깊은 시름에 잠긴 언덕이라 하여 '노산대'라 부르는 것입니다.

노산대에서 산줄기를 타고 조금만 오르면 바위벼랑 위로 조그마한 돌탑이 보입니다. 그 밑은 천길 낭떠러지….

어린 단종은 떠나온 한양이 무척이나 그리웠을 겁니다. 절망과 두려움도 엄습해 왔습니다. 그럴 때마다 두고 온 정순왕후 송씨가 사무치게 그리웠습니다. 그렇게 그리움은 자꾸만 쌓여갔답니다. 그럴 때마다 막돌을 주어 하나하나 쌓아올렸습니다. 망향탑은 그렇게 쌓이고 쌓여서 만들진 것이랍니다.

정순왕후 송씨는 1440년 여량군 송현수의 딸로 태어났습니다. 15세에 왕비로 책봉되고 1455년 의덕왕비로 추존되었습니다. 그러나 단종이 노산군으로 강등됨에 따라 부인(夫人)으로 격하되어 동대문 밖 정업원에서 거주하였습니다. 평생을 단종의 명복을 빌며 생활하다가 1521년 6월 4일 돌아가셨답니다.

얼마나 그리움이 사무쳤으면 이렇게 정성스런 돌탑을 쌓아올렸을

청령포금표
영조 2년에 세운 것으로 "동서 3백 척, 남북 4백9십 척은 왕이 계시던 곳이므로 아무도 들어오지 말라"는 출입금지 표지석입니다.

까? 어린 임금을 생각하며 깊은 상념에 젖어봅니다. 가슴이 아파옵니다. 그러나 단종의 슬픔을 아는지 모르는지 무심한 강물은 그렇게 흘러만 가고, 새들의 울음소리만 망향가인 양 구슬프게 들려옵니다.

　이제 내려갈 차례입니다.

　망향탑을 내려오며 소나무숲을 응시하면 유난히 큰 소나무 한 그루가 눈에 띕니다. 고고한 자태에서 우아함이 묻어납니다. 아랫부분에서 두 줄기가 하늘 높이 뻗어올랐습니다. 다른 소나무들에 비해 유난히 희고 아름답습니다. 이 소나무가 천연기념물 제349호인 관음송(觀音松)입니다.

　그 뜻을 풀이해 볼까요? 단종의 유배생활을 지켜보았다는 뜻에서 '볼 관(觀)', 단종의 오열을 들었다고 하여 '소리 음(音)', 거기에 '소나무 송(松)' 자를 합쳐서 부르는 명칭입니다. 생명체로서는 단종의 슬픔을 유일하게 지켜본 소나무랍니다. 그러니 관음송의 수령은 적어도 6백 년이 넘었을 겁니다.

　이렇게 유배생활에 적응해 가고 있을 무렵 늦장마가 몰아닥쳐 청령포에 큰 홍수가 났습니다. 할 수 없이 홍수를 피해 영월객사인 관풍헌으로 거처를 옮겼습니다. 어린 단종에게 두 달간의 청령포 유배생활은 불안과 공포 그리고 그리움이 교차하는 절망의 세월이었습니다.

천만리 머나먼 길에

　청령포를 둘러보고 나루터로 내려오다 강 건너 쪽을 바라보면 커다란 소나무 밑에 자연석 돌을 얹어 놓은 '왕방연시조비'가 보일 겁니다. 이 곳을 솔모정이라 부릅니다. 울창한 소나무숲이 마치 멋들어진 정자를 연상케 한다고 하여 붙여진 이름입니다.

망향탑
어린 단종이 청령포에서 유배생활을 할 때 떠나온 궁궐과 두고 온 정순왕후 송씨가 그리울 때마다 막돌을 주어 하나하나 쌓아올린 망향탑이랍니다.

세조 때 금부도사 왕방연(王邦衍)은 어명으로 단종에게 내릴 사약을 가지고 와서 형(刑)을 집행하고는 돌아가는 길에 단종이 계셨던 청령포를 바라보며 자신의 비통한 심정을 이렇게 읊조렸습니다.

왕방연 시조비
세조 때 금부도사 왕방연이 어명으로 단종에게 내릴 사약을 가지고 와서 형을 집행하고는, 돌아가는 길에 단종이 계셨던 청령포를 바라보며 자신의 비통한 심정을 시로써 읊조렸습니다.

천만리 머나먼 길에 고운 님 여의옵고
내 마음 둘 데 없어 냇가에 앉았으니
저 물도 내 안 같아 울어 밤길 예놋다.

비록 나라의 녹을 먹는 관리로서 어쩔 수 없이 형을 집행하였으나 끝내 자신의 감정만은 숨길 수 없었을 것입니다. 그 뒤 이 시조는 영월지역의 아이들에게 노랫가락으로 구전되어 불려지고 있었습니다. 그러던 것을 1617년 병조참의 용계(龍溪) 김지남(金止男)이 영월지역을 순시할 때 이 노랫가락을 듣고는 이를 한시로 옮겨적어 후세에 전했다고 합니다.

千里遠遠道(천리원원도)　　美人離別秋(미인이별추)
此心無所着(차심무소착)　　下馬臨川流(하마임천류)
川流亦如我(천류역여아)　　嗚咽去不休(명인거불휴)

유배생활 2 - 악몽

세조의 어명을 받든 금부도사 왕방연의 사약을 받고 관풍헌 앞마당에서 죽임을 당합니다. 이 때 단종의 나이 17살의 앳된 미소년이었습니다. 그렇게 한 많은 짧은 생을 마감한 단종의 시신은 동강변에 버려집니다.

부디 춘삼월에는 자규루에 오르지 마오

청령포에서 망향탑을 쌓으며 시름을 달래던 1456년 여름, 큰 홍수가 나자 단종은 영월객사인 관풍헌으로 거처를 옮겼습니다. 관풍헌은 38번 국도가 지나가는 영월읍내 중앙로의 조흥은행 옆에 있습니다.

관풍헌은 세 채의 건물을 옆으로 나란히 이어 놓은 목조건축입니다. 가운데 건물이 양쪽보다 약간 높게 보이는데 지금은 약사전이란 현판을 달아 놓았습니다. 그리고 오른쪽 건물에 '관풍헌(觀風軒)'이란 현판이 걸려 있습니다.

본래 이 건물은 조선 초기 동헌터에다 지은 건물입니다. 해방 전에는 영월군청에서 사용하다가 그 뒤에는 영월중학교가 이용했다고 합니다. 지금은 신라시대 의상대사가 창건하였다는 보덕사에서 포교당으로 쓰고 있습니다. 마당가에는 잡초가 무성하고 인적이 뜸하여 쓸쓸함만 묻어납니다.

관풍헌 마당가 모퉁이에는 2층누각의 자규루(子規樓)가 세워져 있습니다. 지금은 담장 앞으로 도로와 상가건물이 바짝 들어서 있어 답답하게 보인답니다. 자규루는 세종 13년(1431)에 영월군수였던 신권근이 세운 누각으로 처음에는 매죽루(梅竹樓)라 불렀습니다.

그러다가 단종이 관풍헌으로 옮겨오면서 이 누각에 올라 자규의 한을 담은 애끓는 시를 지었다 하여 매죽루에서 자규루로 이름이 바뀌었습니다. 그래서인지 지금도 누각의 앞면은 子規樓(자규루), 뒷면은 梅竹樓(매죽루)라는 현판이 걸려 있습니다. 관풍헌과 자규루는 강원도 유형문화재 제26호입니다.

자규(子規)란 소쩍새 또는 두견이라고 부르는 철새를 가리킵니다. 오월에 건너와서 팔구 월에 건너가는 두견이과에 속하는 새입니다. 여름 한철 밤낮으로 처량하게 울어대며 홀로 사는 특성을 가진 예사로운 새로, 중국 촉(蜀)나라 때 망제(望帝)의 죽은 넋이 붙었다는 전설이 전해지고 있습니다. 예로부터 시문학에 많이 등장하는 새랍니다.

때때로 밀려오는 외로움과 근심은 어린 단종에게 견디기 힘든 고통이었을 것입니다. 이를 달랠 길 없는 단종은 늦은 밤 자규루에 올랐습니다. 끊어질듯 말듯 이어지는 소쩍새의 울음소리가 애간장을 녹입니다. 그 애잔한 울음소리가 마치 자신의 심정을 토로하는 것만 같았습니다. 이내 깊은 상념에 빠져듭니다. 그러더니 소쩍새를 벗삼아 한 맺힌 시를 읊조립니다.

영월군누작(寧越郡樓作)

한 마리 원한 맺힌 새가 되어 왕궁에서 나오니	一自冤禽出帝宮
외로운 몸 짝 잃은 그림자가 산중에 깃들였다	孤身隻影碧山中
밤마다 잠들려 해도 잠은 오지 않고	假面夜夜眠無假

관풍헌

관풍헌은 조선 초기에 동헌 터에다 지은 건물로 세 채의 건물을 옆으로 나란히 이어 놓은 목조건축입니다. 양쪽보다 약간 높게 보이는 가운데 건물은 '약사전', 오른쪽 건물은 '관풍헌'이란 현판이 걸려 있습니다. 단종은 이 관풍헌 앞마당에서 사약을 받고 죽임을 당합니다.

해가 가고 해가 와도 원한은 끝이 없네	窮恨年年恨不窮
두견새 소리 멎은 새벽 멧부리에 조각달만 밝은데	聲斷曉岑殘月白
피를 뿌린 봄 골짜기에 붉은 꽃이 떨어지네	血流春谷洛花紅
하늘도 귀가 먹어 애끓는 하소연을 듣지 못하고	天聾尙未聞哀訴
어찌하여 수심 많은 내 귀에만 홀로 들리는가	何奈愁人耳獨聽

자규사(子規詞)

달 밝은 밤에 소쩍새 울어대니	月白夜蜀魂
시름 못 잊어 누 머리에 기대앉아	含愁情依樓頭
네 울음 너무 슬퍼 내 듣기 괴롭구나	爾啼悲我聞苦
네 소리 없었으면 나의 시름 잊으련만	無爾聲無我愁
세상의 근심 많은 사람에게 이르나니	寄語世上苦榮人
부디 춘삼월에는 자규루에 오르지들 마오	愼莫登春三月子規樓

충절이 악몽이 될 줄이야

01 렇게 자신의 처량한 신세를 시로써 읊조리며 유배생활을 하고 있을 때 경상도 순흥에는 금성대군이 유배되어 있었습니다. 금성대군은 단종의 다섯번째 작은아버지로 1456년 사육신들의 단종복위운동에 연루되어 순흥(順興)에 안치되었던 것입니다.

그 곳에서 금성대군은 순흥부사 이보흠(李甫欽)과 함께 또다시 단종복위운동을 꾀하였습니다. 그러나 기천(基川)현감의 고변으로 발각되어 결국 사사(賜死)되고 맙니다. 이 때가 1457년 가을이었습니다.

이 사건으로 단종은 노산군에서 또다시 서인(庶人)으로 강등되었습니다. 그리고 마침내 1457년 10월 24일 유시(酉時), 세조의 어명을 받든 금부도사 왕방연의 사약을 받고 관풍헌 앞마당에서 죽임을 당

자규루
단종이 이 누각에 올라 자규의 한을 담은 애끓는 시를 지었다고 하여 '자규루'가 되었답니다. 그래서인지 앞면은 자규루, 뒷면은 매죽루라는 현판이 걸려 있답니다.

금성단
경상도 순흥에서 단종복위운동을 도모하다 사사당한 금성대군의 신위를 모신 제단입니다.

합니다. 이 때 단종은 나이 17살의 앳된 미소년이었습니다. 그렇게 한 많은 짧은 생을 마감한 단종의 시신은 동강변에 버려집니다.

어린 조카를 위한 금성대군의 충절이 이렇듯 큰 화를 가져올지 그 누가 알았겠습니까! 참으로 얄궂은 운명이었습니다. 관풍헌에서의 유배생활은 이렇게 악몽으로 끝나고 말았습니다.

대군과 군은 어떻게 달라요?

지난 1999년 여름, 당시 고3 담임이었던 저는 여름방학을 맞이하여 반 학생들을 데리고 영월·단양 지역을 답사할 기회가 있었습니다. 그 때 학생들과 같이 관풍헌을 둘러보고 자규루에 올랐는데, 대뜸 조한석 학생이 저에게 질문을 하는 겁니다.

"선생님, 단종이 노산군으로 강등되었다고 말씀하셨는데, 대군과 군은 어떤 차이가 있는 거예요?"

"응, 조선왕조에선 임금의 자식[왕자]이 중전의 몸에서 태어나면

대군(大君)이 되고, 후궁의 몸에서 태어나면 군(君)이 되었어. 다시 말해서 적자는 대군, 서자는 군으로 봉했던 거지. 하지만 왕자 이외에도 2품 이상의 종친과 공신들 그리고 그 공신의 자손도 '군(君)'으로 봉하였어. 또한 단종처럼 왕위에서 쫓겨난 군주도 군으로 강등되었고."

"선생님, 그러면 대원군과 부원군은 누구를 지칭하는 거예요?"

"그건, 왕비의 아버지 또는 1품의 직위에 오른 공신을 부원군(府院君)이라 부르고, 대원군(大院君)은 비정상적으로 왕위계승이 이루어졌을 때, 그 왕의 친아버지에게 봉해지는 명칭이야."

"선생님, 그럼 조선시대에는 몇 명의 대원군이 있었나요?"

"우선, 선조의 아버지 덕흥대원군, 인조의 아버지 정원대원군, 철종의 아버지 전계대원군, 그리고 너희들이 잘 알고 있는 고종의 아버지인 흥선대원군이 있었지."

"아, 그래서 선생님께서는 수업시간에 그냥 대원군이라고 부르지 않고, 꼭 흥선대원군이라고 말씀하셨군요. 그냥 대원군 하면 누군지 모르니까."

"그래, 이제야 그 깊은 뜻을 알겠냐?"

"예, 선생님. 그런데 지금 말씀하신 것 중에 의문나는 것이 하나 있어요. 인조의 아버지를 정원대원군이라고 하셨는데, 경기도 김포에 있는 장릉을 가면, 안내판에 인조의 아버지가 원종으로 씌어 있거든요?"

"그래, 맞아. 그것은 인조반정으로 아들 인조가 왕위에 오르자, 처음에는 정원대원군으로 봉해졌다가, 뒤에 왕으로 추존되어 원종(元宗)이 된 거야. 그리고 그를 모신 능이 김포의 장릉(章陵)이고. 그래서 그렇게 씌어 있는 거야."

그 녀석들이 벌써 대학교를 졸업하게 되었답니다. 물론 남학생들은 군대생활하고 있고요. 저에게 질문을 던졌던 한석이는 고려대학교 법과대학에 다니다가 군에 입대하였습니다. 그놈들이 전화라도 걸어주면 그렇게 반가울 수가 없어요. 그것이 스승으로서 가장 큰 보람인가 봅니다.

편히 잠든 장릉 - 충절

> 여기서 서쪽을 쳐다보면 산 전체가 울창한 소나무숲으로 이루어져 있어 마치 한 폭의 산수화를 보는 듯합니다. 저는 이 소나무숲을 보고 있노라면 백제시대의 산수문전이 떠오릅니다.

두 충신의 충절

단종이 1457년 10월 24일 저녁, 관풍헌에서 사약을 받고 죽임을 당하자 그의 시신은 동강변에 버려졌습니다. 하지만 시신을 거두는 자가 아무도 없었습니다. 만약 시신을 거두는 자가 있을 시에는 삼족을 멸한다는 추상 같은 엄명이 내려졌기 때문입니다.

그러나 항상 충신은 있게 마련입니다. 당시 영월지방의 호장(戶長)이었던 엄흥도(嚴興道)는 한밤중에 자식들을 데리고 동강변에 버려진 단종의 시신을 몰래 거두어 동을지산(冬乙旨山)으로 올라갔습니다. 그렇게 산 능선으로 정신없이 올라가는데 노루 한 마리가 잠을 자다가 깜짝 놀라서 후닥닥 달아나는 것이었습니다. 그런데 그 자리에만 눈이 쌓여 있지 않은 겁니다. 이를 본 엄흥도는 그 곳에 단종의 시신을 암매장하였습니다.

그렇게 잠들어 있던 단종의 무덤이 세상에 알려지게 된 것은 1517년 중종의 어명 때문이었습니다. 여기에는 다음과 같은 설화가 전해지고 있습니다. 당시 영월군수로 부임한 박충원(朴忠元)은 어느 날 예사롭지 않은 꿈을 꾸게 됩니다.

그날 밤 꿈속에서 임금의 어명을 받고 왔다는 관리에게 숲속으로 끌려갔습니다. 그 곳에는 어린 임금을 모신 여섯 신하가 둘러앉아 있었습니다. 박충원을 본 어린 임금은 즉시 처형하라는 명을 내립니다. 그러자 한 신하가 나서서 살려주자는 간청을 드리는 것이었습니다. 이렇게 해서 끝내 죽음만은 모면할 수 있었답니다.

잠에서 깨어난 박충원은 꿈속에서 본 어린 임금이 분명 단종일 것이라고 생각하였습니다. 이 때부터 사람들을 시켜 수소문한 끝에 엄흥도의 후손을 찾아냈습니다. 그들의 안내로 찾아가 보니 틀림없이 꿈속에서 보았던 그 장소였습니다. 그 곳이 바로 단종의 무덤이었던 것입니다. 그렇게 해서 단종의 묘가 세상에 알려지게 되었답니다.

그 뒤 숙종 7년인 1681년에 단종은 서인에서 노산대군으로 추봉됩니다. 이어 숙종 24년인 1698년에 이르러서야 비로소 단종(端宗)으로 복위되었습니다. 그리고 이 때 장릉(莊陵)이라는 능호도 받게 됩니다. 서인으로 강등되어 죽임을 당한 지 꼭 241년 만의 일이었습니다. 이는 단종의 역사를 바로 세우기 위한 숙종의 위대한 사면복권(赦免復權)정책의 결과였던 것입니다.

이렇게 되자 단종을 향한 엄흥도의 충절이 높이 인정되어 마침내 공조판서의 벼슬이 내려집니다. 공조는 지금의 건설교통부에 해당되는 관서이고, 판서는 장관에 해당되는 관직입니다. 즉 오늘날의 건설교통부 장관에 해당되는 관직이랍니다. 장릉 경내에는 이와 같은 엄흥도의 충절을 기리기 위해 '엄흥도정려각'이 세워져 있습니다. 물론 박충원의 정려각도 세워져 있고요.

천하의 명당, 장릉

장릉(莊陵)은 조선왕조 제6대 왕인 단종의 능입니다. 제천 쪽에서 38번 국도를 따라 장릉을 찾아가다 보면 선돌을 지나 소나기재를 넘어가야 합니다. 소나기가 자주 내리는 고개라 하여 소나기재라고 부른답니다. 일설에는 단종이 영월땅으로 유배를 오면서부터 하늘도 그 슬픔을 가누지 못해 흘리는 눈물이래요.

소나기재를 지나 영월로 들어가는 길은 소나무숲이 장관입니다. 그 아름다운 소나무숲 산등성이에 단종을 모신 장릉이 있습니다. 매표소를 지나 장릉 입구를 들어서면 왼쪽으로 단종역사관이 보이고, 오른쪽에는 박충원정려각이 세워져 있습니다.

낮게 두른 담장 안으로 들어서면 현판에 '낙촌비각(駱村碑閣)'이란 단아한 비각이 깔끔하게 세워져 있습니다. 비석에는 '文景公駱村密陽朴忠元先生紀蹟碑 (문경공낙촌밀양박충원선생기적비)'라는 글자가 새겨져 있어 이 곳이 박충원의 정려각임을 알 수 있습니다.

박충원정려각을 지나 돌계단을 밟고 산길로 오르면 산등성이 끝쪽으로 아담한 장릉이

박충원정려각
아무도 모르게 잠들어 있던 단종의 묘를 찾아낸 박충원의 충절을 기리고자 세운 정려각입니다. 현판엔 '낙촌비각'이란 글씨가 씌어 있습니다.

보입니다. 능 앞에는 장명등과 문인석만 세워져 있습니다. 이는 단종이 칼을 들은 자에게 왕위를 찬탈당했으므로 무인석은 세우지 않았다고 합니다.

그러나 조선시대의 왕릉을 보면, 추봉된 능에는 난간석과 무인석을 설치하지 않았습니다. 그 단적인 예로 정릉(貞陵)과 경릉(敬陵)을 들 수 있습니다. 이처럼 추봉된 능에는 무인석이 따로 없답니다. 따라서 무인석을 설치하지 않은 것은 칼을 들은 자에게 왕위를 찬탈당해서라기보다는 추봉된 능이기 때문에 설치하지 않았다고 보는 것이 더 타당한 것으로 생각됩니다. 그런데 바로 이 곳이 풍수지리가들에 의하면 천하의 명당이라고 합니다.

능 뒤로는 아담하게 감싸주는 나지막한 곡장 즉 담장을 둘러 놓았습니다. 담장은 벽돌로 쌓았는데 면마다 화강암으로 동그란 꽃장식을 해놓아 아름답게 보입니다. 담장 주위의 소나무들은 한결같이 능 쪽으로 고개를 숙이고 있습니다. 마치 장릉을 향해 참배를 드리는 것만 같습니다. 그 모습에서 마음이 숙연해짐을 느낍니다.

사적 제196호로 지정된 장릉 주위는 온통 아름다운 소나무들로 군락을 이루고 있습니다. 여기서 서쪽을 쳐다보면 산 전체가 울창한 소나무숲으로 이루어져 있어 마치 한 폭의 산수화를 보는 듯합니다. 운치 또한 빼어납니다. 저는 이 소나무숲을 보고 있노라면 백제시대의 산수문전이 떠오릅니다. 부드럽고 온화한 푸른 솔의 아름다움이 그렇게 좋을 수가 없습니다.

한편, 단종의 역사를 바로 세운 숙종임금은 유달리 단종을 사모했던 군주였습니다. 그래서일까. 그가 손수 지은 어제시에는 단종을 그리워하는 심정이 이렇게 배어 있습니다.

장릉
장릉은 조선 제6대 임금인 단종의 능입니다. 능 주위의 소나무들이 능을 향해 절을 하듯 안쪽으로 굽어있어 숙연함이 묻어난답니다.

아담한 곡장 장릉을 뒤에서 본 모습입니다. 능을 감싸주는 아담한 곡장에 화강암으로 동그란 꽃 장식을 해 놓아 예쁘장하게 보입니다.

어리실 적 임금의 자리 물려주시옵고
멀리 벽촌에서 계실 적에
마침 비색한 운을 만나시니
임금의 덕 이지러지도다
지나간 일들을 생각하니
목은 메고 눈물은 마르지 않네
시월에 뇌성과 바람이 부니
하늘의 뜻인들 어찌 끝이 없으리오
천추에 한 없는 원한이요
만고의 외로운 혼이로다
적막하고 거친 산 속에
푸른 소나무 옛 동산에 우거졌네
높은 저승에 앉으시어
엄연히 곤룡포 입으시고
육신들의 해를 뚫는 충성을
혼백 역시 상종하시리라

장릉을 내려가는 길

장릉을 둘러보고 내려갈 때는 오던 길을 버리고 오른쪽으로 나 있는 계단길을 따라 내려가세요. 그래야 장릉에 딸린 여러 부속건물을 답사할 수 있답니다. 내려가면 배식단사(配食壇祠)가 보입니다. 이 건물에는 단종을 위하여 목숨을 바친 충신위(忠臣位) 32인, 조사위(朝士位) 198인, 환자군노(宦者軍奴) 28인, 여인위(女人位) 6인 등 모두 264인 위의 위패를 모셔 놓았습니다. 정조 15년인 1791년에 건립하였습니다.

배식단사 정조 15년(1791)에 세운 건물로 단종을 위하여 목숨을 바친 충신위 32인, 조사위 198인, 환자군노 28인, 여인위 6인 등 모두 264인 위의 위패를 모셔 놓았습니다.

단종비각
숙종 24년(1698)에 묘호를 장릉으로 추봉하고 세운 것으로 '조선국 단종대왕 장릉'이라는 비석이 세워져 있습니다.

그 위에는 '조선국 단종대왕 장릉(朝鮮國端宗大王莊陵)'이란 비석이 세워져 있는 단종비각이 자리잡고 있습니다. 이 비각은 숙종 24년인 1698년에 묘호를 장릉으로 추봉하고 세운 것이랍니다. 거기서 위쪽으로 오르면 丁자형의 정자각이 오붓하게 자리잡고 있습니다. 정자각은 단종임금께 제사를 지내는 공간입니다.

정자각
장릉 밑에 세워진 丁자형의 건물로 단종임금께 제사를 지내는 건물입니다.

장릉은 비록 우여곡절로 점철된 슬픈 역사를 간직한 능이지만 오늘날에는 조선시대의 왕릉 중에서 유일하게 제향을 받는 왕릉이 되었답니다. 해마다 한식날이면 단종제를 개최하고 단종임금께 제사를 올립니다. 이 단종제가 영월에서 가장 큰 행사랍니다.

정자각에서 앞쪽으로 내려가면 제사를 지낼 때 사용하는 우물 영천(靈泉)이 있습니다. 보통 때에는 조금씩 나오다가 한식날 제사를 지낼 때에는 많은 물이 솟아난다고 합니다. 깊이가 1.5미터로 낮은 돌담을 둘러 놓아 정갈하게 보입니다.

영천을 둘러보고 홍살문을 지나서 내려오면 단정하게 꾸며 놓은 엄홍도정려각이 보입니다. 단종의 주검을 수습하여 장릉에 모신 엄홍도의 충절을 기리고자 세운 것이랍니다.

엄홍도정려각을 지나 정문 쪽으로 내려오면 단종역사관이 자리

엄흥도정려각
깊은 밤 동강 변에 버려진 단종의 시신을 수습하여 동을지산에 암매장한 영월 호장 엄흥도의 충절을 기리기 위해 세운 정려각입니다.

영천
장릉의 제사를 지낼 때 사용하는 우물로 부사 박기정이 정조 15년(1791)에 조정에 보고하여 영천이라 칭하였습니다. 평소에는 물이 조금씩 나오다가 한식 제사 때는 많이 나온다고 전해옵니다.

잡고 있습니다. 흔히들 장릉을 둘러본 것으로 만족하고 그냥 가는 경우가 많은데 반드시 단종역사관을 관람하셔야 합니다. 그래야 단종과 관련된 모든 것을 알 수 있기 때문입니다. 전시실은 1층과 지하 1층으로 나뉘어져 있습니다. 아주 예쁘게 잘 꾸며 놓았답니다.

1층은 단종역사관으로 단종의 일대기가 차례대로 가지런히 정리되어 있습니다. 지하 1층은 문화예술관과 단종유물관으로 공간을 구분하였습니다. 먼저 문화예술관은 사육신실, 생육신실, 조선시대의 형벌, 기념품 판매점 등으로 꾸며 놓았습니다. 그리고 단종유물관은 단종의 유배재현, 정순왕후실, 단종실, 조선궁중 복식실, 단종의 일대기 영상코너 등이 마련되어 있습니다.

선생님, 조와 종은 어떻게 달라요?

지난 1999년 여름 우리 반 학생들과 장릉을 둘러보고 내려올 때였습니다. 김미진이란 여학생이 내 옆으로 바짝 다가오더니 정말 궁금한 것이 있다며 저에게 이렇게 묻는 것이었습니다.

"선생님, 고려시대나 조선시대 왕들의 호칭을 보면 조(祖) 또는 종(宗)자를 붙이는데, 조와 종은 어떻게 다른 건가요?"

"조와 종의 차이라. 그래, 점심을 먹으며 이야기해 줄게."

흔히들 고려시대나 조선시대의 왕들을 호칭할 때, 태조 또는 세종이라고 부르면서도 많은 사람들은 그 차이를 알지 못합니다. 어쩌면 그건 당연한 결과입니다. 학교에서 배우는 국사교과서를 아무리 뒤져봐도 그 설명이 나오지 않으니까요. 저 또한 국사수업을 진행하면서 수학능력시험에도 나오지 않는 조·종에 대한 설명을 해준 적이 거의 없었거든요. 막상 질문을 받고 보니 괜스레 미안한 생각이 들었습니다.

　임금이 살아계실 때는 왕호도 필요없고 또 있을 필요도 없습니다. 그러나 임금이 승하하시면 왕의 위패를 종묘에 모셔야 합니다. 그 때 이미 모셔져 있는 선대의 왕들과 구분짓기 위해서는 반드시 묘호가 필요합니다. 바로 이 때 묘호가 정해지는 것입니다. 묘호(廟號)는 '묘에 붙이는 호'란 뜻입니다.

　그리고 왕호에는 시호(諡號)와 묘호가 있습니다. 먼저 시호는 왕이 죽으면 그 왕의 업적을 평가하여 이에 걸맞은 이름을 붙여주는 것입니다. 고구려의 광개토태왕을 한 예로 들어볼까요? 그는 국력을 밖으로 팽창시켜 광대한 영토를 개척한 군주였습니다. 그런 의미에서 '넓은 영토를 개척한 왕'이라 하여 '국강상광개토경평안호태왕(國岡上廣開土境平安好太王)'이란 긴 시호를 붙인 것입니다. 그런데 그 시호가 너무 길어 흔히 '광개토태왕'이라 줄여 부르는 것이랍니다.

　한편, 조선시대에는 이러한 시호를 붙일 때 문(文)·정(貞)·공(恭)·충(忠)·효(孝)·익(翼)·무(武) 등 1백여 자를 사용해서 정했다고 합니다.

　묘호는 앞에서 언급했듯이 왕이 죽으면 그의 위패를 종묘에 모실 때 시호와 함께 붙여주는 호칭을 말합니다. 한 가지 예를 들어봅시다. 진골출신으로 처음 왕위에 오른 신라의 김춘추는 김유신의 도움으로 삼국통일을 위해 노력한 군주였습니다. 그가 죽자 왕호를 태종무열왕(太宗武烈王)이라 불렀습니다. 여기서 '태종(太宗)'은 묘호가 되고, 무열(武烈)은 시호가 되는 것입니다.

　그렇다면, 묘호를 추증할 때 조(祖)와 종(宗)은 어떻게 다를까요? 이를 알아보기 위해서는 우선 고려시대부터 살펴보아야 합니다. 고려시대에는 창업지주(創業之主)에게는 조를, 수성지군(守成之君)에게는 종을 붙이는 것이 원칙이었습니다. 그러나 조선시대로 내려오면 이 원칙이 바뀝니다. 즉 창업군주인 이성계의 『태조실록(太祖實錄)』을 보면 "공(功)이 있으면 조(祖)로 하고, 덕(德)이 있으면 종(宗)으로 한다"고 기록되어 있습니다.

그러나 실제 조선시대 왕들의 묘호를 보면 꼭 그렇지만은 않았던 것 같습니다. 예를 들어 세조·선조·인조·영조·정조·순조의 경우 이를 어떻게 보아야 할지 참으로 난감합니다. 이들 가운데 영조와 정조를 뺀 나머지 왕들은 대단한 공이 있는 것도 아니고 그렇다고 창업지주는 더욱 아니었습니다. 물론 답이 없는 것은 아닙니다. 즉 국가적인 위기를 맞아 이를 슬기롭게 극복함으로써 종묘와 사직을 잘 수호했다는 공을 인정하면 될 것입니다.

그 실례로 선조는 임진왜란을 극복했다는 공으로, 인조는 병자호란의 위기를 극복했다는 명분으로 '조'를 추증한 것으로 이해하면 될 것입니다. 그러나 순조는 도대체 무엇 때문에 조를 추증하였는지 아리송합니다. 만약 홍경래의 난을 진압한 공을 인정했다면, 그것은 우리들의 시각과는 너무나 큰 차이가 있기 때문입니다.

물론, 그 당시의 집권세력인 양반사대부들의 역사인식과 오늘날 우리들이 보는 관점하고는 분명 커다란 차이가 있다는 것을 인정해야 할 것입니다. 당시에는 성리학적 명분론이 그 사상적 바탕이었으니까요. 따라서 우리가 그 옳고 그름을 판단한다는 것은 매우 어려운 난제라고 생각됩니다.

고요한 산사로의 가을여행

> 산영각 처마 끝에는 물고기가 매달린 예쁜장한 풍경이 달려 있습니다. 때마침 살랑살랑 바람이라도 불라치면 청아한 풍경소리가 산사의 고요를 깨워줍니다. 댕그랑~! 댕그랑~! 그 소리가 마치 내 마음의 풍금이 되어 진한 여운을 남기고 그렇게 스쳐갑니다.

고요하고 정갈한 보덕사

장릉 주차장에서 아래로 15미터 정도를 가다 왼쪽으로 꺾어들면 보덕사로 가는 길이 나옵니다. 꺾어들자마자 오른쪽을 보면 장릉보리밥집(☎ 033-374-3986)이 보입니다. 집은 허름하게 보입니다만 맛은 별미중에 별미랍니다. 제가 알기로는 영월에서 가장 유명한 보리밥 식당입니다.

보리밥에다 열 가지가 넘는 산나물과 야채를 넣고 구수한 된장찌개와 고추장에 썩썩 비벼먹는 맛이란 옛 시절을 떠올리게 하고도 남습니다. 지금 40고개를 넘으신 분들은 아마 배고팠던 어린 시절이 떠오를 겁니다. 먹을 것이 없어 고단한 삶을 살았던 그 시절, 보리밥 한 그릇은 진수성찬이나 다를 바 없었답니다.

여기서 7백 미터쯤 가면 오른쪽으로 보덕사 주차장이 나옵니다. 열 그루가 넘는 아름드리 느티나무가 이 곳이 도솔천임을 암시합니다. 그 고목의 자태에서 신령스러움과 엄숙함이 배어납니다. 보덕사는 반드시 가을에 찾아가세요. 그것도 곱디고운 단풍이 절정에 이르는 늦가을 날이 제격입니다. 고즈넉한 산사의 가을풍경이 당신의 가슴을 보드랍게 감싸줄 것입니다. 가을의 보덕사는 그렇게 맞아주는 정갈한 절집이랍니다.

보덕사(報德寺)는 신라 문무왕 8년인 668년에 의상조사(義相祖師)가 창건하고 처음에는 지덕사(旨德寺)라 불렀습니다. 그 뒤 영조 2년인 1726년에 보덕사로 이름이 바뀌었습니다. 현재는 주불전인 극락보전과 그 옆에 산신각이 있고, 그 뒤쪽으로는 칠성각과 사성전이 있습니다.

극락보전은 고려 의종 15년(1161)에 원경국사(元敬國師)와 운허(雲虛)선사가 증축하였다고 전해지는 건물입니다. 현재는 팔작지붕에 정면 3칸, 측면 3칸의 다포식 건물로 조선 후기의 양식을 보여주고 있습니다. 강원도 문화재자료 제23호입니다. 그리고 극락보전 안에는 섬세한 필치가 돋보이는 화려한 탱화가 걸려 있었는데, 불행하게도 지난 1993년 석탑과 함께 도난당하고 말았답니다.

전통 목조건축에서 지붕의 무게를 기둥이나 벽으로 전달하면서 건물을 치장하는 장치를 공포(栱包) 즉 짜임새라 부릅니다. 이 공포가 기둥 위에만 짜여져 있으면 주심포식(柱心包式) 건물이고, 기둥 위뿐만 아니라 기둥과 기둥 사이에도 짜여져 있으면 다포식(多包式) 건물이라 부릅니다.

극락보전 옆에는 단칸짜리 산신각이 아담하게 자리잡고 있습니다. 아주 귀여운 건물입니다. 그 안에는 추익한이 백마를 탄 단종임금께 머루를 진상하는 모습의 영정이 걸려 있습니다. 이 영정은 고(故) 운보 김기창 화백이 그린 것을 복사한 그림이랍니다.

만추의 보덕사
가을날의 보덕사 전경입니다. 참으로 정갈하고 고즈넉한 절입니다. 보덕사는 반드시 가을에 찾아가세요. 그것도 곱디고운 단풍이 절정에 이른 늦가을 날이 제격이랍니다.

보덕사 산신각
극락보전 옆에 있는 아주 귀여운 단칸짜리 산신각 건물입니다. 그 안에는 추익한이 백마를 탄 단종 임금께 머루를 진상하는 영정이 모셔져 있답니다.

꿈속에서 본 금몽암

보덕사에서 절골마을을 지나 작디작은 불이교를 건너갑니다. 다리를 건너 조금 더 오르면 금몽교가 나옵니다. 여기서부터는 고운 흙길. 그렇게 흙길을 따라 돌아들면 단촐한 금몽암이 아늑하게 맞아줍니다.

금몽암은 의상조사가 창건하고 처음에는 지덕암(旨德庵)이라 불렀답니다. 그 뒤 관풍헌에서 유배생활을 하고 있던 단종이 하루는 이 암자를 찾아왔습니다. 그런데 암자의 모습이 자신이 궁궐에 있을 때 꿈속에서 본 암자와 너무나 똑같은 것입니다. 그래서 암자이름에 꿈몽(夢)자를 써서 금몽암(禁夢庵)이 되었다고 전해집니다.

현재의 건물은 영조 21년인 1745년에 세운 것으로 사찰건물과는 다른 형태로 오히려 일반 건물처럼 보입니다. 금몽암은 강원도 문화재자료 제25호입니다. 장릉 근처에 위치하고 있는 것으로 보아 단종의 원당(願堂)이었음을 짐작할 수 있습니다.

가지런히 쌓은 돌계단을 밟고 오르면 정면으로 '금몽암(禁夢庵)'이란 현판이 보입니다. 그리고 왼쪽으로는 주건물과 연결된 2층누각이 꺾여져 있습니다. 2층누각에는 '우화루(雨花樓)'라 휘갈겨 쓴 멋스런 글씨가 한눈에 들어옵니다. 조선 말기의 서화가 해강(海岡) 김규진(金圭鎭 ; 1868~1933)의 글씨입니다. 자유분방하면서도 절제된 아름다움이 묻어납니다. 우화루란 불교에서 말하는 만다라꽃이 마치 비가 오듯 쏟아져 내리는 누각이라는 뜻이랍니다.

해강 김규진은 예서(隸書)와 행서(行書) 등 각 서체에 능하였고, 그림으로는 특히 난초와 대나무(竹)를 잘 그렸습니다. 해강이 남긴 글씨로는 서울의 보신각(普信閣), 평양 부벽루의 금수강산, 진주의 촉석

금몽암 전경   가을날의 금몽암은 참으로 고즈넉한 산사입니다. 아주 정갈하고 깨끗한 절집이고요. 따라서 금몽암은 관람을 목적으로 한 산사가 아니라, 오직 마음을 깨끗하게 세척하고픈 분들만 찾아오는 부처님의 정토랍니다.

우화루
조선 말기의 서화가 해강 김규진의 글씨로 자유분방하면서도 절제된 아름다움이 묻어납니다. 우화루란, 불교에서 말하는 만다라꽃이 마치 비가 오듯 쏟아져 내린다는 누각입니다.

루, 합천의 가야산 해인사 등 이루 헤아릴 수 없이 많습니다.

　해강의 글씨를 감상하고 오른쪽을 돌아서 뒤꼍으로 오르면 단아한 산영각(山靈閣)이 오롯이 세워져 있습니다. 금몽암의 산신각은 여느 절집과 달리 귀신 '신(神)'자 대신 신령 '영(靈)'자를 쓴 점이 특이합니다. 하지만 그 의미와 뜻은 같은 겁니다.

　산영각 처마 끝에는 물고기가 매달린 예쁘장한 풍경이 달려 있습니다. 때마침 살랑살랑 바람이라도 불라치면 청아한 풍경소리가 산사의 고요를 깨워줍니다. 댕그랑~! 댕그랑~! 그 소리가 마치 내 마음의 풍금이 되어 진한 여운을 남기고 그렇게 스쳐갑니다.

　가을날의 금몽암은 참으로 고즈넉한 산사랍니다. 아주 정갈하고 깨끗한 절집이고요. 그렇기에 관람을 목적으로 하는 산사가 절대 아닙니다. 오직 마음을 깨끗하게 세척하고픈 분들만 찾아오는 부처님의 정토랍니다. 이제 낙엽이 쌓인 낭만의 흙길을 따라 내려갈 차례입니다. 낙엽을 밟고 내려오는 발자국에는 진한 아쉬움이 묻어납니다.

영월읍내 둘러보기 1

> 단종의 혼령을 본 추익한은 관풍헌으로 급하게 달려왔으나 단종은 이미 세조가 내린 사약을 받고 승하하신 뒤였습니다. 이 때부터 영월지역 사람들은 단종의 혼령이 태백산의 산신령이 되어 태백산 일대를 굳게 지켜준다는 믿음을 가지게 되었답니다.

효자정려각

몽암에서 되돌아 나와 장릉보리밥집을 지나 읍내 쪽으로 좌회전하여 7백 미터쯤 내려가면 왼쪽으로 단청을 곱게 칠한 효자각이 보입니다. 그 바로 밑에는 영월군보훈회관이 자리잡고 있습니다. 승용차는 그 곳에 잠시 주차하시면 됩니다.

태극무늬가 선명한 솟을대문을 중심으로 낮은 담장을 두르고, 그 안에 맞배지붕의 단칸짜리 '효자정려(孝子旌閭)'각이 세워져 있습니다. 이 효자비는 효염공(孝廉公) 신영숙(辛永叔)의 효행을 기리기 위해 세운 비석입니다.

신영숙은 태조임금 때 통훈대부 한성서윤(通訓大夫漢城庶尹)을 맡고 있었습니다. 이 때 어머니의 병환이 심해지자 관직을 사임하고 고향으로 돌아와 침식을 잊은 채 온갖 정성을 다하여 간호에만 열중하였습니다. 어머니께서 돌아가시자 묘소 옆에 초막을 짓고 탈상 때까지 죽만 먹으며 3년간의 시묘살이를 마쳤습니다.

한편, 조정에서는 청렴하고 학문이 높은 신영숙에게 다시 출사할 것을 명하였습니다. 하지만 모친상을 이유로 정중하게 사양하였답니다. 그 뒤 아버지께서 돌아가셨을 때에도 똑같은 정성을 다했다고 전해집니다.

그의 지극한 효행이 조정에 알려지자 태조임금은 효자정려문(孝子旌閭門)을 내리고 수천 평의 토지를 하사하였습니다. 세월이 흘러 정려문이 퇴락하자 영조 21년인 1745년에 후손들이 이 곳에 효자비를 세웠습니다.

이렇게 영월군에는 효자(孝子)·효녀(孝女)·효부(孝婦)·열녀(烈女)를 모신 비각이 수없이 많이 널려 있답니다. 저의 답사일정상 일일이 다 찾아다니며 탐방할 수 없는 것이 안타까울 뿐입니다. 영월은 그런 고장이랍니다. 그러니 어찌 충(忠)과 효(孝)가 어우러진 충절의 고장이 아니겠습니까! 이것이 영월의 자존심이요, 긍지랍니다. 영월의 저력은 바로 여기에서 나오는 것입니다.

창절서원

효 자정려각에서 5백 미터쯤 더 내려가면 왼쪽으로 '배견루(拜鵑樓)'라는 2층누각이 보입니다. 이 곳이 창절서원(彰節書院)입니다. 영월의 진산인 매봉산 밑에 남향으로 자리잡았습니다. 누각의 이름은 단종을 위해 순절한 충신들께 '두견새가 날아와 절하는 누각'이란 뜻으로 '절 배(拜)'·'두견이 견(鵑)'자를 써서 배견루라 부르는 것이랍니다.

창절사(彰節祠)는 본래 장릉 경내에 있었으나 왕릉에 신하의 사당을 둔 예가 없다고 하여 이 곳으로 옮기고 이름을 창절서원이라 불렀습니다. 안으로 들어갈 때에는 오른쪽 담장을 돌아 쪽문으로 들어가

신영숙 효자정려각
신영숙의 효행을 기리기 위해 세운 효자비랍니다. 이렇게 영월군에는 효자·효녀·효부·열녀를 모신 비각이 수없이 많이 산재해 있답니다.

야 합니다.

마당을 중심으로 좌·우측에 동재(東齋)와 서재(西齋)가 있고, 중앙에 창절서원이 자리하고 있습니다. 요즘으로 치면 서원건물은 교실에 해당하는 강학(講學)공간이고, 동재와 서재는 학생들이 공부하며 숙식을 해결하는 기숙사에 해당됩니다.

서재는 구한말에 소실된 것을 지난 2000년 10월 27일에 새로 준공한 건물입니다. 지금은 창절사당과 서원 안에 봉안되어 있던 노후된 각종 현판을 재정비하여 서재에 따로 보관하고 있습니다. 보관되어 있는 현판으로는 육신사기 1580년 외 3편, 창절사개건상량문 1711년 외 2편, 숙종·영조대왕 어제어필 1698년 외 6편, 창절서원 중수기 숙종 11년(1685) 외 5편, 서재복원기 2000년 1편, 한시 9편 등입니다.

서원건물 뒤쪽을 돌아들면 중앙에 육신사(六臣祠)가 보이고 그 좌·우에 동무(東廡)와 서무(西廡)가 세워져 있습니다. 육신사는 단종 복위를 도모하다 죽임을 당한 성삼문·박팽년·이개·유성원·하위지·유응부 등 사육신 6인, 엄흥도·박심문 등 충신 2인, 김시습·남효온 등 생육신 2인의 위패를 모신 사당입니다. 해마다 봄·가을에 제사를 지내고 있습니다. 제사를 올리는 날짜는 음력 3월 15일과 8월 15일이랍니다.

서원(書院)은 선현을 봉사하고 후진을 교육하는 지방의 사립학교입니다. 최초의 서원은 중종 때인 1543년 풍기군수 주세붕이 세운 백운동서원이 그 시작이랍니다. 이 때부터 각 지방마다 사림양반들에 의해 많은 서원이 세워집니다. 이렇게 서원이 난립하자 본래의 기능과는 달리 차츰 사림세력의 정치적 기반으로 성장하여 붕당의 폐단을 가져오기도 하였습니다.

한편 서원은 관학과는 달리 사학의 특성을 살려 개성있는 학문을

창절서원

창절서원은 단종복위를 도모하다 죽임을 당한 성삼문·박팽년·이개·유성원·하위지·유응부 등 사육신 6인, 엄흥도·박심문 등 충신 2인, 김시습·남효온 등 생육신 2인의 위패를 모신 사당입니다. 해마다 봄·가을에 제사를 지낸답니다.

발달시켰습니다. 그런가 하면 중앙의 성균관과도 견줄 만큼 학문적으로 대등하다는 자부심을 갖고 사립대학으로서의 위상도 높여 나갔습니다. 그러나 지나친 서원의 난립으로 그 폐단이 날로 심해지자 흥선대원군은 전국에 47개의 서원만 남기고 6백여 개의 서원을 철폐합니다. 하지만 창절서원은 이 때에도 건재하였답니다.

충신을 모신 충절사

영월의 주산인 매봉산 자락에는 단종이 영월로 유배된 뒤 단종을 위해 목숨을 바친 영월지방의 충신들을 모신 충절사(忠節祠)가 세워져 있습니다. 그리고 그 위쪽으로 단종을 추모하기 위해 세운 영모전(永慕殿)이 자리잡고 있습니다. 영월공업고등학교 정문 앞에서 왼쪽 길로 접어들어 연립주택을 지나면 주차장이 나옵니다.

충절사는 지난 1998년 3월 영월군에서 충절사당을 건립하고 단종을 위해 충성을 다한 엄흥도 · 정사종 · 추익한 등 3인의 영정과 위패를 모셔 놓은 사당입니다. 해마다 청명 · 한식을 기해 제향을 올리고

엄흥도 · 정사종 · 추익한의 영정
단종을 위해 충성을 다한 엄흥도 · 정사종 · 추익한의 영정입니다.

충절사
충절사는 지난 1998년 3월 영월군에서 충절사당을 건립하고 단종을 위해 충성을 바친 엄흥도·정사종·추익한 등 3인의 영정과 위패를 모셔 놓은 사당입니다. 해마다 청명·한식을 기해 제향을 올리고 있답니다.

있답니다.

그럼 이분들의 삶을 한 분씩 살펴볼까요? 먼저 엄흥도는 '편히 잠든 장릉―두 충신의 충절'편에서 살펴보았듯이 동강변에 버려진 단종의 시신을 거두어 영월엄씨들의 선산인 동을지산에 모셨던 영월지방의 호장이었습니다.

이 때 단종의 시신을 거두는 자는 삼족을 멸한다는 위협 속에서도 "옳은 일을 하다가 어떤 화를 당하더라도 나는 달게 받겠다[爲善被禍 吾所甘心]"는 말을 남긴 채 단종의 시신을 수습하여 선산에 암매장하고는 몰래 자취를 감췄던 충신이었습니다.

이러한 엄흥도의 충절이 알려지자 숙종 11년인 1695년에 육신사에 배향되고, 정조의 명으로 장릉의 배식단사에 사육신과 함께 그의 위판이 모셔집니다. 그 뒤 순조 33년인 1833년에 공조판서로 추증되었으며, 1877년에 이르면 충의공(忠毅公)이라는 시호가 내려집니다.

야은(野隱) 정사종(丁嗣宗)은 문과에 급제한 뒤 단종을 모시는 익위(翊衛) 벼슬과 군위현감을 역임하였습니다. 그러나 자신이 모셨던 단종임금이 노산군으로 강등되어 영월로 유배되었다는 소식을 듣자, 관직을 버리고 고향으로 돌아와 단종의 안위를 걱정하였답니다.

그러다가 동강변에 버려진 단종의 시신을 수습할 때, 앞장 서서 거두는 엄흥도를 도와주면서 자식들에게 "너희들은 시골로 돌아가 자손들로 하여금 소나 기르고 농사를 지으며 생활하지 절대로 공명을 구해서는 안된다"라는 유언을 남기고 청령포의 푸른 강물에 몸을 던져 자결한 충신이었습니다.

끝으로 우삼(友三) 추익한(秋益漢)은 문과에 급제한 뒤 홍문관 부수찬·한성부 부윤 등의 벼슬을 역임하고 영월 화원리로 낙향하였습니다. 그는 단종이 영월로 유배되었다는 소식을 듣고 산에서 머루와

단종의 영정
사진은 관풍헌 약사전에 모셔져 있는 단종의 영정입니다.

다래를 따다가 단종께 바치며 어린 임금을 위로하였습니다.

　1457년 10월 24일, 이날도 추익한은 머루와 다래를 따서 단종이 계신 관풍헌으로 향하고 있었습니다. 그 때 곤룡포에 익선관을 쓰고 백마를 타고 오는 단종을 만났습니다. 추익한은 무릎을 꿇고 엎드린 채 "전하! 어디로 가시옵니까?"라고 여쭈었습니다. 그랬더니 단종께서 "나는 산신령이 되어 태백산으로 가는 길이오"라며 홀연히 사라지는 것이었습니다. 단종의 혼령이었던 것입니다.

　단종의 혼령을 본 추익한은 관풍헌으로 급하게 달려왔으나 단종은 이미 세조가 내린 사약을 받고 승하하신 뒤였습니다. 이 때부터 영월지역 사람들은 단종의 혼령이 태백산의 산신령이 되어 태백산 일대를 굳게 지켜준다는 믿음을 가지게 되었답니다.

신앙으로 승화된 단종의 혼

　충절사에서 오른쪽으로 나 있는 돌계단을 밟고 오르면 단종의 영정을 모신 영모전이 단아한 모습으로 자리잡고 있습니다. 본래 이 곳은 성황당이 있었던 자리랍니다. 그 뒤 중종 12년인 1517년에 단종을 추모하기 위한 사당을 새로이 건립하고 곤룡포를 입은 단종의 목상(木像)을 모셨는데 아쉽게도 분실되고 말았답니다.

　그 뒤 1930년 영월 군수 이계진이 사당을 수축하고 백마를 탄 단종의 영정을 모셨으나 한국전쟁 즉 6·25사변 때 소실되었습니다. 지금은 작고한 운보 김기창 화백이 그린 영정으로, 추익한이 백마를 타신 단종께 머루를 진상하는 그림을 모셔 놓았습니다. 그리고 '영모전(永慕殿)'이란 현판은 이승만 대통령이 쓴 글씨랍니다.

영모전

강원도 유형문화재 제56호. 단종의 영정을 모신 사당으로 현재는 고 운보 김기창 화백이 그린 '추익한이 백마를 타신 단종임금께 머루를 진상' 하는 영정을 모셔 놓았습니다. '永慕殿' 현판은 고 이승만 대통령의 친필이랍니다.

현재의 건물은 정면 3칸, 측면 2칸의 팔작지붕으로 가운데 칸에다 단종의 영정을 모셔 놓았습니다. 매년 영월군에서 단종이 승하하신 음력 10월 24일에 기신제(忌辰祭)를 올리고 있습니다. 영모전은 강원도 유형문화재 제56호입니다.

   단종임금이 사약을 받고 억울하게 승하하시자 그 혼령이 태백산의 산신령이 되었다고 합니다. 이러한 영월사람들의 믿음은 점차 단종을 추모하고 숭상하는 일종의 민간신앙으로 발전하였습니다. 그래서 단종의 혼령이 백마를 타고 태백산으로 올라간 주변의 산신각에는 하나같이 단종의 위패와 영정을 모셔 놓았답니다.

   영월의 영모전, 관풍헌의 약사전, 보덕사의 산신각, 청령포의 대왕각, 녹전 성황당, 정선의 여량 성황당, 태백의 어평 성황당, 새길령 성황당, 고치령 신산당 등에는 지금도 단종의 위패와 영정이 모셔져 있습니다. 이렇게 단종의 혼령은 이 곳 사람들에게 마음의 위안이 되고 있답니다. 그래서 영월하면 단종이요, 단종하면 영월이라고 하는 겁니다.

영월읍내 둘러보기 2

> 깊은 번민에 빠진 경춘은 부모님 산소를 찾아가 하직인사를 올립니다. 그런 다음 이수학이 주고 간 사랑의 정표를 가슴에 지닌 채 낙화암으로 향합니다. 이윽고 치마로 머리를 감싸더니 강물에 몸을 던졌습니다.

절벽에는 임을 향한 고운 넋이 흐르고

영월읍내를 감싸안고 흐르는 금장강 절벽에는 금강정·민충사·경춘비·낙화암이 서로 이웃하여 자리잡고 있습니다. 오직 임을 향한 일편단심의 충절과 사랑이 고운 넋으로 승화되어 그렇게 흐르는 곳이랍니다. 여기서 금장강은 동강의 다른 이름입니다.

『세종실록』 지리지에는 "오대산동(五臺山洞) 금강연(金剛淵)에서 시작되어… 정선군에 이르면 광탄(廣灘)이 되고, 고을 남쪽에 이르러 대음강(大陰江)으로 들어가… 영월군 동쪽에 이르러 금장강(錦障江)이 된다"고 기록되어 있습니다. 따라서 동강의 옛 이름이 금장강이었음을 알 수 있습니다.

읍내에서 KBS영월방송국을 찾아가다 정문 직전에서 강변길로 진입하면 금강정에 당도합니다. 금강정(錦江亭)은 세종 28년인 1428년에 군수 김복항이 동강 절벽에 세운 정자입니다. 앞으로는 계족산과 태화산이 한눈에 들어오고 그 아래는 푸른 동강이 흘러갑니다. 금강정은 강원도 문화재자료 제24호입니다.

금강정 바로 위에는 민충사(愍忠祠)가 자리잡고 있습니다. 단종이 사약을 받고 죽임을 당하자 그를 모셨던 궁녀·관비·궁비·무녀 6명과 시종 1명이 단종을 따라 강물에 투신하였습니다. 참으로 눈물겨운 순절입니다. 그들의 넋을 위로하고자 영조 18년인 1742년에 홍영보(洪英甫)가 사당을 건립하고, 1749년에 부사 김응복이 이름을 민충사라 지었습니다. 매년 한식날과 음력 10월 24일 기신제를 지내고 있답니다. 민충사는 강원도 문화재자료 제27호입니다.

금강정에서 포도밭 밑으로 나 있는 오솔길을 따라 10미터를 가면 '월기경춘순절지처(越妓瓊春殉節之處)'라는 빛 바랜 비석이 보입니다. 경춘은 남원의 춘향이보다도 더 절개가 높았던 영월의 기생이랍니다. 거기서 또 10미터쯤 가면 단종을 모셨던 시종과 시녀들이 치마를 뒤집어쓰고 푸르디푸른 금장강으로 목숨을 던진 층암절벽 낙화암이 나옵니다. 그 곳에는 지금도 낙화암(落花巖)이라는 오래된 비석이 남아 있어 보는 이의 가슴을 아프게 한답니다.

종인과 시녀들의 임 향한 일편단심의 순절과 경춘의 사랑하는 임을 향한 일편단심의 절개가 고운 넋으로 승화되어 그렇게 흐르고 있는 곳이 바로 낙화암이랍니다.

아리따운 열여섯 순절

조선 후기 영조임금 때의 이야기입니다. 영월읍에 고순익(高舜益)이라는 어진 선비가 마음씨 착한 부인과 함께 살고 있었답니다. 그는 영월에서 승하하신 단종임금을 추모하며 어질고 예쁜 자식을 얻었으면 하는 기도를 간절히 올렸습니다. 그런 정성에 감읍

민충사
강원도 문화재자료 제27호. 단종이 사약을 받고 죽임을 당하자, 단종을 따라 강물에 투신하여 죽은 종인과 시녀들의 넋을 기리기 위해 세운 사당입니다.

낙화암 순절비
낙화암은 단종을 모셨던 종인과 시녀들이 치마를 뒤집어쓰고 푸르디푸른 금장강으로 목숨을 던진 층암절벽입니다. 그 곳엔 지금도 낙화암이라는 오래된 비석이 남아 있어 보는 이의 가슴을 아프게 한답니다.

해서인지 마침내 예쁜 딸을 낳았습니다. 그런데 딸이 태어난 날이 마침 단종께서 승하하신 지 꼭 3백주년이 되는 1757년 10월 24일이었습니다.

이에 아버지는 단종인 노산군(魯山君)의 혼령이 점지해 준 '옥같이 소중한 자식'이라 하여 딸이름을 노옥(魯玉)이라 지었습니다. 노옥은 부모님으로부터 예의범절을 배우고 글공부도 하며 무럭무럭 잘 자라주었습니다. 그런데 이게 웬일입니까. 다섯 살 때 어머니가 돌아가시더니 여덟 살이 되자 아버지마저 세상을 떠나셨습니다.

부모님을 여읜 노옥은 어린 남동생을 키우며 혼자 살아갈 수가 없었습니다. 그래서 추월(秋月)이라는 늙은 기생의 수양딸로 들어갑니다. 하지만 늙은 추월의 수입만으로는 도저히 생계를 꾸릴 수가 없었습니다. 하는 수없이 노옥도 기생이 되고 말았답니다.

기생이 된 노옥은 뛰어난 미모와 출중한 가무솜씨로 많은 사람들로부터 온갖 유혹을 다 받았습니다. 그러나 항상 깨끗한 몸가짐으로 갖은 유혹을 뿌리치며 경춘(瓊春)이라는 자신의 기생이름을 더럽히지 않았습니다. 자연히 그의 명성은 높아만 갔답니다.

월기경춘순절비
임 향한 일편단심의 절개를 끝까지 지키기 위해 푸른 강물에 목숨을 던진 영월기생 경춘의 순절비입니다.

그렇게 명성을 날리고 있을 때 장릉에서 영월부사 이만회의 아들인 이수학(李秀鶴)을 만나게 됩니다. 이 때 경춘의 나이 곱디고운 열여섯 살이었습니다. 수학을 만난 경춘은 깊은 사랑에 빠집니다. 그러나 그들의 사랑도 잠시, 영월부사 이만회가 한양으로 영전되어 올라가게 된 것입니다.

이에 이수학은 한양으로 올라가서 과거에 급제한 뒤 백년가약을 맺자며 3년 만 기다려 달라고 굳은 언약을 부탁하는 것입니다. 경춘에겐 참으로 가슴이 미어지는 슬픔이요, 눈물겨운 이별이었답니다.

그 뒤 영월부사로 부임한 신광수(申光秀)가 경춘에게 수청들기를 강요합니다. 이에 경춘은 이수학과의 사랑을 고백하며 신광수의 수청을 정중히 거부합니다. 그러나 신광수는 이를 받아줄 위인이 아니었습니다. 그는 끝내 경춘의 간곡한 청을 거절합니다. 그러고는 만약 수청을 들지 않으면 죽이겠다는 협박까지 서슴지 않았습니다.

그러자 깊은 번민에 빠진 경춘은 부모님 산소를 찾아가 하직인사를 올립니다. 그런 다음 이수학이 주고 간 사랑의 정표를 가슴에 지닌 채 낙화암으로 향합니다. 마지막으로 한양 쪽을 바라보며 임을 향해 눈물을 흘리며 큰절을 올립니다. 이윽고 치마로 머리를 감싸더니 강물에 몸을 던졌습니다.

아리따운 열여섯 순절은 그렇게 임을 향한 고운 넋으로 승화되었답니다. 결국 자신의 목숨을 던짐으로써 이수학을 향한 일편단심의 절개를 끝까지 지켜낸 것입니다. 그로부터 두 달 뒤 영월부사 신광수는 삭탈관직을 당합니다.

정조 19년인 1795년에 순찰사 손암(遜岩) 이공(李公)이 영월지방을 순시하다 경춘의 애절한 사연을 듣고는 경춘비 건립을 적극 후원하였습니다. 이에 평창부사 남의로(南義老)가 글을 짓고, 영월부사 한정운(韓鼎運)이 글씨를 써서 낙화암에 '월기경춘순절지처(越妓瓊春殉節之處)'라는 비석을 세워 주었답니다.

이 이야기는 엄홍용의 『영월 땅이름의 뿌리를 찾아서』, 16~18쪽을 참조하여 저의 상상력을 가미해 다듬은 글입니다.

꿈★은 이루어진다

낙화암을 둘러보고 뒤돌아 나오면 KBS영월방송국 앞입니다. 여기서 정문 앞으로 돌아들면 금강공원이 나타납니다. 그 공원 밑으로 고색창연한 건물이 보일 겁니다. 그 곳이 바로 영월향교랍니다.

대성전　　태조 7년(1398)에 설립한 대성전은 공자를 비롯한 18선현의 위패를 봉안한 정면 5칸, 측면 3칸의 맞배지붕 건물입니다.

향교(鄕校)는 고려와 조선시대에 걸쳐 각 지방에 설치한 국립교육기관입니다. 조선시대에는 초등교육기관으로 오늘날의 초등학교에 해당하는 서당(書堂)이 있었습니다. 그리고 각 고을마다 소학(小學)교육기관인 향교가 세워졌습니다. 오늘날과 비교하면 중등교육기관 즉 중·고등학교에 해당됩니다. 물론 중앙인 서울에는 4부학당이 있었고요. 그리고 대학교로 성균관(成均館)이 있었습니다.

서당에서 천자문을 익힌 학생들은 소학인 향교와 4부학당에 진학합니다. 다시 소학인 4부학당과 향교에서 공부한 학생은 생원과·진사과인 소과(小科)에 응시할 수 있습니다. 소과에 합격하면 국립대학인 성균관에 입학할 자격이 주어집니다. 대학인 성균관에 입학하여 열심히 공부한 학생은 '꿈★은 이루어진다'는 대과(大科)인 문과시험에 응시할 수 있습니다. 대과에서 장원급제하면 어사화(御史花)를 받은 이몽룡처럼 되는 것이랍니다.

이렇게 조선시대에는 교육기관과 과거제도가 단계별로 유기적인 관계를 맺고 있었습니다. 그런데 국립학교인 향교나 성균관에는 반드시 대성전(大成殿)이라는 문묘가 있답니다. 이 곳은 공자(孔子)를 비롯한 중국의 성현과 우리나라의 18선현을 모시는 제향공간입니다. 즉 공자나 18선현처럼 훌륭한 성현이 되라는 교훈(校訓)을 암시하는 것이랍니다. 오늘날의 교훈과는 전혀 다르죠. 하지만 그 교육의 의미는 결국 같은 겁니다. 바르고 훌륭한 사람이 되라는 교육의 참뜻 말입니다.

자, 그럼 영월향교로 들어가 볼까요? 향교를 들어갈 때는 정문이 잠겨 있기 때문에 풍화루에서 왼쪽으로 꺾어들어 쪽문을 통해 들어가야 합니다.

영월향교 풍화루
풍화루는 영월향교의 정문 누각으로 정면 3칸, 측면 2칸의 팔작지붕 건물입니다.

영월향교

영월향교는 태조 7년인 1398년에 설립하였습니다. 1473년 건물의 기와를 새로 교체하고 1574·1593·1604년에 중창하였다는 기록이 보입니다. 그 뒤에도 여러 차례 보수를 거쳤는데 1950년 한국전쟁 때 일부 건물이 불타버렸습니다. 그러나 그 때에도 대성전 건물은 온전하게 유지되어 지금에 이르고 있답니다.

영월향교의 정문은 풍화루(風化樓)입니다. 정면 3칸, 측면 2칸의 2층누각으로 팔작지붕 건물입니다. 안으로 들어서면 중앙에 명륜당(明倫堂)이 자리잡고 있습니다. 마당 좌·우로는 동재(東齋)와 서재(西齋)가 세워져 있고요. 명륜당은 학생들을 강론하던 강학공간으로 오늘날의 교실에 해당하는 건물입니다. 그리고 동재와 서재는 서원(書院)과 마찬가지로 유생 즉 학생들이 공부하며 숙식하던 곳으로 오늘날의 기숙사와 같은 겁니다.

명륜당을 돌아들어 내삼문을 통과하면 제향공간인 대성전이 중앙에 자리잡고 있습니다. 그리고 마당 좌·우로는 작은 건물인 동무(東廡)와 서무(西廡)가 마주보고 서 있고요. 대성전은 공자를 비롯한 18선현의 위패를 봉안한 정면 5칸, 측면 3칸의 맞배지붕 건물입니다. 동무와 서무는 향교 내 성현들을 배향하는 건물을 가리킵니다.

향교를 둘러보고 나니 앞에서 살펴보았던 창절서원과 그 형태와 구조가 거의 똑같다는 것을 알 수 있을 겁니다. 그렇습니다. 향교와 서원은 그 배치도가 같습니다. 그런데 분명 차이가 있습니다. 한 번 잘 생각해 보세요. 어떤 차이점이 있을까요? 건물의 이름이 다르다고요. 네, 맞습니다. 바로 그겁니다.

쉽게 말하면 나라에서 세운 향교는 관학(官學)이기 때문에 교실은 명륜당, 제향공간은 대성전이라 하여 공자를 비롯한 18선현만 배향하고 있습니다. 즉 나라에서 정한 그대로 따르는 것입니다. 그러나 개인이 세운 서원은 사학(私學)으로서 설립자마다 자신이 추모하는 성현이 다르기 때문에 서원마다 서로 다른 분을 배향하고 있는 것입니다. 따라서 그 사당의 이름도 서로 다르고요. 이제야 그 차이점을 알 수 있겠죠.

참, 이 곳 영월향교는 훈도 1분이 교생 즉 학생 50명의 교육을 담당하였다고 합니다. 그러다가 1894년 갑오개혁 때 폐지되는 운명을 맞았습니다. 지금은 매년 음력 2월과 8월 초정일(初丁日)에 석전제(釋奠祭)를 지내고 있답니다.

기쁨과 슬픔을 예언한 은행나무

영월읍 하송리 마을로 들어서면 엄청나게 큰 은행나무 한 그루가 멀리서도 보입니다. 자그마치 높이가 23미터에 이르고 둘레만도 14.5미터가 넘는다고 합니다. 천연기념물 제76호로 수령 1천2백 년을 자랑하는 동양 최대의 은행나무랍니다.

옛날 이 곳에 살고 있던 영월엄씨들이 은행나무 밑에 행정(杏亭)이라는 정자를 세웠다고 전해집니다. 그래서인지 지금도 이 곳을 행정이라 부른답니다. '은행나무 행(杏)'·'정자 정(亭)'입니다. 이를 뒷받침하는 한시가 봉서 신범의 영월기행문『월행』에 이렇게 기록되어 있습니다.

발본산은 평지로 떨어졌고
강 위로는 용이 누워 있는 것 같네

그 가운데 천 년 묵은 은행나무가 서 있고
예로부터 엄씨들이 살고 있다네

    전설에 의하면, 이 나무 속에 신통한 뱀이 살고 있어 개미나 닭 같은 곤충과 동물들이 접근하지 못했다고 합니다. 또한 아이들이 놀다가 이 나뭇가지에서 떨어져도 큰 상처를 입지 않았다고 전해집니다.
    이 은행나무는 몸 색깔이 유난히 검게 보입니다. 마치 신령스런 기운이 감도는 듯한 느낌입니다. 그래서일까, 경술국치일인 1910년 8월 29일과 6·25전쟁 때에는 북쪽 가지가 부러지는 불길한 징조가 나타났다고 합니다. 그런가 하면 1945년 8월 15일 광복 때에는 동쪽 가지가 부러지며 기쁨을 예언했다는 이야기도 전해집니다. 참으로 신령스런 고목인가 봅니다.

하송리 은행나무
높이 23m, 둘레 14.5m에 이르는 은행나무로 천연기념물 제76호입니다. 수령 1천2백 년을 자랑하는 동양 최대의 은행나무랍니다.

남한강을 따라 가는 길

산성을 답사할 때에는 반드시 지켜야 할 몇 가지 수칙이 있답니다. 우선 계절을 고려해야 합니다. 산성을 답사하기에 가장 좋은 계절은 하얀 억새꽃이 만발한 늦가을입니다. 물론 겨울철도 따봉입니다.

정조대왕 태실

영월읍내에서 동강을 건너 88번 지방도로를 따라 정양리 쪽으로 가는 길은 동강과 서강이 만나 이룬 남한강을 따라가는 아름다운 길입니다. 그렇게 가다 보면 영월화력발전소가 나옵니다. 일제강점기 때인 1935년에 세운 것으로, 6·70년대까지만 하더라도 사회교과서에 꼭 실렸던 발전소랍니다.

발전소를 지나자마자 왼쪽으로 마을 진입로가 나오고 그 옆으로 왕검성 주차장이 마련되어 있습니다. 이 곳이 영월읍 정양리(正陽里)입니다. 고려시대 때 정양역(正陽驛)이 설치되면서부터 정양리라 불렸답니다. 마을 진입로에서 오른쪽 산길로 접어들어 1백 미터쯤 오르면 제22대 정조대왕태실비(胎室碑)가 나타납니다. 그러나 본래의 자리는 이 곳이 아니랍니다.

태봉의 본래 자리는 계족산(鷄足山)의 지맥이 뻗어내린 금계포란형(金鷄抱卵形)의 명당터였습니다. 지금의 영월화력발전소 뒤 동북쪽에 위치한 태봉을 가리킵니다. 정조대왕 태실은 영조 29년(1753) 영

정조대왕 태실비
강원도 유형문화재 제114호. 조선왕조 제22대 정조대왕의 태실비입니다. 팔각의 지대석 위에 석난간을 두르고, 그 안에 팔각대를 마련한 다음 둥근 원형의 몸돌을 얹어 놓고, 상개연엽석의 지붕돌을 얹혀 놓았습니다. 그리고 오른쪽에는 거북받침을 한 '정종대왕태실' 비가 세워져 있습니다.

월읍 정양리 태봉에 처음으로 조성됩니다. 그 뒤 정조가 승하하자 순조 1년(1801)에 가봉하고 비를 세웠습니다.

『순조실록(純祖實錄)』을 보면 "1801년 10월 9일, 영월부에 있는 선대왕인 정조의 태실 가봉(加封)을 이 달 27일에 거행하도록 명하였다"라고 기록되어 있습니다. 그러다가 일제강점기로 접어들면 우리 민족의 정기를 끊기 위해 전국 명산의 혈에다 쇠막대기를 박고, 명당으로 알려진 역대 임금의 태실을 파괴하기에 이릅니다.

그러자 1929년 이왕직(李王職)에서 정조의 태를 담은 백자항아리를 가마에 태워 창경궁으로 옮겼습니다. 그 뒤 태실자리는 석회광산의 개발로 심하게 매몰·훼손됩니다. 이에 1967년 10월 27일 영월개발위원회에서 매몰되어 있는 석물(石物)을 수습하여 금강공원 안에 있는 영월방송국으로 옮겨 놓았습니다. 그랬던 것을 지난 1997년에 현재의 자리로 옮겨 복원해 놓은 것이 지금의 태실비입니다. 참으로 기구한 운명을 거친 태실비랍니다.

팔각의 지대석 위에 석난간을 두르고, 그 안에 팔각대를 마련한 다음 둥근 원형의 몸돌을 얹어 놓고, 상개연엽석(上蓋蓮葉石)의 지붕돌을 얹혀 놓았습니다. 그리고 오른쪽에는 거북받침을 한 '정종대왕태실(正宗大王胎室)'비가 세워져 있습니다. 강원도 유형문화재 제114호입니다.

그런데 이상하죠? 분명 조선왕조 제22대 정조대왕의 태실비라고 설명했는데, 비석에는 정종대왕(正宗大王)으로 표기되어 있으니 헷갈릴 겁니다. 걱정하지 마세요. 정조의 묘호가 처음에는 정종이었습니다. 그러다가 고종 때인 1899년에 정조로 바뀌었답니다. 따라서 태실비를 세울 당시에는 묘호가 정종이었습니다. 그래서 그렇게 표기되어 있는 것이랍니다.

태실은 이렇게 만들어진대요

조선왕실에서 태실은 어떻게 만들었을까? 그 해답이 「태실조영기(胎室造營記)」에 기록되어 있습니다. 이를 참고하여 그 순서를 간략하게 정리해 보겠습니다.

① 왕자 또는 공주가 태어나면 일주일 안에 좋은 날을 간택하여 태를 깨끗이 씻은 다음 작은 백자항아리에 담습니다.
② 이것을 다시 큰 항아리에 담고 항아리 공간을 영사와 솜으로 채운 다음 밀랍을 녹여서 바릅니다.
③ 그런 다음 풍수지리에 밝은 관리가 실제 답사를 통하여 명당터를 잡습니다.
④ 터가 잡히면 태실도감에서 안태사(安胎使)를 파견하여 태를 안전하게 봉안합니다.
⑤ 그리고 석물을 이용하여 태실과 태실비를 정성껏 조성합니다.

이런 과정을 거쳐 하나의 태실이 만들어지는 것이랍니다. 그렇게 태실이 만들어지면 현지 고을수령은 태실을 철저하게 관리해야 할 임무가 주어진답니다. 만약 잘못 관리했을 때에는 엄한 벌이 내려지는 것은 당연하고요.

왕검성

정조대왕 태실에서 계족산 정상으로 오르는 등산로를 따라 1.2킬로미터를 올라가면 왕검성의 정문인 서문이 나타납니다. 성으로 올라가면서 아래를 내려다보면 남한강의 물줄기가 그림처럼 펼쳐집니다. 왕검성(王儉城)은 해발 4백 미터 지점에 위치한 포곡형(包谷形)의 산성으로 일명 정양산성이라고 부르기도 한답니다.

전체 둘레 771미터, 높이 4~8미터, 폭 4미터 정도의 성벽을 쌓고 동·서·남·북에 4개의 문을 냈으며 서쪽으로는 수구문(水口門)도 설치하였습니다. 성은 자연석 점판암을 난층쌓기로 정교하게 쌓아올렸으며 남서쪽은 바위절벽에 의지하여 쌓은 곳도 눈에 띕니다. 그리고 성내에는 우물터가 남아 있고 기와 또는 토기파편이 출토되는 것으로 보아 군사시설을 위한 건물이 있었을 것으로 추정됩니다.

이 성은 남한강 물줄기를 따라 이어지는 단양의 적성산성, 영춘의 온달산성, 영월의 태화산성·대야산성·완택산성·고성리 산성 등과 함께 삼국시대에 축성된 것으로 보입니다. 아마도 고구려가 남한강 상류지역을 차지하고 이 일대를 방어하기 위한 전략적 차원에서 쌓은 전진기지로 생각됩니다. 축성방법이 온달산성과 흡사한 것도 이를 뒷받침하는 하나의 요인이 될 것입니다.

성벽을 따라 한 바퀴 돌아보면 북문과 동문 사이의 성벽이 가장 웅장하고 보존이 잘 되어 있는 것을 볼 수 있습니다. 다른 곳에 비해 수구문이 있는 서쪽 성벽이 많이 무너져 내렸습니다.

산성을 답사할 때에는 반드시 지켜야 할 몇 가지 수칙이 있답니다. 우선 계절을 고려해야 합니다. 산성을 답사하기에 가장 좋은 계절은 하얀 억새꽃이 만발한 늦가을입니다. 물론 겨울철도 따봉이고요. 하지만 겨울철에는 눈이 쌓여 있기 때문에 겨울용 등산장비를 갖춰야 되는 수고스러움이 따른답니다.

따라서 수풀이 무성한 5월부터 10월까지는 특별한 사정이 없는

왕검성에서 내려다본 남한강 왕검성의 서문에서 내려다본 남한강입니다. 그리고 남한강 오른쪽으로 영월화력발전소가 보입니다.

왕검성
강원도 문화재자료 제52호. 왕검성은 해발 4백m 지점에 위치한 포곡형 산성으로 전체둘레 771m, 높이 4~8m, 폭 4m 정도의 성벽을 점판암으로 쌓아올린 삼국시대의 산성입니다.

한 피하셔야 됩니다. 만약 이 때 산성답사를 강행한다면 틀림없이 만신창이로 끝나고 말 것입니다. 그것은 수풀이 우거져 성벽까지 진입할 수도 없을뿐더러 만약 진입을 했다 하더라도 시야가 가려져 웅장한 성벽의 모습을 카메라에 담을 수가 없답니다. 또한 가장 무서운 적인 독사들이 활개치는 시기랍니다. 돌로 쌓은 성벽이니 뱀들이 살기에 얼마나 좋은 안식처이겠습니까. 상상만 하여도 소름이 끼칠 겁니다.

또 한 가지는 반드시 마실 물과 간식을 준비하라는 것입니다. 아무리 가까운 산성이라도 오르다 보면 땀이 흐르고 허기지고 갈증을 느낄 수밖에 없습니다. 마실 물을 꼭 준비하십시오. 그래야 호젓한 산성답사를 할 수 있답니다. 아시겠죠. 참, 왕검성은 강원도 문화재자료 제52호입니다.

고씨동굴

영월화력발전소에서 88번 지방도로를 따라 약 8킬로미터쯤 달리면 왼쪽으로 고씨동굴 국민관광지가 나타납니다. 행정구역상으로 영월군 하동면 진별리(津別里)입니다. 고씨동굴은 면적 48만 762제곱킬로미터, 총길이 6.3킬로미터에 이르는 석회암동굴로 천연기념물 제219호로 지정되어 있습니다.

본래는 노리곡석굴(魯里谷石窟)이라 불렀으나 임진왜란 때 왜병과 싸운 의병장 고종원(高宗遠) 일가가 이 곳으로 피신하였다고 하여 고씨동굴(高氏洞窟)이 되었답니다. 이 때 동굴 속에서 밥을 짓기 위해 솥을 걸고 불을 때던 그을음 자국이 아직도 남아 있습니다.

이 동굴은 약 4억 년 전부터 생성되었다고 하는데, 안으로 들어가면 4개의 호수, 3개의 폭포, 6개의 광장을 만날 수 있습니다. 그리고 동굴 안은 온통 서로 다른 모양의 종유석·석순·석주[기둥]들이 조화롭게 빚어낸 아름다운 형상으로 탄성을 자아냅니다. 또한, 동굴 안은 항상 16℃를 유지하기 때문에 박쥐·흰새우·흰지네 등 24종의 미생물이 서식하는 것으로 알려져 있습니다.

고씨동굴
고씨동굴은 면적 48만 762㎡, 총 길이 6.3km에 이르는 석회암 동굴로 천연기념물 제219호입니다. 임진왜란 때 고씨 일가가 피난했던 곳이라 하여 고씨동굴이라고 부른답니다.

종유석은 동굴천장에 매달린 고드름 모양의 석회주를 가리키고, 석순은 동굴천장에서 떨어지는 물이 침전되어 죽순모양으로 퇴적된 것을 말합니다. 종유석과 석순 모두 중심부에서 바깥쪽으로 성장하기 때문에 단면을 자세히 보면 동심원 모양의 구조를 이루고 있습니다. 이 둘이 만나 서로 이어지면 석주[석회암 기둥]가 되는 것입니다.

한편, 석회암 지형으로 이루어진 영월지역은 고씨동굴 이외도 용담굴[기념물 23호]·연하굴[기념물 31호]·대야굴[기념물 32호]·백룡동굴[천연기념물 260호] 등 크고 작은 석회암 동굴이 이루 헤아릴 수 없을 만큼 많이 산재해 있습니다. 그 가운데 고씨동굴만 관광지로 조성되어 있는 것입니다.

주차장 주변으로는 놀이시설·향토음식점·토산품점·위락시

설·숙박시설 등을 고루 갖추고 있어 사시사철 관광객들의 발길이 끊이지 않는 명소랍니다. 자, 이제 우리는 풍류시인 김삿갓을 찾아 방랑길에 오릅니다.

김삿갓묘를 찾아서

> 아! 이를 어찌하오리까! 그토록 통박하였던 김익순이 바로 자신의 조부인 것을…. 할아버지를 한 번 죽어서는 너무 가볍고 만 번 죽어 마땅하다고 규탄하였으니 이를 어찌합니까!

김삿갓묘를 찾아가는 길

고씨동굴에서 88번 지방도로를 따라 대야 삼거리를 지나 약 3킬로미터쯤 가면 하동면 소재지인 옥동을 지나갑니다. 옥동이라는 지명은 옛날 고려시대에 죄인을 가두는 감옥이 있었다고 하여 붙여진 명칭입니다. 그런데 한자로 옥동(獄洞)이라고 하다 보니 그 느낌이 좋지 않아 '감옥 옥(獄)'자 대신 '구슬 옥(玉)'자를 써서 옥동이 되었답니다. 지금의 옥동(玉洞)중학교 자리에 감옥이 있었다고 전해집니다.

옥동을 지나 예밀교를 건너가면 해발 3백 미터의 험준한 고개를 넘어갑니다. 고갯마루 정상에 두 개의 표지석이 보입니다. 하나는 '고지기재', 다른 하나는 '와석재'라고 표시되어 있습니다. 둘 가운데 어느 것이 정답일까요? 고지기재가 정답입니다. 고개 아랫동네인 밀골에는 두창(杜瘡)이라는 세곡을 모아두는 창고인 조창이 있었습니다. 이 조창을 지키는 창고지기를 '고지기'라 불렀습니다. 바로 그들이 넘나든 고개라 하여 고지기재가 된 것입니다. 그런데 세월이 흘러

창터는 폐허로 변하였고 언젠가부터 김삿갓묘가 있는 와석리로 넘어가는 고개라 하여 와석재가 되었답니다.

고지기재를 넘어 조금만 가면 삼거리가 나옵니다. 길 좌우로는 나무로 조각한 김삿갓 목상과 방랑시인 김삿갓 노래비가 세워져 있어 운치를 더해줍니다. 여기서 오른쪽 길로 돌아들면 김삿갓 계곡으로 이어집니다. 몇 년 전까지만 하더라도 아주 험악한 비포장도로였습니다. 하지만 지금은 말끔하게 포장되어 있어 심산유곡을 따라가는 최상의 드라이브 코스랍니다.

이 길을 따라 1.3킬로미터를 달리면 계곡을 가로지르는 구름다리가 보입니다. 이 구름다리를 건너면 묵산미술관(☎ 033-374-7249)이 나타납니다. 김삿갓 풍류를 빼어 닮은 전통 한국화가 임상빈님이 세운 미술관이랍니다.

그는 평소 김삿갓을 흠모하여 이 곳에 정착하였다고 하네요. 미술관에는 전통찻집과 묵방이 있고 그의 작품을 감상할 수 있는 아늑한 공간도 마련되어 있습니다.

그렇게 감상하며 천천히 오르다 보면 조선민화박물관이 나타납니다.

조선민화박물관

길에서 10여 미터를 가파르게 올라가면 기다란 박물관이 나타나고, 마당가에는 한껏 멋을 낸 수십 점의 분재들이 아름다운 동산을 이루고 있습니다. 지난 2000년 7월 29일 개장한 조선민화박물관(☎ 033-375-6100~1)은 전시실·관리실·휴게실 등으로 꾸며져 있습니다.

방랑시인 김삿갓 노래비
고지기재를 넘어 김삿갓 계곡으로 들어가는 삼거리 초입에 세워져 있는 방랑시인 김삿갓 노래비입니다.

전시실로 들어서면 화조영모도·산수도·작호도·어해도·책거리 등 2백여 점의 민화들이 반갑게 맞아줍니다. 옆에는 20여 점의 고가구도 함께 전시되어 있고요. 그림을 한 점 한 점 감상하는 재미가 제법 쏠쏠하답니다. 민화에는 소박한 서민들의 삶과 애환 그리고 소망이 짙게 담겨 있기 때문일 것입니다.

작품을 감상할 때는 반드시 그 화폭에 담긴 진정한 의미와 뜻을 먼저 이해하고 보아야 합니다. 그냥 보면 하찮은 그림도, 알고 보면 소중한 하나의 작품이 되기 때문입니다. 자, 그럼 민화에 관한 이야기를 간단하게 설명 드릴게요.

먼저, 민화(民畵)는 조선 후기 이름없는 떠돌이 화가들이 그린 작품으로 서민들의 기복적인 염원을 담고 있는 실용적 그림입니다. 따라서 작품의 소재도 주로 해와 달, 꽃과 나무, 잉어와 물고기, 까치와 호랑이 등 우리 민족의 삶과 애환이 담겨 있는 것들입니다. 그래서 그 내용이나 발상 등에도 한국적인 정서가 짙게 배어 있답니다.

민화는 예술적 감상을 위한 작품이라기보다는 서민들의 일상생활 공간을 장식하기 위한 그림이었습니다. 그래서인지 소박하면서도 익살맞고 재치있고 기교가 넘칩니다. 그런가 하면 강렬한 색채와 격식을 뛰어넘는 파격적인 구성으로 '파격(破格)의 미학(美學)'이 돋보입니다. 그래서 민화를 '겨레그림' 또는 '민중의 그림'이라고 부르는 것이에요.

조선 후기에 편찬된 백과사전의 성격을 띤 이규경(李圭景 ; 1788~1865)의 『오주연문장전산고(五洲衍文長箋散稿)』에서는 민화를 속화(俗畵)라 칭하고 여염집의 병풍·족자 또는 벽에 붙어 있는 그림으로 표현하였습니다.

민화는 그 용도가 다양합니다. 이를 분류하면 화조영모도·작호

조선민화박물관 조선 후기 소박한 서민들의 삶과 애환, 그리고 그들의 소망이 짙게 담겨 있는 민화작품 2백여 점을 전시해 놓은 민화전문박물관이랍니다.

묵산미술관 구름다리 묵산미술관으로 건너가는 구름다리입니다. 김삿갓 풍류를 빼어 닮은 전통 한국화가 임상빈님이 세운 미술관으로 전통찻집·묵방, 그리고 그의 작품을 감상할 수 있는 아늑한 공간이 마련되어 있답니다.

도 · 어해도 · 십장생도 · 풍속도 · 산수도 · 책가도 · 고사도 · 문자도 · 무속도 · 호피도 · 문양도 · 괴석도 등 다양한 화목(畵目)으로 나눌 수 있답니다. 이를 설명하면 다음과 같습니다.

화조영모도(花鳥翎毛圖) : 예쁜 꽃과 함께 사이좋게 노니는 한 쌍의 새를 소재로 그린 그림입니다. 이를 병풍으로 만들어 신혼부부의 신방이나 안방의 장식으로 사용했습니다. 이밖에도 꽃과 곤충을 그린 초충도, 털 짐승을 그린 영모도 등이 있습니다.

작호도(鵲虎圖) : 소나무 가지에 앉아 있는 까치와 이를 익살맞게 쳐다보는 호랑이를 소재로 한 그림입니다. 온갖 잡귀의 침범이나 액운을 막는 의미를 담고 있습니다.

어해도(魚蟹圖) : 물 속에 사는 붕어 · 잉어 · 메기 등 물고기를 소재로 하여 물풀이나 해초를 곁들인 그림입니다. 주로 젊은 부부의 방에 장식용으로 쓰였으며 경축일에 축하용으로 사용하였습니다.

십장생도(十長生圖) : 장수를 상징하는 해 · 달 · 학 · 돌 · 물 · 거북 · 사슴 · 구름 · 소나무 · 불로초를 화폭에 배치하여 그린 그림입니다. 주로 회갑잔치 때 병풍으로 사용하였습니다.

풍속도(風俗圖) : 농사짓고 베짜는 경직도, 사냥을 묘사한 수렵도, 태어나서 출세하고 죽을 때까지의 일생을 그린 평생도, 그밖에 세시풍속도 등이 있습니다.

산수도(山水圖) : 금강산 같은 산천의 절경을 소재로 그린 그림입니다. 주로 병풍으로 만들어 거실 또는 사랑방에 장식용으로 사용하였습니다.

책가도(册架圖) : 일명 책거리라고 합니다. 주로 문방사우(文房四友)를 소재로 그렸으며 때로는 책과 관련없는 바둑판 · 담뱃대 · 부채 등도 그려 넣었습니다. 문방사우는 종이 · 붓 · 먹 · 벼루를 가리킵니다.

고사도(故事圖) : 옛 고사 · 민담 · 소설 등의 내용을 요약하여 표현한 그림입니다. 주로 교화용(敎化用)으로 사용되었습니다. 그림으로는 삼고초려도 · 삼국지 · 구운몽 및 토끼와 거북이 등이 있습니다.

문자도(文字圖) : 글자의 자획 속에 그 내용과 의미를 그려넣어 서체(書體)를 구성한 그림입니다. 즉 '수(壽)'자와 '복(福)'자를 도식화한 수복도, 효(孝)·제(悌)·충(忠)·신(信)·예(禮)·의(儀)·염(廉)·치(恥)자를 도식화한 효제도(孝悌圖)가 있습니다. 자녀들을 교화하기 위해 주로 어린이방에 장식하였습니다.

문자도

무속도(巫俗圖) : 무교(巫敎)와 관련된 산신(山神)·용신(龍神), 도교(道敎)의 신, 불교의 불보살(佛菩薩), 점쟁이들의 점복도(占卜圖)·부적도(符籍圖) 등을 무속적으로 그린 그림입니다. 주로 무당집이나 신당에 걸었습니다.

    이와 같이 민화의 화폭 속에는 그 나름대로의 의미와 뜻이 함축되어 있답니다. 그런데 안타깝게도 민화에는 그림을 그린 화가의 낙인이 찍혀 있지 않습니다. 이는 이름없는 떠돌이 화가들이 그렸기 때문이랍니다. 비록 이름있는 화가들이 그렸다 하더라도 그들은 낙인찍는 것을 불명예로 생각하였습니다. 당시에는 민화를 속화라고 여겼기 때문이지요.

    그러나 민중들의 소망의식이 진하게 배어 있는 민화는, 분명 우리의 소중한 문화유산이랍니다.

장원급제가 삿갓이 될 줄이야

민화박물관을 감상하고 1.2킬로미터 정도를 더 오르면 포장도로가 끝나면서 넓적한 냇돌로 바닥을 깐 길이 이어집니다. 이제 다 온 겁니다. 여기서 1백 미터를 가면 오른쪽으로 김삿갓묘역이 나타납니다. 김삿갓이 묻혀 있는 노루목은 강원도와 충청북도의 경계지점입니다.

작은 계곡을 경계선으로 시비가 있는 장승공원은 충청북도 단양군 영춘면 의풍리이고, 개울 건너 김삿갓묘는 강원도 영월군 하동면 와석리 노루목이랍니다. 여기서 김삿갓이 살았던 생가는 계곡 쪽으로 1.5킬로미터를 더 들어가야 합니다. 이처럼 깊은 산 속으로 숨어들었던 김삿갓은 죽어서도 그렇게 심산유곡에 잠들어 있답니다.

조선 후기 세도정치로 어수선한 양반사회를 한껏 조롱하며 살다간 김삿갓(1807~63)은 본명이 병연(炳淵)이고, 호는 난고(蘭皐)입니다. 김삿갓은 안동김씨[서울 장동]의 명문집안 출신으로, 1807년 3월 13일 경기도 양주군 회천면 회암리에서 태어났습니다. 어려서부터 신동소리를 들을 만큼 머리가 좋고 글재주가 뛰어났답니다.

그의 삿갓방랑은 이렇게 시작됩니다.

세도정권 초기인 순조 11년인 1811년, 평안도 가산에서 몰락양반 출신인 홍경래가 영세농민·중소상인·광산노동자 등을 규합하여 대규모 민중봉기를 일으킵니다. 이 때 가산군수 정시는 농민군에게 포로로 잡혔으나 끝까지 저항하다가 죽임을 당하였습니다. 하지만 선천부사 김익순(金益淳)은 농민군에게 항복하고 자신의 죄를 은폐시키기 위해 돈으로 농민군 참모 김창시의 목을 사서 조정에 바쳤습니다.

그러나 역사의 진실은 언젠가는 밝혀지게 마련입니다. 결국 그 진

김병연 영정
조선 후기 세도정치로 어수선한 양반사회를 한껏 조롱하며 살다간 김삿갓은 본명이 병연이고, 호는 난고입니다.

실이 들통남으로써 김익순은 참형에 처해지고, 그 일족은 폐족을 당하고 말았습니다. 그가 바로 김병연의 친할아버지였는데, 병연의 나이 다섯 살 때의 일입니다. 이렇게 집안이 풍비박산 나자 병연 부모님은 어린 자식들을 데리고 황해도 곡산으로 피신합니다. 이 때 설상가상으로 아버지마저 화병으로 돌아가십니다. 참으로 기구한 운명의 연속이었습니다.

그 뒤 천만다행으로 김익순에 대한 죄는 본인에 국한한다는 조정의 결정이 내려집니다. 정말 오랜만에 들려오는 낭보였습니다. 그러나 어머니는 세상의 멸시가 두려워 자식들을 데리고 광주·이천·가평·평창 등을 전전하다가 영월의 삼옥리에 정착합니다.

조부의 행적을 모르고 자란 병연은 순조 25년인 1825년에 영월도호부 동헌에서 열린 향시(鄕試)에 응시합니다. 이 때 주어진 과거시험의 시제가 "가산군수 정시의 충절된 죽음을 논하고, 하늘에 사무치는 김익순의 죄를 탄식하라[論鄭嘉山忠節死 嘆金益淳罪通于天]"였습니다. 문장력이 뛰어난 병연은 붓을 들자마자 일필휘지(一筆揮之)로 답안지를 써 내려갑니다.

답안내용은 "김익순의 죄… 한 번 죽어서는 너무 가볍고 만 번 죽어 마땅하다.… 너의 치욕스런 일 동국의 역사에 유전하리라"라는 통렬한 규탄으로 끝을 맺습니다. 그렇게 마지막 점을 찍은 병연은 답안지를 제출합니다. 결과는 장원급제였습니다. 기분이 한껏 좋아진 병연은 집으로 돌아와 어머니께 아룁니다. 그러나 기뻐하실 줄 알았던 어머니는 눈물만 흘리십니다.

아! 이를 어찌하오리까! 그토록 통박하였던 김익순이 바로 자신의 조부인 것을…. 할아버지를 한 번 죽어서는 너무 가볍고 만 번 죽어 마땅하다고 규탄하였으니 이를 어찌합니까! 조부를 지탄한 죄책감으로 번민에 사로잡힌 병연은, 마침내 아무도 살지 않는 첩첩산중인 노루목 어둔(於屯) 골짜기로 숨어들었습니다.

그러나 끝내 자책과 통한을 이기지 못한 병연은 "천륜을 어긴 죄인이 어찌 하늘을 볼 수 있는가?"라 한탄하며, 삿갓을 꾹 눌러쓰고 대나무 지팡이를 짚은 채 길고 긴 방랑길에 오릅니다. 이 때 그의 나이 22세의 젊은 청년이었습니다.

김삿갓묘

그렇게 방랑길에 오른 김삿갓은 조선팔도 발길 닿는 곳마다 권위와 위선을 풍자하고, 세상을 한껏 조롱하는 수많은 시를 남깁니다. 이는 자신의 운명을 저주하는 끝없는 속죄의 길이었습니다. 이렇게 자신의 죄를 단죄하며 술과 시로 세월을 낚던 김삿갓은 마지막으로 무등산 동쪽자락을 찾아들었습니다.

그 곳은 아름다운 달천(達川)이 흐르는 적벽강(赤壁江)가였습니다. 오늘날 전라남도 화순군 동복면 구암리입니다. 김삿갓은 이 곳에서 죽음을 예감합니다. 어렵게 겨울을 난 김삿갓은 꽃이 흐드러지게 핀 화창한 봄날, 57세의 나이로 한 많은 생을 마감합니다. 이 날이 1863년 음력 3월 29일이었습니다. 30여 년의 방랑생활은 그렇게 끝을 맺었습니다.

그로부터 3년 뒤 노루목 어둔에 살고 있던 아들 익균은 전라도 동복에서 아버지가 돌아가셨다는 소식을 듣게 됩니다. 이에 그 곳을 찾아간 익균은 아버지의 유골을 수습하여 영월로 모시고 와서 어둔 입구 노루목 양지바른 언덕에 장사지냈습니다.

그렇게 잠들어 있던 김삿갓묘가 세상에 알려지게 된 것은 한 향토사학자의 끈질긴 집념 때문이었습니다. 그가 바로 영월군 향토사학자 고 정암(靜巖) 박영국(朴泳國) 선생입니다.

1939년에 이응수(李應洙)가 편찬한 『김립시집(金笠詩集)』에는 "전라도의 동복에서 돌아가신 것을, 그의 아들 익균이 양백지간에 모셨다"는 기록이 보입니다. 양백지간은 태백산과 소백산을 가리킵니다. 한편 김삿갓은 아들에게 "내가 죽으면 노루목에 묻어 달라"는 말을 하였다고 전해져 오고 있었습니다.

이 같은 단서를 근거로 박영국 선생은 집요한 추적을 시작합니다. 마침내 1982년 10월 17일, 김영배·이상기 두 분의 증언으로 영월군 하동면 와석리 노루목에서 초라하게 묻혀 있는 김삿갓 무덤을 찾아냈습니다. 한 향토사학자의 끈질긴 집념과 열정이 이렇게 심산유곡에 잠들어 있던 김삿갓 무덤을 세상 밖으로 이끌어내는 쾌거를 이룩한 것입니다.

지난 1999년 10월 영월군에서는 이러한 그의 공적을 기리기 위해 공적비를 세워주었답니다. 장승공원 입구에 서 있는 '정암 박영국 선생 공적비(靜巖朴泳國先生功績碑)'가 바로 그것입니다. 그냥 지나치지 말고 하단에 씌어 있는 공적내용을 한 번 읽어보시기 바랍니다.

김삿갓묘가 있는 노루목은 마대산(馬岱山 ; 1,052m)의 산자락이 버드나무 가지처럼 흘러내린 유지앵소형(柳枝鶯巢形)의 명당이라 합니다. 그 뜻을 풀이해 볼까요? '버들 유(柳)'·'가지 지(枝)'·'꾀꼬리 앵(鶯)'·'집 소(巢)'·'모양 형(形)'입니다. 즉 꾀꼬리가 버드나무 가지에 둥지를 튼 모양이라는 뜻입니다. 크게 보아 태백산(太白山)과 소백산(小白山)이 이어지는 양백지간(兩白之間)의 골짜기에 위치하고 있는 겁니다.

발견 당시 김삿갓묘는 산기슭의 밭 가운데에 초라한 모습으로 있

김삿갓묘
영월군 하동면 와석리 노루목에 잠들어 있는 김삿갓묘입니다. 묘 앞의 상석과 묘비는 방랑시인에 걸맞게 자연석으로 설치해 놓아 소박하기 그지없습니다. 자연석 묘비에는 '詩仙蘭皐金炳淵之墓' 라는 글자가 새겨져 있습니다.

정암 박영국선생 공적비
김삿갓 묘를 찾아낸 영월군 향토사학자 고 정암 박영국 선생을 기리기 위해서 세운 공적비입니다.

었습니다. 그랬던 것을 지난 1989년, 묘소를 깨끗이 단장하고 주변을 공원화하여 오늘에 이르고 있는 것이랍니다. 묘 앞의 상석과 묘비는 방랑시인에 걸맞게 자연석으로 설치하여 소박하기 그지없습니다. 자연석 묘비에는 '시선난고김병연지묘(詩仙蘭皐金炳淵之墓)'라는 글자가 새겨져 있습니다.

앞으로 흐르는 계곡물에는 영화제목으로도 유명한 '쉬리'가 살고 있는 청정계곡입니다. 밤이 되면 반딧불이[개똥벌레]도 날아다닌답니다. 그리고 지난 1998년부터 해마다 '난고 김삿갓 문화 큰잔치'가 다채롭게 열리고 있습니다.

방랑시인 김삿갓

> 어느덧 가련은 김삿갓 품에 안긴 한 마리 원앙이 되었습니다. 어린 가련은 그저 고개만 끄떡이며 깊은 사랑에 빠져들고 말았습니다. 이렇게 김삿갓이 가는 곳에는 언제나 술이 있고 시가 있고 사랑이 있었답니다.

장승과 솟대

김삿갓묘역으로 들어서면, 다양한 얼굴의 장승들이 저마다 한껏 폼을 잡고 반갑게 답사객을 맞아줍니다. 웃는 얼굴, 무서운 얼굴, 익살스런 얼굴, 놀란 얼굴 등 제각각 저 잘난 모습으로 그렇게 서 있습니다. 그리고 그 사이사이로 김삿갓 시비들이 솟대와 함께 정겨운 모습으로 세워져 있습니다.

이 장승과 솟대는 불교전문 박물관인 목아박물관을 운영하는 인간문화재 박찬수씨가 조각하여 기증한 것들입니다. 이 곳에는 108개의 장승과 33개의 솟대가 세워져 있습니다. 장승은 민간신앙의 한 형태로 마을입구·길가·사찰입구 등에 세운 수호신을 말합니다. 주로 돌이나 나무를 깎아서 세웠습니다. 장승은 잡귀와 질병을 막아주는 기능과 함께 개인의 소원성취를 비는 대상이었습니다. 또한 마을의 경계표시나 이정표의 구실도 하였답니다.

솟대는 나무나 돌로 만든 새[오리·기러기]를 장대나 돌기둥에 앉힌 것을 가리킵니다. 즉 마을의 안녕과 농사의 풍요를 기원하는 신성한 대상물이었습니다. 솟대하면 중학교·고등학교 때 국사교과서에서 배운 소도(蘇塗)가 떠오를 것입니다. 맞습니다. 천군 즉 제사장이 농경과 종교에 대한 의례를 주관하던 신성지역을 뜻합니다.

산수와 사랑과 이별의 시

방랑길에 오른 김삿갓이 가장 먼저 찾아간 곳은 금강산(金剛山)이었습니다. 그는 금강산에 푹 빠져서 10번을 넘게 유람했다고 전해집니다. 금강산을 유람한 김삿갓은 그 곳에서 시인묵객들과 어울려 많은 시를 남겼습니다. 그 중에서 세 수만 소개합니다.

물(水)
나는 지금 청산을 찾아가는데	我向靑山去
녹수야, 너는 무엇 하러 흘러오느냐?	綠水爾何來

금강산(金剛山)
우뚝 우뚝 솟은 금강산은	矗矗金剛山
높은 봉우리 일만 이천이오.	高峯萬二千
드디어 평지에서 바라보니	遂來平地望
사흘 밤을 청천에서 머물렀어라.	三夜宿靑天

금강산(金剛山)
소나무와 소나무, 잣나무와 잣나무,	
바위와 바위 사이를 돌아드니	松松柏柏岩岩廻
물과 물, 산과 산, 곳곳마다 기기묘묘하도다.	水水山山處處寄

장승과 솟대

김삿갓묘역에 있는 장승과 솟대입니다. 목아박물관을 운영하는 인간문화재 박찬수씨가 조각하여 기증한 것으로 108개의 장승과 33개의 솟대가 세워져 있답니다.

김삿갓 공원

김삿갓묘역에 조성되어 있는 시비공원입니다. 이 곳에는 김삿갓 시비·장승·솟대 등이 하나로 어우러져 아늑한 공원을 이루고 있답니다.

금강산을 유람한 김삿갓은 이어서 동해안을 따라 회양→안변→원산→함흥→홍원→단천→길주→명천→경성→종성까지 올라갑니다. 그가 함경도 함흥을 지날 때였습니다. 김삿갓이 시를 잘 짓는다는 소문을 듣고 함흥명기 가련이 김삿갓을 찾아옵니다. 방랑생활에 지친 김삿갓도 밀려오는 외로움만은 떨칠 수 없었는지, 어찌 꽃을 피할 수 있겠느냐며 명기 가련을 품에 안았습니다.

사 랑

청춘에 기생 안으니 천만금이 소용없고	青春抱妓千金芥
이 밤에 술잔 드니 만사가 구름이로다	今夜當樽萬事空
하늘을 나는 기러기 물결 따라 내려앉듯	鴻飛遠天易隨水
청산을 지나는 나비 꽃을 피하기 어렵구나	蝶過青山難避花
달 비친 창가에 마주앉아 희롱하다 보니	對月紗窓弄未休
그 모습 교태로운 걸까 수줍은 걸까	半含嬌態半含羞
그토록 좋으냐고 살며시 물으니	低聲暗問相思否
금비녀 매만지며 고개만 끄떡이네	手整金釵笑點頭

술잔을 나누며 시를 읊다 보니 어느덧 가련은 김삿갓 품에 안긴 한 마리 원앙이 되었습니다. 어린 가련은 그저 고개만 끄떡이며 깊은 사랑에 빠져들고 말았습니다. 이렇게 김삿갓이 가는 곳에는 언제나 술이 있고 시가 있고 사랑이 있었답니다.

가련은 함흥 북청 홍등가의 처녀기생이었습니다. 가련에게 김삿갓은 자신의 첫정을 바친 임이 되었습니다. 그렇게 사랑에 빠진 가련이 애처롭게 보였는지 김삿갓은 이렇게 읊조립니다.

명기 가련

이름도 가련이오 얼굴도 가련한데 　　　　　名之可憐色可憐
가련은 마음조차 가련하구나 　　　　　　　可憐之心赤可憐

함흥에서 가련과 꿈 같은 사랑을 나누며 한겨울을 보낸 김삿갓은 이제 떠날 때가 되었음을 임에게 알립니다. 참으로 가슴 아픈 이별이었을 겁니다. 헤어짐을 앞에 둔 김삿갓은 애끓는 이별의 시를 다음과 같이 노래합니다.

이 별

가련 앞에서 가련과 이별하려니 　　　　　可憐門前別可憐
가련한 나그네 더욱 가련하구나 　　　　　可憐行客尤可憐
가련아! 가련한 몸 떠남을 슬퍼하지 마오 　可憐莫惜可憐去
가련을 잊지 않았다가 가련에게 다시 오마 　可憐不忘歸可憐

함경도 지역을 두루 방랑한 김삿갓은 묘향산을 넘어 평안도로 내려왔습니다. 가산을 거치고 안주를 지나 평양에 도착합니다. 평양은 예로부터 색향(色鄕)으로 유명한 곳이랍니다. 천하의 김삿갓이 여기를 그냥 지나칠 리 없었습니다. 하루는 그가 평양기생과 마주앉아 서로 주고받는 농염한 합작시를 남깁니다.

평양기생(平壤妓生)

[삿갓] 평양기생은 능한 것이 무엇인가 　　　　　　平壤妓生何所能
[기생] 노래에 능하고 춤에 능하고 또한 시에 능하옵니다 　能歌能舞又能詩
[삿갓] 능하고 능하다지만 별로 능치 못하오 　　　　　能能其中別無能
[기생] 달 밝은 밤 지아비 부르기에 능하옵니다. 　　　月夜三更呼夫能

평양을 떠난 김삿갓은 광탄→구월산→개성→장단을 거쳐 한양에 당도합니다. 그렇게 한양에서 세월을 낚던 김삿갓은 또 다시 북쪽을 향하여 발길을 재촉합니다. 이렇게 김삿갓은 40대 중반까지 북쪽지방을 떠돌며 방랑생활을 거듭하였다고 전해집니다.

40대 후반에는 도산·안동·김천·진주 등 경상도 지방을 떠돌며 방랑길에 올랐습니다. 그 뒤 충청도와 전라도 지방을 유람하기 위해 부여→금산→익산→여산→정읍→남원→영광→장성→나주를 거쳐 무등산 동쪽자락인 화순군 동복땅에 안주합니다. 이 때가 1863년 새해 겨울이었습니다. 그 곳에서 김삿갓은 한 많은 방랑생활의 마지막 종지부를 찍게 됩니다.

세상을 한껏 조롱한 풍자시

01 제 그의 재치와 기교가 넘치는 몇 편의 시를 소개하겠습니다. 하루는 김삿갓이 개성으로 방랑길에 올랐을 때의 일입니다. 날이 저물어 하룻밤 잠을 청하기 위해 어느 민가를 찾았습니다. 이 때 집주인이 문을 닫으며 "땔감이 없으니 재워줄 수 없다"는 것이었습니다. 그러자 김삿갓은 다음과 같은 축객시(逐客詩)를 남기고 떠나갑니다.

고을 이름은 개성인데 어찌하여 문은 닫고	邑名開城何閉門
산이름은 송악인데 어찌하여 땔감이 없다 하시오.	山名松岳豈無薪
황혼에 길손 쫓는 건 사람의 도리 아니니	黃昏逐客非人事
동방예의지국에서 너 홀로 진시황이냐.	禮儀東方子獨秦

여기서 개성(開城)은 '문을 연다'는 뜻이고, 송악(松岳)은 '소나무 산'이기 때문에 땔감이 많다는 뜻입니다. 이렇게 문전박대를 당하자 고약한 개성인심을 시로써 질타한 것입니다.

어느 날 친구집에 들러 잠시 쉬어갈 때였습니다. 친구의 아내가 남편에게 이렇게 말하는 것이었습니다.

아내 : 人良且八(인량차팔)?
남편 : 月月山山(월월산산).

人良且八(인량차팔)?은 人+良+且+八 = 食具(식구)이니, 아내가 남편에게 "밥상 차릴까요?"라고 묻는 것이고, 月月山山(월월산산)은 月+月+山+山 = 朋出(붕출)이니, "이 친구 가거든"이라는 남편의 대답입니다.

그러자 김삿갓은 이렇게 시를 읊고서 그 친구집을 떠나갑니다.

犬者禾重(견자화중)아, 丁口竹天(정구죽천)이로다.

이는 犬+者+禾+重 = 猪種(저종)이고, 丁+口+竹+天 = 可笑(가소)이니, "이 돼지새끼 같은 놈들아, 가소롭구나" 하는 욕설이 담긴 뜻이랍니다.

한 번은 어느 농가를 찾았는데, "저 윗마을에 사는 양반집에서 우리 조상의 선산에다 자기 딸의 묫자리를 썼다"는 기막힌 사연을 들었습니다. 이에 김삿갓은 시 한 수를 써주면서 그 양반에게 갖다 주라고 일렀습니다.

축객시비
김삿갓이 개성에서 문전박대를 당하자 고약한 개성 인심을 시로써 질타한 축객시비입니다.

以士大夫之女(이사대부지녀)로
臥於祖父之間(와어조부지간)하니
付之於祖乎(부지어조호)잇가
付之於父乎(부지어부호)잇가.

내용인즉, "양반나리의 따님을 저희 할아버지와 아버지 사이에 눕혔으니, 할아버지 몫으로 하오리까, 아버지 몫으로 하오리까"라는 물음입니다. 이 시를 읽어본 양반세도가는 즉시 딸의 묘를 다른 곳으로 이장하였습니다. 김삿갓의 재치가 번뜩이는 순간이었습니다. 결국 마음씨 착한 농부는 선산을 다시 찾을 수 있었답니다.

김삿갓 생가 터

김삿갓이 살았던 집터는 시비가 있는 장승공원에서 당집 왼쪽으로 난 좁다란 산길을 따라 1.5킬로미터를 더 들어가야 합니다. 당집 옆 초입에는 1939년 김삿갓 시집을 최초로 펴낸, 『김립시집(金笠詩集)』의 저자 '이응수 선생 공적비(李應洙先生功績碑)'가 오롯이 세워져 있습니다.

이응수는 『김립시집』의 논평에서 김삿갓이 천수백 편의 시를 썼다고 기록하였습니다. 한편, 1990년 정대구는 『김삿갓 연구』에서 456편의 시가 남아 있다고 제시하였습니다. 그 중에서 206편이 과체시이고, 나머지는 일반 한시라고 합니다. 여기서 과체시란, 과거를 보는 데 필요한 시로서 우리 현실을 중국의 역사에 비유한 공령시(功令詩)를 가리키는 것입니다.

공적비에서 다리를 건너 약 4백 미터 정도 오르면 길이 두 갈래로

이응수 선생 공적비
1939년 김삿갓 시집을 최초로 펴낸 『김립시집』
의 저자 이응수 선생의 공적비입니다.

갈라지면서 이정표가 나옵니다. 오른쪽으로 가면 선락골(仙樂谷)로 가는 길이고, 개울 건너 왼쪽으로 접어들면 김삿갓이 살았던 어둔(於屯)으로 가는 길입니다. 여기서 계곡 길을 따라 1.1킬로미터를 더 들어가야 됩니다. 바로 이 계곡이 충청북도와 강원도의 경계선이랍니다.

시간은 장승공원에서 약 30분 가량 걸립니다. 또 어린이들의 발걸음으로는 40분 정도 소요됩니다. 내려올 때는 20분이면 충분하고요. 그렇게 가다 보면 통나무로 엮은 다리가 나옵니다. 이 다리를 건너 1백 미터쯤 오르면 김삿갓 가족들이 살았던 생가 터가 나타납니다.

첩첩산중에 하늘만 빠끔히 보일 뿐입니다. 이처럼 골짜기가 좁기 때문에 해가 늦게 뜨고 일찍 져서 빨리 어두워진다 하여 '어둔'이라 불렀습니다. 생가 터에는 2001년에 새로 복원한 초가집 한 채가 세워져 있습니다. 인적은 간데없고 초가집만 덩그러니 남아 있어 쓸쓸하기 그지없습니다. 부엌 옆에는 디딜방아도 만들어 놓았습니다.

지난 1982년 김삿갓 주거지를 발견할 당시 이 곳에는 엄운섭씨가 살고 있었습니다. 그의 말에 따르면 "본채의 기둥·천정보·도리 등이 도끼로 정교하게 다듬어져 있었다"고 합니다. 이것으로 보아 김삿갓 어머니가 상당히 안목있는 양반댁 주부였음을 알 수 있습니다.

그 시절 어떻게 이런 곳에서 살았을까 의심이 들 정도로 적막강산(寂寞江山)의 오지중에 오지랍니다. 지금은 그 앞쪽에 두 가구가 살고 있습니다.

김삿갓 생가 터
김삿갓이 살았던 생가 터에는 2001년에 새로 복원한 초가집 한 채가 세워져 있습니다. 인적은 간데없고 초가집만 덩그러니 남아 있어 쓸쓸하기 그지없는 첩첩산중의 오지랍니다.

동강은 흘러야 한다

> 동강은 흘러야 합니다. '정선아라리'의 구슬픈 가락을 싣고 동강은 흐르고 또 흘러야 합니다. 그렇게 흐르기를 간절히 소망하는 사람들의 가슴 절절한 이야기를 여기에 옮겨봅니다.

동강의 생태계

동강(東江)은 남한강의 수계 중 정선군 신동읍 가수리부터 영월군 영월읍 덕포리에 이르는 51킬로미터 구간을 따로 부르는 명칭입니다. 한강의 발원지인 태백산 검룡소에서 발원한 골지천은 하장→골지→임계를 지나 정선군 여량에서 송천을 만나 아우라지를 이룹니다. 송천은 대관령에서 발원하여 구절리를 지나 여량에서 골지천을 만나는 물줄기랍니다.

여량 아우라지에서 합수한 물줄기는 다시 나전에서 오대천을 받아들이며 조양강으로 이름을 바꾸어 흐릅니다. 그렇게 정선읍을 휘감고 돌아 가수리에 이르면 또 다시 동강으로 이름을 바꾸고 영월땅으로 흘러듭니다.

이렇게 굽이굽이 뱀이 지나가듯 사행천(蛇行川)을 이루며 흐르는 동강은 구비마다 신비한 비경(秘境)을 연출하며 장장 51킬로미터를 흘러 영월읍 덕포리에 이릅니다. 여기서 서강을 만나면 우리 민족의 젖줄, 남한강이 되는 것입니다. 동강은 이렇게 영월군 동쪽자락을

동강 어라연

동강에서 가장 아름다운 계곡, 어라연입니다. 어라연은 상선암·중선암·하선암이라 불리는 세 개의 바위봉우리가 강 한가운데에 솟아 있는 빼어난 절경으로 마치 미국의 그랜드캐니언을 연상시킨답니다.

굽이쳐 흐르며 천혜의 절경을 빚어 놓은 자연생태계의 보고(寶庫)랍니다.

그럼 여기서 동강의 옛 이름을 살펴볼까요? 『세종실록』 지리지에는 "오대산동(五臺山洞) 금강연(金剛淵)에서 시작되어 진부역(珍富驛) 수다사골을 거쳐 정선군에 이르면 광탄(廣灘)이 되고, 고을 남쪽에 이르러 대음강(大陰江)으로 들어가 두 물이 합쳐져 가탄(加灘)으로 들어가고, 평창군 동쪽에 이르면 연화진(淵火津)이 되었다가, 영월군 동쪽에 이르러 금장강(錦障江)이 된다"고 기록되어 있습니다.

이를 오늘날의 지명과 비교하면, 정선군 남쪽을 흐른다는 대음강은 지금의 조양강을 가리킵니다. 그리고 영월군 동쪽에 이르러 금장강이 된다는 강은 지금의 동강을 지칭하는 것입니다. 따라서 동강의 옛 이름이 금장강이었음을 알 수 있습니다.

한편, 동강은 석회암 지형으로 이루어진 협곡천입니다. 그래서 정선군 운치리에서 평창군 마하리→영월군 문산리→어라연 계곡→거운리 섭새마을까지 약 25킬로미터 구간은 깎아지른 석회암 절벽[뼝대]으로 형성되어 있습니다. 그렇기 때문에 차가 다닐 수 있는 길마저도 거부하고 있습니다. 참, 뼝대는 석회암 절벽을 지칭하는 것으로, 이 곳 동강주민들이 부르는 명칭이랍니다.

동강에서 가장 아름다운 곳은 어라연(魚羅淵) 계곡입니다. 어라연은 상선암·중선암·하선암이라 불리는 세 개의 바위봉우리가 강 한가운데에 솟아 있는 빼어난 절경을 가리킵니다. 그리고 강 양쪽으로는 천애절벽이 고립무원을 이루고 있어 마치 미국의 그랜드캐니언을 연상시킵니다. 한 폭의 수묵화를 보는 듯합니다.

이렇게 석회암 지형으로 이루어진 동강유역은 천연기념물 제206호인 백룡동굴을 비롯하여 수십 개의 동굴이 형성되어 있습니다. 백룡동굴은 길이가 약 1천2백 미터로 입구에서 2백 미터 정도 들어가면 커다란 광장이 나옵니다. 그 안에는 방패·피아노·논두렁·계란프라이 및 남자의 성기 등 갖가지 기기묘묘한 형상들이 태고적 신비를 그대로 간직하고 있습니다.

한편, 동강에는 아주 깨끗한 물에서만 서식하는 열목어·어름치·쉬리·다슬기 등이 살아가고 있습니다. 그리고 수달·원앙·비오리·검독수리·수리부엉이·오색딱따구리·까막딱따구리·큰소쩍새·하늘다람쥐 등도 동강 주변에서 삶의 둥지를 틀고 청정한 자연을 벗삼아 다정스레 살아갑니다.

그런가 하면, 동강 주변에는 동강할미꽃·연잎꿩의다리·층층둥굴레·백부자·돌단풍·개버머리·쑥방망이·자주쓴풀·각시취·구절초·낚시고사리·물냉이·솔체꽃·양지꽃·자주꽃방망이·민들레·흰민들레·서양민들레·오이풀·뚱딴지·긴잎제비꽃·나도송이풀·금불초·개별꽃·각시붓꽃·봄맞이·병아리풀·산괴불주머니·벼룩이자리·박하·물매화·매화말발도리·애기똥풀·알록제비꽃·솜방망이·큰엉겅퀴·쥐오줌풀 등의 야생화도 수줍은 듯 예쁜 자태를 뽐내며 그렇게 자리를 잡고 살아갑니다.

또한 향나무·갈기조팝나무·비술나무·회양목·당조팝나무·야광나무·가래나무·물푸레나무·산철쭉·산분꽃나무·복사나무

비오리
비오리는 주로 나무에서 살며 부리가 좁고 뾰쪽합니다. 부리 끝이 갈퀴처럼 생겨서 물고기를 잡을 때 용이하답니다.

등도 동강에 뿌리를 내린 채 살아간답니다.

1999년은 잔인했습니다

01 처럼 천혜의 원시적 생태계를 간직하고 있는 동강은, 동강 다목적댐건설을 놓고 찬반이 엇갈린 가운데 심한 몸살을 앓고 있습니다. 수자원공사측에 따르면, 본래 영월동강다목적댐 건설계획은 1957년부터 검토되기 시작하였다고 합니다.

따라서 한강유역종합개발계획에도 예정되어 있는만큼 댐공사를 추진한다는 계획에는 전혀 변함이 없다고 합니다. 계획한 대로 영월 동강다목적댐이 건설되면, 남한강 일대와 한강 유역의 만성적인 수해피해의 해결은 물론이고, 필요한 용수공급도 충분하다는 것이 정부의 판단입니다.

그러나 댐건설에 대한 주민들의 찬·반 의견은 지역주민의 이해에 따라 팽팽하게 대립하고 있습니다. 수몰 예정지역 주민들은 산비탈과 하천부지에 사과나무·배나무·포도나무·밤나무 등 유실수를 심어, 더 많은 보상을 받으려고 빚을 얻어 일종의 투기를 해놓은 상태라고 합니다. 그래서 이들은 댐건설을 찬성합니다.

하지만 아랫마을 주민들은 생각이 다릅니다. 만약 댐이 건설되어 물이 차 오르면, 냉해와 안개로

영월다목적댐 건설현황도

인하여 농사를 망치기 때문에 절대로 찬성할 수 없다는 것입니다. 이렇게 누대에 걸쳐 사이좋게 살아왔던 지역주민들은 댐건설의 논란으로 인해 서로 원수지간이 되어버렸습니다. 참으로 답답한 상황입니다. 그렇지만 이들에겐 자신들의 생계가 달려 있는 사활의 문제인 것입니다.

이렇게 영월동강다목적댐건설계획이 불거지자 환경보호단체와 대부분의 국민들은 댐건설 자체를 결사반대하고 있습니다. 그 이유를 세 가지로 요약하여 보겠습니다.

첫째, 자연은 한 번 훼손되면 원상복구가 절대로 불가능합니다. 그러나 수자원을 확보하는 문제는 슬기로운 지혜만 모은다면 얼마든지 해결할 수 있는 대안이 있는 것입니다. 때문에 태고의 신비를 간직한 천혜의 비경을 그대로 보존하여 우리의 후손들에게 물려주어야 한다는 당위성입니다.

둘째, 동강은 수많은 천연기념물이 살고 있는 '생태계의 보고(寶庫)'입니다. 가뜩이나 환경오염으로 인하여 곳곳에서 생태계가 파괴되고 있는 마당에, 아직까지 자연 그대로 보존되어 온 동강을 그냥 수몰시킨다는 당국의 처사에는 결코 동의할 수 없는 것입니다.

셋째, 이 지역은 석회암 지대로서 지반이 취약하다는 안정성 문제입니다. 동강 일대는 전형적인 석회암 지형으로 침식현상이 심한 곳입니다. 만약 댐이 건설되어 동굴 속으로 물이 스며들면 석회암이 녹는 것은 불을 보듯 뻔한 것입니다. 그렇게 되면 어디에서 물이 터질지 아무도 예측할 수 없답니다. 이렇게 되었을 때의 피해는 예측 못할 엄청난 재앙을 가져온다는 것이 전문가들의 한결같은 주장입니다. 요즘에도 동강 주변의 농경지에는 3~5미터 정도의 지반 침하현상이 계속되고 있다는 것입니다.

만약 영월 동강다목적댐이 건설되면 댐으로부터 상류쪽 52킬로미터가 물에 잠겨 동강의 모든 비경이 수몰된다고 합니다. 그렇게 되면 천혜의 원시적인 비경도, 자연 그대로 보존되어 온 생태계의 보고도, 모두가 수장되는 엄청난 환경재앙을 초래할 수밖에 없습니다.

이와 같이 댐건설로 인한 찬반양론이 언론에 활발히 거론되자, 사람들은 너도나도 동강으로 몰려들었습니다. 주말에는 하루에 수천 명이 몰려듭니다. 그러다 보니 래프팅으로 인해 강물은 오염되어 가고, 사람들의 발길이 닿는 곳마다 동강은 처참히 무너져 갔습니다.

강가의 자갈톱은 관광객이 버리고 간 쓰레기로 악취가 진동합니다. 그리고 거운교 주변은 음식을 파는 간이천막으로 심하게 몸살을 앓고 있습니다. 이렇게 고통과 상처를 당하며 오늘도 동강은 흐르고 있답니다. 이것이 지난 1999년 여름, 동강의 자화상이었습니다. 진정으로 동강을 아끼고 사랑하는 마음이 무엇인지 한 번쯤 되돌아볼 때입니다.

동강은 흘러야 합니다. '정선아라리'의 구슬픈 가락을 싣고 동강은 흐르고 또 흘러야 합니다. 그렇게 흐르기를 간절히 소망하는 사람들의 가슴 절절한 이야기를 여기에 옮겨봅니다.

동강댐 막으면 …………… 이하석

섭새마을부터 정선까지
길이 없으리라.
道理 없으리라. 우선, 만지동이 잠기면
만지동 사람 목이 잠겨
아리랑 가락 나오지 않으리라.
그 위 된꼬까리 여울물 소리 없고

어디에서든 구석진 수달의 사랑은 끝나고
어라연의 하선암 중선암 상선암은
별을 비추지 못하리라.

문산리 분교 국기 게양대는
끝도 보이지 않을 게다.
거기 매달아 펄럭였던 아이들의 꿈의 호명과
반짝이는 연놀이도 없어지리라.
문산나루 건너와 젖은 몸 부리던 사내들은
어슥하니 마음 댈 곳 없어
어디에서 몸 말리나.

황새여울은 이름마저 없고
뗏목 지나던 소리 울려 퍼지던 벼랑도 잠겨
앞 뒤이은 소리들 메아리칠 골짜기도 없어지리라.
까막딱따구리는 눈 부빌 곳 잃고 헤매리라.
무당소 절벽에 깃들던 황조롱이의 집 물 아래 비고,
그 건너편 민박집 찾아들던 사람들의
캄캄하고 고요한 밤은 없으리.

아아 백룡동굴은 앞뒤가 막히리.
가수리 삽다리 건너 자갈들 햇볕에 굽히던,
단풍 물 곱던 소사 지나 하방소 이르는
용틀임 길은 이젠 없으리라.
원앙들 서로 부르며 교태 꾸미던 물 거울도
백운산 아래 빛나던 나리소도
꼴깍하고 자취 감추리라.

이 모든 것이 왜 없어져야 하나.
엄청난 힘에 눌려 물 아래 저 용궁 아래,
곧 검어져서 밑이 안 보일 용궁도 아닌 저 아래
파묻혀 입 닫아야 하나.
다목적의 댐 아래
너무 많은 목적들 수장되고
마침내 모든이 죽일
재앙의 물만 그득하리라.

동강을 그냥 놔두세요 ·············· 신현림

비단치마처럼 흐르는 강
아름다운 동강
눈부셔요 잊지 못해요
쉬리와 어름치가 사는 강
온갖 신비의 생물 안고
춤추는 강바람 잊지 못해요

땅은 강으로 숨쉬고
희망은 강에서 타오르고
사람은 강에서 끝없는 사랑을 배우죠
130리 물길
동강에서 저는 조국의 핏줄을 느껴요

다들 제 정신이 아니군요
댐 건설은 말이 안돼요
동강이 절규하며 흐르는 소리를 들어봐요
생각을 바꿔봐요

있는 물 아껴 쓰고 아낀 물 다시 쓰고
중요한 건 그대로 두는 거예요
제 스스로 흘러
자손 대대로 밀려가게
동강을 그냥 놔두세요

우리가 함께 살도록
우리와 함께 흐르도록
희망의 동강을 그냥 놔두세요

우리 모두가 죄인입니다

환경보호 단체와 지역주민들, 그리고 대다수의 국민들이 반대하였던 동강다목적댐건설계획은 마침내 백지화되었습니다. 2000년 6월 5일, 환경의 날 기념식에서 대통령은 동강댐건설계획의 백지화를 선언하였습니다. 참으로 오랜만에 들어보는 낭보였습니다. 이는 동강의 승리요, 환경보호를 열망하는 국민들의 위대한 승리였습니다.

그로부터 3년이 지난 지금, 동강은 심하게 죽어가고 있습니다. 1급수였던 수질은 2급수로 전락되고 말았습니다. 무더운 여름철에는 녹조까지 발생하는 등 최악의 몸살을 앓고 있는 것입니다. 수천 마리의 물고기가 떼죽음을 당하고 있습니다. 상류 쪽에는 뼝대 밑으로 도로공사가 한창이랍니다.

하루 수천 명씩 몰려드는 행락객이 마구 버린 쓰레기들. 민박집과 음식점에서 흘러나오는 생활하수. 뼝대 밑을 파헤치는 도로공사. 끊임없이 이어지는 래프팅 행렬. 이 모두가 어우러져 남한강 최후의 비경인 동강은 그렇게 처참하게 무너져 가고 있는 중이랍니다. 동강댐 건설 백지화 발표 이후 1년이 조금 지난 시점의 참상입니다.

동강에 살던 비오리는 동강 저 위로 날아가 버렸습니다. 마음껏 뛰어놀던 수달도 자취를 감추었습니다. 어라연의 비단물결에 산란탑을 쌓던 어름치는 기화천으로 떠난 지 이미 오래되었답니다. 모두가 동강을 떠나고 있습니다.

동강은 그렇게 우리들 앞에 다가와 목놓아 울고 있습니다. 제발 나를 있는 그대로 그냥 내버려 두라고 소리없이 애원하고 있답니다. 저 상처 입은 동강이, 바로 우리들에게 간절히 호소하고 있는 것입니다.

이것이 오늘날 동강의 자화상입니다. 이것이 21세기를 살아가는 대한민국 인간들의 현주소입니다. 우리는 왜 이렇게 되었을까요? 어쩌다가 이렇게까지 망가지고 말았을까요? 과연 누구의 책임이란 말입니까! 누구의 잘못이란 말입니까! 우리가 누구를 원망하고, 그 누구를 책망한단 말입니까?

정답은 간단합니다. 우리 모두의 잘못입니다. 아니 우리 모두가 죄인인 것입니다.

천혜의 비경, 동강 탐사

> 바위 봉우리에 올라 내려다본 어라연 물 속은 마치 에메랄드빛을 띤 수궁(水宮)을 연상시킵니다. 때마침 햇빛에 반사되어 부서지는 초록빛 물결은 흐르는 듯 멈춘 듯 착시현상마저 일으킵니다.

동강으로 가는 길

영월읍내에서 동강대교를 건너 영월역 앞을 지나 석항 · 태백 방면으로 5백 미터쯤 진행하면 사거리가 나옵니다. 여기서 9시 방향으로 좌회전하여 다리를 건너 오르면 왼쪽으로 동강이 따라붙는 한적한 길로 이어집니다.

그렇게 가다 보면 물굽이가 휘돌아 흐르는 강 한가운데에 커다란 둥근 바위가 보입니다. 일명 '둥글바위'라고 부릅니다. 그 앞 동네가 번재마을이고요. 옛날 신작로가 없던 시절, 이 벼랑 밑을 돌아서 넘어갔다고 하여 '돌아서 넘는 재' 즉 번재(番峙)가 되었답니다.

번재마을을 지나면 왼쪽으로 건너갈 수 있는 삼옥교가 나옵니다. 여기서 삼옥교를 건너면 마을 중앙에 국제현대미술관(☎ 033-375-2752)이 자리잡고 있습니다. 폐교를 이용하여 개장한 미술관이랍니다. 이 곳에는 세계 여러 나라의 유명 조각가의 작품 2백여 점이 상설전시되어 있습니다. 그리고 매년 다양한 주제의 특별전도 열리고 있답니다. 한 가지 아쉬운 점은 문이 잠겨 있을 때가 간혹 있기 때문에 허탕치는 경우가 종종 있답니다.

국제현대미술관을 둘러보고 곧장 봉래산 정상으로 오르면 별마로천문대가 한적하게 자리잡고 있습니다. 그런데 천문대까지 오르는 길이 만만치가 않습니다. 조심해서 천천히 오르십시오. 자, 그럼 별들의 고향을 찾아 밤하늘을 감상할까요.

별마로천문대

별마로! 이름이 참 신기하고 예쁘죠. 그런데, 별마로가 무슨 뜻이냐고요? 설명 드릴게요.

우선, '별'은 영어로 star+'마'는 정상을 뜻하는 마루+'로'는 한자로 고요할 로＝별마로입니다. 즉 이 세 가지 뜻을 합친 합성어입니다. 풀이하면, 조용하고 고요한 봉래산 정상마루에서 아름다운 별을 보고자 하는 소망을 담고 있는 은유적 표현이랍니다.

별마로천문대는 해발 799.8미터의 봉래산 정상에 세워진 국내 최대의 공립 시민천문대로 2001년 10월 13일 개관하였습니다. 규모는 2,208평의 부지 위에 지하 2층, 지상 4층의 건물로 우리나라에서 가장 앞선 천문시설을 갖추고 있습니다. 주관측실인 주돔에는 국내 최대의 80㎝ 리치크레티앙식 반사망원경, 보조관측

별마로천문대
별마로천문대는 해발 799.8m의 봉래산 정상에 세워진 국내 최대의 공립 시민천문대입니다. 2,208평의 부지 위에 지하 2층, 지상 4층의 건물로 우리나라에서 가장 앞선 천문시설을 갖추고 있답니다.

EVE의 천형(天刑)
영월국제현대미술관 마당에 세워져 있는 박찬갑의 조각작품 'EVE의 천형'입니다. 이곳에는 세계 여러 나라의 유명 조각가의 작품 2백여 점이 상설 전시되어 있답니다.

실인 슬라이딩돔에는 보조망원경 11대, 천체투영실인 플라네타리움 돔에는 GoTo GS 투영기 등이 설치되어 있답니다.

 귀여운 자녀들과 함께 별을 헤는 모습을 상상만 하여도 가슴이 설렐 겁니다. 관람시간은 평일은 오후 2시부터 밤 10시, 공휴일은 오전 10시부터 밤 10시까지입니다. 조심할 것은 월요일과 공휴일 다음날 그리고 명절날은 문을 닫는 답니다. 그러나 공휴일이 금요일인 징검다리 주말일 때에는 금·토·일 3일은 정상개관하고, 대신 월요일과 화요일 이틀은 휴관합니다.

 따라서 별을 관측하고 싶은 분들은 미리 전화로 숙박사정과 시간을 확인하신 다음 꼭 예약하시고 가시기 바랍니다. 그래야 낭패를 면할 수 있답니다. 연락처는 ☎ 033-374-7460·033-370-2251입니다. 그리고 미리 검색하고 싶은 분들은 홈페이지로 들어가세요. 홈페이지 주소는 http://www.yao.or.kr 이랍니다.

 동강 가는 길을 다시 시작할게요. 삼옥교부터 출발합니다. 삼옥교에서 조금 더 진행하면 오른쪽으로 완택산성(莞澤山城) 가는 길이 나옵니다. 삼국항쟁시기에 고구려가 남한강 유역을 차지한 뒤 이를 방어하기 위해 쌓은 성으로 추정됩니다. 둘레가 3,477척으로 해발 916미터인 완택산 서남쪽 능선을 따라 돌과 흙을 사용하여 쌓은 흔적이 아직도 남아 있습니다. 거란족이 침입하였을 때 마을사람들이 이 곳으로 피난하였다고 전해집니다. 산성답사를 좋아하지 않는 분에겐 가볼 것을 권하고 싶지 않습니다.

 여기서 목골을 지나 동강 둑을 타고 둥글게 돌아들면 섭새마을이 보입니다. 제방 둑을 쌓기 전에는 홍수 때마다 강물이 범람하여 부드러운 모래가 자주 쌓였다고 합니다. 그래서 마을사람들이 모래를 밟고 건너다녔다 하여 '건널 섭(涉)'·'모래 사(砂)'자를 써서 섭사(涉砂)

라고 불렀습니다. 그 발음이 변하여 '섭새'가 된 것이랍니다.

거운교 못미처 오른쪽으로 어라연 주차장이 마련되어 있습니다. 그 곳에 차를 주차하십시오. 일반인들의 차량은 여기까지만 갈 수 있답니다. 이는 동강을 보호하기 위한 하나의 시책이랍니다. 그래서 거운리 주민들의 차량을 뺀 일반인들의 차량은 모두 이 곳에서 통제하고 있는 것이에요.

따라서 천혜의 비경을 간직한 동강을 감상하는 방법은 크게 두 가지가 있습니다. 하나는 거운교에서 어라연까지 걸어서 감상하는 트레킹이고, 다른 하나는 고무보트를 타고 래프팅을 하는 방법입니다. 이 책에서는 동강의 자연을 직접 발로 체험하는 첫번째 방법을 택하였습니다. 거기에는 깊은 뜻이 담겨 있답니다. 결코 자연을 훼손하고 싶지 않은 간절한 마음, 아시겠죠. 자, 그럼 동강을 산책해 볼까요.

만지산 전산옥이야 술상 차려 놓게나

거운교를 건너면 봉래초등학교 거운분교가 나타납니다. 여기서 오른쪽으로 실개천을 건너 비포장 산길을 따라 동강 쪽으로 넘어가면 만지동이 나옵니다. 거운초등학교에서 어라연 계곡까지의 거리는 약 3.5킬로미터쯤됩니다.

만지동(滿池洞)부터는 강변을 따라 이어지는 아늑한 산책길입니다. 이 곳 만지는 옛날부터 길운(吉雲)으로 건너가는 나루터가 있는 곳입니다. 그리고 여기에는 정선에서 내려오는 뗏목꾼들을 상대로 술장사를 하던 전산옥이라는 주막집이 있었고요.

동강은 조선 후기부터 1960년대까지 정선 아우라지에서 골안떼로 묶인 뗏목을 한양으로 운반하던 주요한 물길이었습니다. 특히 1865년 흥선대원군이 임진왜란 때 불타버린 경복궁을 중건하면서부터 동강유역은 원목수송의 최대 수운교통로가 되었습니다. 이 때부터 동강유역 곳곳에는 떼꾼들을 상대로 한 주막집이 생겨나고, 많은 사람들이 몰려들면서 하나의 강변경제권을 형성하게 됩니다.

당시 떼꾼들을 상대로 한 객주집이 동강유역에만 수십 곳이 넘었다고 전해집니다. 그 중에서 가장 유명한 주막집이 바로 이 곳 만지에 있던 전산옥(全山玉)이었습니다. 지금은 두어 가구만 살고 있으나, 옛날 전산옥 주막집이 흥청거릴 때는 그야말로 문전성시를 이루던 나루터였답니다.

특히 전산옥이란 여인은 걸쭉한 아라리를 멋들어지게 불러젖혀 떼꾼들로부터 인기가 대단했답니다. 그러니 어찌 떼꾼들이 전산옥 주막을 그냥 지나칠 수가 있었겠습니까. 목숨을 담보로 하는 뗏목수송은 그만큼 위험부담을 감수해야 하기 때문에 돈벌이가 제법 쏠쏠했겠죠. 그래서 '떼돈 벌었다'는 유행어가 여기서 유래한 것이라고 하네요. 하지만 떼돈을 벌었어야 뭐합니까, 주막집에 다 털리고 빈털터리가 되는 것을….

그러나 지금은 무심한 세월 탓인지 전산옥 집터는 풀밭으로 변하여 잡초만 무성하고, 무너진 돌담 사이로 쓸쓸함만 묻어납니다. 일설에 따르면 지난 1936년 큰 장마 때 주막집이 떠내려갔다고 전해집니다. 이렇게 전산옥은 뗏목의 흥망성쇠를 지켜본 아픈 역사의 현장이었습니다.

그렇게 뗏목의 역사를 회상하며 오르다 보면 '된꼬까리'가 나옵니다. 이 곳은 동강에서 가장 물살이 빠르고 거칠어, 수많은 뗏목들이 뒤로 꼬꾸라지는[뒤집히는] 여울목이라 하여 된꼬까리라 불렀습니다.

만지나루

만지는 옛날부터 길운으로 건너가는 나루터였습니다. 이 곳에는 정선에서 내려오는 떼꾼들을 상대로 술장사를 하던 전산옥이라는 주막집이 있었답니다.

전산옥 집터

무심한 세월 탓인지 전산옥 집터는 풀밭으로 변하여 잡초만 무성하고, 무너진 돌담사이로 쓸쓸함만 묻어납니다. 일설에 의하면 1936년 큰 장마 때 주막집이 떠내려갔다고 전해진답니다. 사진은 2002년 태풍 '루사'가 집터를 휩쓸고 간 모습입니다.

된꼬까리를 통과하기가 얼마나 힘에 겨웠는지 떼꾼들이 부르던 아라리 가사에도 빠짐없이 등장합니다.

>눈물로 사귄 정은 오래도록 가지만
>금전으로 사귄 정은 잠시 잠깐이라네
>돈 쓰던 사람이 돈 떨어지니
>구시월 막바지에 서리맞은 국화라
>놀다 가세요 자다 가세요
>그믐달 초승달이 뜨도록 놀다 가세요
>황새여울 된꼬까리에 배를 띄워 놓았네
>만지산에 전산옥이야 술상 차려 놓게나
>오늘 갈지 내일 갈지 뜬구름만 흘러도
>팔당주막 들병장수야 술판 벌여 놓아라

이렇게 흥거운 노랫가락을 흥얼거리며 된꼬까리를 통과한 떼꾼들은 지친 몸을 달래기 위해 전산옥 주막을 찾았던 것입니다. 아마 맨 정신으로 노를 젓는 것보다 술 한 잔에 의지하여 젓는 것이 더 쉬웠을 법도 합니다. 요즘 같으면 음주운전이라 면허정지를 당했을 거예요.

정선 아우라지에서 출발한 뗏목은 장장 1천 리의 남한강 물길을 따라 한양에 당도했습니다. 그 험난한 여정 속에서도 소박한 노랫가락으로 흥취를 돋울 줄 아는 여유가 떼꾼들에게는 있었답니다. 그들의 향수가 배어 있는 한강수 타령을 불러볼까요.

>정선 영월 지나서 단양 도담 감돌아
>여주 이천 광나루 압구정으로 흐르네

된꼬까리
동강에서 가장 물살이 빠르고 거칠어, 수많은 뗏목들이 뒤로 꼬꾸라지는 여울목이라 하여 '된꼬까리' 라 불렀답니다.

노을진 저녁 빛 한강에 배 띄우고
유유자적 즐기니 이도 멋진 흥취일세

어라연

도꼬까리 여울을 지나 6백 미터쯤 오르면 물줄기가 굽이도는 강 한가운데에 커다란 바위봉우리 세 개가 나란히 솟아 있습니다. 이것이 상선암·중선암·하선암으로 이루어진 어라연계곡입니다. 그 옆은 층암절벽의 협곡으로 이루어진 천길 낭떠러지입니다. 인간의 발길마저 거부하는 듯한 태고의 신비를 간직하고 있답니다.

바위 봉우리에 올라 내려다본 어라연 물 속은 마치 에메랄드빛을 띤 수궁(水宮)을 연상시킵니다. 바위틈에서 자란 소나무는 사람의 손길을 거부한 분재처럼 그 자태가 고고하기 이를 데 없습니다. 때마침 햇빛에 반사되어 부서지는 초록빛 물결은 흐르는 듯 멈춘 듯 착시현상마저 일으킵니다.

어라연(魚羅淵)! '고기 어(魚)'·'비단 라(羅)'·'못 연(淵)', 마치 '물고기 비늘이 비단같이 덮인 연못'이라는 뜻입니다. 처음에는 어라연(於羅淵)이라 부르던 것이 뒤에 가서 어라연(魚羅淵)으로 바뀌었답니다. 그럼 지금부터 '어조사 어(於)'자가 '고기 어(魚)'자로 바뀐 사연을 알아보겠습니다.

중종 때 이행이 편찬한 『신증동국여지승람』에는 어라연에 얽힌 전설이 이렇게 전하고 있습니다.

어라사연(於羅寺淵)은 영월군 동쪽 거산리에 있다. 세종 13년에 큰 뱀이 있

어라연 상선암
어라연 물 속은 마치 에메랄드빛을 띤 수궁을 연상시킨답니다. 때마침 햇빛에 반사되어 부서지는 초록빛 물결은 흐르는 듯 멈춘 듯 착시현상마저 일으킵니다.

었는데, 어느 때는 연못에서 뛰어놀고 어떤 때에는 강가에서 꿈틀거리며 기어 다녔다.
하루는 강가의 자갈톱 위에 허물을 벗어 놓았는데, 그 길이가 수십 척이고 동전 같은 비늘과 두 귀가 있었다.
고을사람들이 비늘을 주어 조정에 보고하자, 조정에서는 권극화(權克和)를 보내 알아보도록 하였다.
이에 극화가 연못 한가운데로 배를 띄우자 갑자기 폭풍(暴風)이 일어나 그 자취를 찾을 수가 없었다. 그런 뒤로 뱀은 다시 나타나지 않았다.

이 기록을 보면 적어도 세종 13년 이전부터 이 곳에 어라사라는 절이 있었음을 알 수 있습니다. 그리고 그 절의 명칭이 어라사(於羅寺)였음도 알 수 있고요. 실제로 어라연 동쪽 절골에는 지금도 그 절터가 남아 있으며, 근래에는 수운암(水雲庵)이라는 암자가 이 곳에 있었다고 전해집니다.

그러다가 세종의 큰아들의 큰아들인 단종이 영월땅으로 유배를 와서 억울한 죽임을 당하자 그의 시신이 동강 변에 버려집니다. 이 때 엄흥도가 단종의 시신을 몰래 거두어 동을지산에 암매장하였습니다. 그러나 그의 혼령은 영월에서 가장 경치가 좋은 어라연에서 신선처럼 살기 위해 이 곳을 찾아옵니다.

그런데 갑자기 물살이 갈라지며 물고기떼들이 줄줄이 나타나서는 "한 나라를 다스려야 할 임금께서 어찌 이 곳에서 살려고 하십니까. 임금께서는 태백산의 산신령이 되어 모든 곳을 다스려야 하옵니다. 부디 태백산으로 가시옵소서"라며 간청하는 것이었습니다. 이에 단종의 혼령은 산신령이 되어 태백산으로 올라갔다고 전해집니다.

그 때 물고기떼들이 줄줄이 나타나 간청하는 모습이 마치 '고기 비늘이 비단같이 덮인 연못' 같았다고 하여, '어조사 어(於)'자를 빼

고 '고기 어(魚)'자를 집어넣어 어라연이 되었답니다.
 어라연에서 그 위쪽은 더 이상 갈 수 없습니다. 만약 어라연 상류 쪽을 탐사하고 싶은 분들은 다른 곳에서 진입해야 합니다. 저의 동강 탐사는 여기서 끝을 맺겠습니다. 왠지 모를 아쉬움이 소산한 바람결에 그렇게 스쳐갑니다.

제2부
영월 속으로의 시간여행

선사시대의 영월

> 이번에는 무늬를 눌러찍었습니다. 그렇게 무늬를 새겨넣
> 으니 더 멋있게 보이는 겁니다. 그래서 다음에는 간결하
> 고 멋있는 빗살무늬를 새겨보았습니다.

인류는 이렇게 진화되었답니다

지구상에 인류가 처음으로 살기 시작한 것은 언제부터일까요? 이 물음에 대한 답은 두 가지입니다. 단지 두발걷기 즉 직립보행을 기준으로 한다면 에티오피아 아라미스에서 발견된 아르디피테쿠스 라미두스(Ardipithecus ramidus)가 첫번째 인류입니다. 이들은 사람과 침팬지의 중간형태로 약 440만 년 전부터 생존한 것으로 추정합니다. 그러나 이들은 두발걷기만 사람과 같았을 뿐 생김새는 침팬지와 흡사하였답니다.

따라서 대부분의 학자들은 약 300만~350만 년 전으로 추정되는 오스트랄로피테쿠스(Australopithecus)를 최초의 인류라고 주장합니다. 즉, 남쪽지방 원숭이라는 뜻입니다. 이들은 두발걷기는 물론이고 간단한 석기제작 능력도 갖추고 있었습니다. 다시 말하면 생각할 수 있는 사고력과 그것을 실행에 옮길 수 있는 인간의 특성을 가지고 있었다는 뜻입니다. 그래서 최초의 인류라고 보는 거예요.

그런데 둘 다 아프리카에서 발견되었답니다. 그래서 인류의 뿌리

는 아프리카 대륙이 고향이랍니다. 재미있죠. 인류의 고향이 검은 대륙 아프리카라니! 아무튼 인류의 기원은 이렇게 시작되었습니다. 그럼 그 다음은 누구일까요? 그 순서를 정리해 보겠습니다.

① 오스트랄로피테쿠스(남방의 원숭이) → ② 호모 하빌리스(손쓴 사람) → ③ 호모 에렉투스(곧선 사람 : 원인) → ④ 호모 사피엔스(슬기 사람 : 고인) → ⑤ 호모 사피엔스 사피엔스(슬기 슬기 사람 : 신인)의 순서로 진화되었답니다.

호모 하빌리스(Homo habilis)는 뇌용량이 약 800cc 정도로 손을 쓸 줄 아는 사람을 의미합니다. 즉, 호모(Homo)는 사람이나 인류를 가리키고, 하빌리스(Habilis)는 솜씨가 좋다는 뜻이랍니다. 약 2백만 년 전에 생존한 것으로 추정합니다.

호모 에렉투스(Homo erectus)는 약 50만 년 전부터 출현한 전기 구석기 시대의 인류입니다. 에렉투스(Erectus)는 '똑바로 서서 걷는' 것을 의미합니다. 이들은 처음으로 불[火]을 사용하고 언어로 의사소통

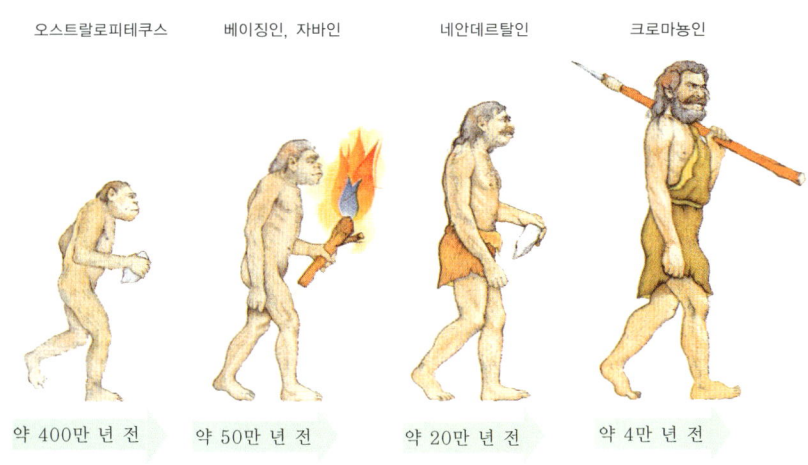

인류의 진화과정

을 할 줄 알았습니다. 그만큼 인류의 문화가 진화한 것이랍니다.

약 20만 년 전에는 호모 사피엔스(Homo sapiens)라는 인류가 나타납니다. 사피엔스(Sapiens)는 '슬기로운·지혜로운'을 의미합니다. 이들은 석기를 다양화시킬 만큼 머리가 진화하여 뇌용량이 1,300~1,600cc에 이르렀습니다. 그래서 불의 사용이 일반화되고 매장하는 풍습도 생겨났답니다. 이들이 중기 구석기 시대의 주인공들입니다.

그러다가 약 4만 년 전부터 호모 사피엔스 사피엔스(Homo sapiens sapiens)가 등장합니다. 이들은 뇌용량이 1,400~1,800cc가 될 정도로 그 신체적 특징이 오늘날의 인류와 거의 같습니다. 그래서 현생인류라고 부릅니다. 바로 이들이 토기를 제작하고 동굴에 벽화를 그렸던 후기 구석기 시대의 주역들입니다. 알타미라 동굴벽화! 그렇습니다. 당시 그들이 그린 벽화랍니다. 따라서 이들을 오늘날 우리 인류의 직계조상으로 추정하고 있는 겁니다.

이렇게 인류가 진화하는 과정에서, 진화의 가장 중요한 요인은 두 발걷기 즉 직립보행이었습니다. 두 발로 걷다 보니 두 손이 자유로워졌습니다. 그 두 손을 움직여 필요한 도구를 만들어 보았습니다. 그랬더니 무척 신기하고 재미있는 겁니다. 그렇게 두 손을 이용하여 필요한 도구를 만들고 또 그것을 사용하다 보니 자꾸 새로운 아이디어가 떠오르는 거에요.

그렇게 생각하는 사고력이 쌓이면서 인지(認知)가 발달합니다. 즉, 뇌용량이 점차 커지는 겁니다. 뇌용량이 커지자 지능이 발달하였습니다. 이런

알타미라 동굴벽화
후기 구석기 시대의 주인공인 크로마뇽인이 그린 알타미라 동굴벽화입니다.

과정 속에서 의사소통이 가능한 언어의 발달도 가져왔습니다. 지구의 인류는 이렇게 진화되었답니다.

영월에도 구석기인들이 살았을까요?

우리나라에 구석기인들이 살기 시작한 것은 지금부터 약 70만 년 전이라고 알려져 있습니다. 이를 뒷받침하는 대표적인 유적이 충북 단양의 금굴유적입니다. 이 금굴유적에서는 거친 수법의 옛 주먹도끼·양날찍개·주먹괭이 등의 석기들과 짐승화석·뼈도구 등이 출토되었습니다. 이를 통하여 사냥과 채집활동이 주된 생활이었음을 알 수 있습니다.

그렇다면 구석기인들이 사냥과 채집을 하면서 살아가는 데 가장 알맞은 환경은 어디일까요? 우선 사냥하는 데는 짐승들이 물을 먹으러 내려오는 길목이 안성맞춤일 겁니다. 그리고 물고기를 잡을 수 있는 강변이 좋을 거구요. 이 두 곳이 서로 마주치는 곳은 그야말로 환상적인 조건이 될 것입니다.

이러한 최상의 조건을 구비하고 있는 곳이 바로 강가랍니다. 그래서 구석기인들은 주로 강가에서 살았답니다. 그런데 강가에 막집을 짓고 사는 것보다 자연적으로 생성된 동굴 속이 더 편안하고 아늑할

구석기인들의 생활 상상도
구석기인들의 생활 모습을 상상하여 그린 그림입니다.

겁니다. 그리고 무엇보다 무리를 지어 이동생활을 해야 하기 때문에 동굴생활이 더 편리했을 거구요.

그럼, 자연적으로 형성된 천연동굴은 주로 어떤 지형에 많이 분포되어 있을까요? 그야 당연히 석회암 지형이죠. 그렇다면 석회암 지대로 이루어진 충북 단양·제천 그리고 강원도 영월·정선 등이 가장 좋은 조건이겠죠. 그렇습니다. 그래서 석회암 동굴이 많은 남한강 상류지역에서 구석기 시대의 유적이 많이 발견되는 것이랍니다. 이를 입증하는 유적으로는 단양의 금굴유적·수양개유적·상시리유적, 제천의 점말동굴 등이 있습니다.

따라서 제천·단양과 남한강을 따라 이어지는 영월지역도 마땅히 구석기 시대부터 사람들이 살았다고 추정할 수 있겠죠? 그렇습니다. 영월·평창 지역에서도 이미 구석기 시대의 유물이 출토되었답니다. 영월군 서면 후탄리와 옹정리에서 채집된 찍개·긁개·격지 등이 바로 그것입니다. 따라서 영월지역도 구석기 시대부터 사람들이 살았음을 알 수 있습니다.

신석기 시대는 평등사회

영월지역은 크고 작은 하천과 강물이 굽이쳐 흐르며 곳곳에 많은 퇴적지형을 만들어 놓았습니다. 이렇게 형성된 강변의 충적지대와 풍부한 수량은 농경생활을 시작한 신석기 사람들에게는 없어서는 안될 삶의 터전이었습니다. 농사를 지으려면 한 곳에 정착해야 합니다. 그리고 정착생활을 하려면 반드시 집이 필요합니다. 그래서 강가에 지은 것이 움집이랍니다.

농사를 지으려니 여러 형태의 농기구가 필요하겠죠. 그래서 그 용도에 알맞은 농기구를 만들기 위해 돌을 깨뜨려 정교하게 갈고 다듬었습니다. 이렇게 해서 농사에 필요한 돌괭이·돌삽·돌보습·돌낫·돌도끼 등의 농기구를 만들었습니다. 이를 '간석기'라 부릅니다. 즉 돌을 갈아서 정교하게 만들었다는 뜻입니다.

한편, 농사를 지은 곡식을 저장하고 조리하기 위해서는 반드시 그릇이 필요합니다. 그래서 진흙으로 그릇을 빚어 불에 구운 토기를 만들었지요. 처음에는 무늬없이 그냥 만들었습니다[이른 민무늬 토기]. 그러다가 그릇 몸체에 덧띠를 붙여보았습니다[덧무늬 토기]. 이번에는 무늬를 눌러찍었습니다[눌러찍기문 토기]. 그렇게 무늬를 새겨넣으니 더 멋있게 보이는 거예요. 그래서 다음에는 간결하고 멋있는 빗살무늬를 새겨보았습니다. 아주 멋진 작품이 완성되었습니다. 이것이 바로 신석기 시대의 대표적인 토기, 이름하여 '빗살무늬토기'랍니다. 이것은 순전히 저의 상상력을 동원한 거예요.

그런데 빗살무늬토기를 살펴보면, 밑바닥이 도토리나 달걀 모양으로 끝이 뾰쪽합니다. 왜, 그렇게 만들었을까요? 신석기 시대 사람들은 주로 강물이 범람하여 모래가 퇴적층을 이룬 강가나 바닷가에서 움집을 짓고 살았답니다. 그래서 농사도 움집 근처의 조그만 텃밭이나 강가의 퇴적층에서 작은 규모로 경작했습니다. 즉, 활동반경이 강가로 한정된 것입니다. 따라서 모래가 퇴적된 지층에서 토기를 사

빗살무늬토기와 움집
신석기 시대의 대표적인 토기인 빗살무늬토기와 서울 암사동에 복원된 움집의 모습입니다.

용할 때에는, 그냥 놓는 것보다 그릇 놓을 자리를 움푹 파고 아랫부분을 적당히 묻는 것이 더 안전하고 편리하답니다.

그렇다면, 신석기 시대 사람들은 농사를 지은 곡식으로 모든 식생활을 해결하였을까요? 그렇지 않습니다. 오히려 농사로 얻은 식량보다 사냥과 고기잡이가 더 큰 비중을 차지했답니다. 사냥은 주로 활이나 창을 사용하여 사슴이나 멧돼지 등을 잡았고, 고기잡이는 그물·작살·낚시 등을 이용하여 물고기를 잡았습니다. 물론 굴이나 조개도 채취했고요.

여기서 중요한 것은 채집경제가 생산경제로 바뀌었다는 점입니다. 즉, 구석기 시대부터 이어온 사냥과 고기잡이는 채집경제 생활이었습니다. 그것이 신석기 시대부터 농경과 목축이 시작되면서 생산경제 생활로 전환된 것입니다. 그래서 이를 '신석기혁명'이라고 부릅니다. 이는 인류문화사에 있어서 근대사회의 산업혁명에 버금가는 획기적인 사회·경제적 변화였답니다.

이렇게 농경과 정착생활을 하게 되면서 신석기 사람들은 자연의 섭리를 거스를 수 없다는 것을 깨닫게 됩니다. 그런 경험 속에서 생겨난 것이 애니미즘[정령숭배신앙]·토테미즘[토템숭배신앙]·샤머니즘[무속신앙] 그리고 영혼숭배와 조상숭배 신앙입니다.

이와 같이 신석기 인들은 혈연을 바탕으로 한 씨족사회를 이루고 그 안에서 신앙생활을 하면서 살아갔습니다. 이들은 점차 다른 씨족과 결혼[족외혼]을 통하여 보다 큰 부족사회를 이루었습니다. 하지만 서로가 다른 부족을 인정하고 지배하지 않는 가장 이상적인 평등사회였답니다. 정말 살기 좋았을 거예요. 돈이 필요없던 시절이니 얼마나 행복했을까요. 인류의 역사는 문명이 발달하면 발달할수록 피곤한 세상이 된답니다. 잔머리를 많이 굴려야 남을 이기고 살아갈 수 있으니 말이에요.

    참! 영월지역의 신석기 유적은 주로 동강 주변에 많이 분포하고 있답니다. 정선군 신동읍 덕천리 소골, 고성리 고방마을, 운치리 등이 대표적인 유적입니다. 특히 고성리 고방마을 유적에서는 빗살무늬토기 조각·숫돌·조개껍질·뼛조각 등이 발견되었습니다.

전쟁시대의 시작

> 결국 힘이 강한 자만이 살아남을 수 있는 세상으로 바뀌었답니다. 이제 평화의 시대는 가고 전쟁의 시대가 시작된 것입니다. 때마침 무기의 발달은 이를 더욱 부채질합니다.

이제는 전쟁시대입니다

신석기 시대를 이어 기원전 10세기경 즉 지금부터 약 3천 년 전부터 한반도에도 청동기 시대가 도래합니다. 물론 만주지역은 이보다 앞선 기원전 15~13세기경부터 이미 청동기 시대가 전개되었습니다.

그 동안 돌[간석기]이나 나무로 만든 도구만 사용하다가, 새로운 청동도구를 함께 사용함으로써 생산경제가 더욱 발전합니다. 그리고 그러한 청동도구를 제작하는 과정에서 전문 장인들이 등장합니다. 이른바 분업화 현상입니다. 실로 눈부신 사회·경제적 변화였습니다.

생산경제가 발달하면서 잉여생산물이 축적됩니다. 잉여생산물이 축적되자 개인의 욕구를 자극합니다. 개인의 욕구를 충족시키려면 사유재산제를 인정할 수밖에 없습니다. 그 분배과정에서 힘있는 자가 많이 소유하게 되는 것은 어쩔 수 없는 현상입니다. 이러한 과정에서 빈부격차와 계급이 발생하였고요. 바야흐로 약육강식의 시대가 도래한 겁니다.

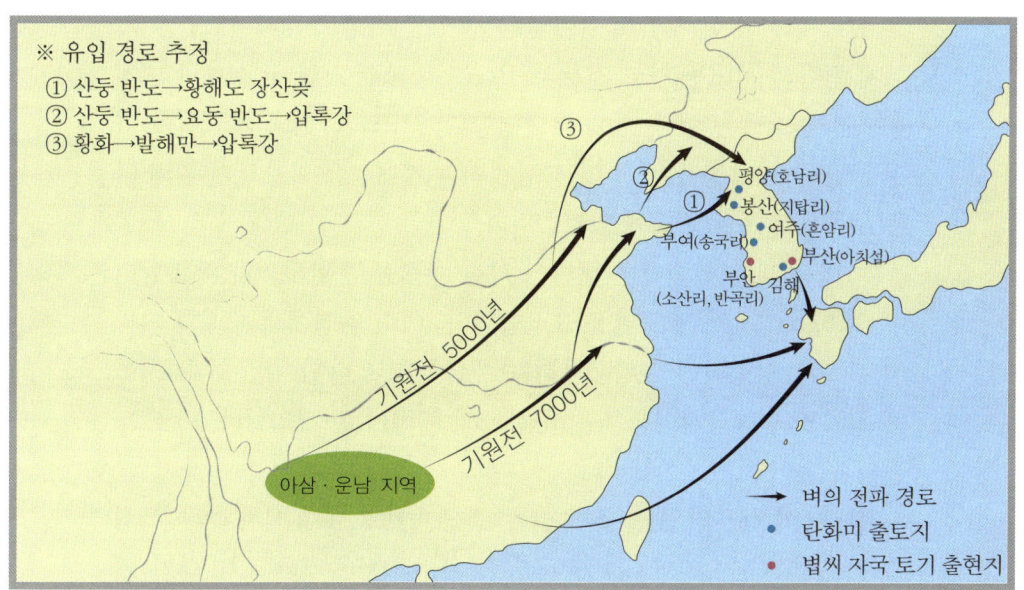

벼농사 전파 경로

결국 힘이 강한 자만이 살아남을 수 있는 세상으로 바뀌었답니다. 이제 평화의 시대는 가고 전쟁의 시대가 시작된 것입니다. 때마침 청동무기의 발달은 이를 더욱 부채질합니다. 그리하여 정치권력을 가진 군장 즉 부족장들은 더 많은 경제력과 지배권을 확보하기 위해 다른 부족을 정복할 수밖에 없었습니다.

이에 우세한 부족들은 주변의 약한 부족을 통합하거나 정복합니다. 그리고 그들에게 공납을 요구합니다. 이런 과정에서 지배와 피지배 관계가 성립되면서 평등사회는 계급사회로 바뀌어 갔습니다. 이제 정치권력과 경제력을 가진 군장들의 세상이 된 것입니다. 바로 그들의 무덤이 고인돌이랍니다.

한편, 이 때부터 오늘날 우리의 주식인 벼농사가 시작됩니다. 처음에는 일부 저습지에서 벼농사를 짓기 시작했습니다. 그러다가 기원전 1천 년경이 되면 한반도 전역에서 벼농사가 재배되었다고 그럽니다. 그런데 청동기 시대의 족장무덤인 고인돌이 주로 벼농사를 짓는 지역에서만 나타나고 있다는 사실이 대단히 흥미롭습니다.

영월지역에도 많은 고인돌이 분포하고 있습니다. 우선 동강 주변으로는 정선군 신동읍 운치리 중바닥 여울, 덕천리 소골마을, 고성리 고성분교 뒤편, 영월읍 삼옥2리 서낭당 뒤편, 방절리·석항리, 그리고 하동면 외룡리 등에 많은 고인돌이 분포하고 있답니다.

청동기 문화의 상징, 고인돌

청동기 시대의 대표적 유물인 비파형 동검은 중국의 요령성과 길림성 지방을 포함한 만주지역의 대부분과 한반도의 전역에 걸쳐 분포하고 있습니다. 이는 청동기 시대가 하나의 문화권으로 폭넓게 형성되었음을 의미하는 겁니다.

이와 같은 청동기 문화권에서 출토되는 전형적인 유물을 살펴보면, 크게 세 가지로 분류할 수 있습니다.

① 석 기 : 반달 돌칼, 바퀴날 도끼, 홈 자귀 등
② 청동기 : 비파형 동검, 거친무늬 거울, 화살촉 등
③ 토 기 : 미송리식 토기, 민무늬 토기, 붉은 간토기 등입니다.

그런데 이들 유물들은 한결같이 당시 사람들의 무덤인 고인돌[지석묘]·돌널무덤[석관묘]·돌무지무덤 등에서 출토되고 있답니다. 자, 그럼 지금부터 고인돌과 계급사회 발생의 상관관계를 하나하나 풀어가겠습니다. 먼저 고인돌의 이력서(履歷書)부터 설명하겠습니다.

고인돌은 평등사회가 청동기 시대부터 계급사회로 바뀌었음을 보여주는 아주 소중한 자료입니다. 우리나라는 고인돌의 천국이랍니다. 고인돌은 한반도 전역에 걸쳐 폭넓게 분포하고 있습니다. 그리고 그 형태도 다양합니다. 그 수를 헤아리면 전국적으로 약 10만여 기의 고인돌이 존재하고 있답니다. 그 중에서 전라도 지역에만 무려 2만여 기가 분포되어 있습니다.

고인돌은 주로 벼농사를 짓는 동북아시아 지역에 집중 분포되어 있다고 합니다. 그 동북아시아 지역에서도 단연 우리나라가 돋보입니다. 그것은 지구상에 존재하는 고인돌 중 약 80퍼센트가 우리나라에 분포되어 있기 때문이랍니다. 그래서 지난 2000년 12월, 유네스코 세계위원회에서는 우리나라의 고창·화순·강화 지역 고인돌 유적지를 세계문화유산으로 지정하였답니다. 정말 자랑스럽죠.

다음은 고인돌을 만드는 과정을 설명 드리겠습니다. 청동기 시대

에는 오늘날과 같은 중장비 기계가 없던 시절입니다. 그래서 순전히 사람의 힘에 의존할 수밖에 없었답니다. 그렇다면, 어떤 방법을 이용하여 저 거대한 고인돌을 축조하였을까요?

① 우선 굄돌[받침돌]로 사용할 돌을 적당한 크기로 자른 다음, 땅을 알맞게 판 뒤에 구덩이 속으로 끌어당겨 집어넣습니다.

② 그런 다음 굄돌을 똑바로 세우고 잔돌을 이용하여 구덩이 속을 튼튼하게 가득 채웁니다. 이런 식으로 2개 또는 4개의 굄돌을 같은 높이로 세우는 겁니다.

③ 굄돌을 단단하게 세웠으면, 굄돌 옆을 흙으로 덮어 완만하게 경사진 언덕을 만듭니다.

④ 언덕이 다 만들어지면, 경사지를 따라 수많은 장정을 동원하여 덮개돌을 끌어올립니다. 이 때 덮개돌 밑을 받칠 여러 개의 통나무 고임목을 마련하여 잘 굴러가도록 고입니다.

⑤ 이렇게 끌어올린 덮개돌을 굄돌 위에 얹어 균형이 잡히도록 잘 고정시킵니다.

⑥ 덮개돌 운반작업이 끝나면, 파묻었던 경사지 흙을 다시 파냅니다.

고인돌 만드는 과정

강화도 부근리 고인돌
덮개돌 길이 7.1m, 너비 5.5m, 두께 1.2m, 높이 2.6m, 무게 50t으로 우리나라에서 가장 큰 북방식 고인돌입니다.

이러한 과정을 거쳐 하나의 고인돌이 완성되는 것이랍니다. 참 힘 들었겠죠.

이제 마지막으로 고인돌을 축조할 때 도대체 얼마나 많은 인력을 필요로 한 것인지 한 번 계산해 보겠습니다. 여기서는 세계문화유산으로 지정되어 있는 강화도 부근리 고인돌을 실례로 들겠습니다. 이 고인돌은 우리나라에서 가장 큰 북방식 고인돌이랍니다. 덮개돌 길이 7.1미터, 너비[폭] 5.5미터, 두께 1.2미터, 무게는 자그마치 50톤 규모의 거대한 고인돌입니다. 땅에서 덮개돌까지의 높이는 2.6미터입니다.

자, 그럼 계산해 봅시다. 50톤 규모의 덮개돌을 운반하여 얹기까지는 어림잡아 장정 5백 명 정도의 힘이 필요하다고 합니다. 운반인력은 한 집 당 장정 1명씩을 부역 동원하였을 겁니다. 당시 장정 1명이 거느린 가족을 4인으로 본다면, 4인×5백 명=2천 명입니다. 만약 한 가구를 5인 가족으로 계산한다면, 5인×5백 명=2천5백 명이 됩니다. 따라서 이 부근리 고인돌의 주인공은 적어도 2천 명이 넘는 부족을 거느린 군장[족장]이었음을 추정할 수 있습니다. 이제 왜 고인돌이 계급발생과 상관관계가 있는 것인지 알 수 있겠지요. 다음은 고인돌의 생김새입니다.

생김새에 따라 이름이 달라져요

우리나라의 고인돌은 그 형태에 따라 북방식·남방식·개석식으로 구분합니다. 대체로 한강을 경계로 하여 한강 이북은 북방식, 한강 이남은 남방식이라 부릅니다. 그러나 이것이 딱 맞아떨어지는 것은 아닙니다. 예를 들어 북한에도 남방식이 존재하고, 남부지방에도 북방식이 존재하고 있으니까요.

　북방식은 보통 4개의 굄돌을 세우고 그 위에 편편하고 거대한 덮개돌을 얹어놓은 것이 전형적입니다. 또한 시신과 껴묻거리 즉 각종 부장품을 지상에 안치하는 것이 일반적입니다. 그런데 그 형태가 책상처럼 생겨서 '탁자식'이라고도 부른답니다. 이와 같은 북방식 고인돌은 주로 강화도, 황해도 은율·재령강·황주천, 평안남도 등에 많이 분포하고 있습니다.

북방식

남방식

고인돌 생김새

　남방식은 시신과 껴묻거리가 지하로 들어가고 여러 개의 굄돌이나 돌무지로 덮개돌을 받친 형태입니다. 따라서 굄돌 또는 돌무지의 높이가 매우 낮습니다. 그래서 '바둑판식'이라 부릅니다. 남방식 고인돌은 주로 남부지방에 많이 분포하는데, 특히 전라도 지역에 밀집되어 있습니다. 전라북도는 고창을 비롯한 22개 군에 1천8백여 기, 전라남도는 무려 1만 9천 기가 넘는 고인돌이 분포되어 있답니다.

　마지막으로 개석식 고인돌은 돌방 사이에 굄돌을 설치하지 않고 그냥 덮개돌만 얹어놓은 형식입니다. 따라서 가장 간편한 축조방식인데, 한반도 전역에 걸쳐 분포되어 있답니다.

한강을 지배하는 자, 한반도를 호령합니다

> 오늘날 대한민국의 번영을 상징하는 한강의 기적도, 저 도도한 한강에서 비롯되었습니다. 그러니 어찌 한강이 한반도의 심장부요, 역사의 원동력이요, 민족의 젖줄이 아니겠습니까!

민족의 젖줄, 한강

한반도의 허리를 동에서 서로 휘감아 돌며 장장 514.4킬로미터를 흘러가는 한강(漢江). 구석기인들이 처음으로 삶의 터전을 일궈낸 곳. 신석기 시대 사람들이 움집을 짓고 농경문화의 꽃을 피운 곳. 기원전 18년 온조가 남하하여 도읍을 정하고 백제를 세운 곳. 삼국항쟁 최대의 격전지. 그 곳이 바로 한강입니다.

한강은 직할하천 15개, 지방하천 12개, 준용하천 678개 등 총 705개의 크고 작은 하천을 받아들이며 유유히 서해바다로 흘러갑니다. 그리고 한강수계는 남한강과 북한강으로 나뉘어지는데, 그 길이는 남한강이 394.25킬로미터, 북한강이 325.5킬로미터입니다. 따라서 남한강이 북한강보다 68.75킬로미터가 더 길기 때문에 한강의 본류를 남한강으로 하는 겁니다.

그럼, 한강의 발원지는 어디일까요? 『세종실록』 지리지·『동국여지승람』·『택리지』·『대동지』 등 옛 문헌에는 오대산 '우통수'가 한강의 발원지라고 기록되어 있습니다. 그러나 최근에 국립지리원이 도상실측(圖上實測)한 결과, 태백시 창죽동 금대산 계곡의 '검룡소'가 한강의 발원지로 확인되었습니다.

　도상실측 결과는 이렇습니다. 오대산 우통수와 금대산 검룡소가 만나는 지점이 남한강 최상류인 강원도 정선군 북면 나전리입니다. 이 지점에서 두 곳을 실측한 결과 검룡소가 우통수보다 32킬로미터가 더 긴 것으로 확인되었습니다. 그래서 금대산 검룡소가 오대산 우통수를 젖히고 남한강의 발원지로 공인받은 것이랍니다.

　이번에는 한강의 명칭에 대해서 알아볼까요? 한사군(漢四郡) 때부터 삼국시대 초기까지는 '띠 대(帶)'·'물 수(水)'자를 써서 대수(帶水)라고 기록하였습니다. 그 뒤 「광개토대왕릉비문」에는 아리수(阿利水)라고 기록되었습니다. '언덕 아(阿)'·'이로울 리(利)'·'물 수(水)'입니다. 그리고 『삼국사기』에는 욱리하(郁利河) 또는 한수(漢水)라고 기록되어 있습니다.

　'한수'라는 명칭은 백제가 중국과 교류하면서부터 나타난 것으로 생각됩니다. 즉 중국의 영향을 받은 명칭으로 추정됩니다. 그 뒤 '물 수(水)'자 대신 '강 강(江)'자를 써서 한강(漢江)으로 불리며 오늘에 이르고 있는 겁니다. 저 개인적으로는 차라리 중국냄새가 나는 한수 '한(漢)'자 대신 나라 '한(韓)'자를 써서 한강(韓江)으로 표기했더라면 얼마나 좋았을까 하는 아쉬움이 남는답니다.

　역사적으로 보아도 한강은 분명 우리 민족의 젖줄입니다. 백제의 수도로 5백여 년의 세월을 이어온 곳도 한강 유역이었고, 조선왕조를 세운 태조 이성계가 새롭게 수도[서울]를 잡은 곳도 한강이었습니다. 그런가 하면 오늘날 대한민국의 번영을 상징하는 한강의 기적도, 저 도도한 한강에서 비롯되었습니다. 그러니 어찌 한강이 한반도의 심장부요, 역사의 원동력이요, 민족의 젖줄이 아니겠습니까!

처음에는 백제였습니다

우리나라 최초의 국가인 고조선이 한강 이북에 자리잡고 있을 때, 한강 이남에서는 진(辰)이 성장하고 있었습니다. 그 뒤 삼한(三韓)의 하나인 마한(馬韓)이 한강 유역을 중심으로 발전하였습니다. 마한은 54개 소국으로 이루어진 나라입니다. 그 54개 소국 가운데 하나가 기원전 18년에 온조가 세운 백제(百濟)였습니다.

이 때 남한강 상류에 위치한 영월지역은, 처음에 진한(辰韓) 땅이었습니다. 그 뒤 3세기 중엽에 이르면 백제의 고이왕이 한강 유역을 완전히 장악합니다. 그 때 남한강 상류의 영월지역도 백제의 영토로 편입됩니다.

한강은 지리적으로 한반도의 중앙에 위치하고 있어 수운(水運)이 편리할 뿐만 아니라 남·북을 잇는 교통의 요충지였습니다. 또한 경제적으로 풍부한 수량과 비옥한 옥토를 가지고 있어 인적·물적 자원이 풍부한 곳입니다. 따라서 한강을 장악한 나라가 삼국항쟁의 주도권을 잡았던 것은 어쩌면 당연한 결과인지도 모르겠습니다.

이러한 한강이 삼국항쟁의 격전지로 역사의 전면에 부상하게 되는 것은, 삼국이 연맹왕국체제를 벗어나 중앙집권국가로 발전하면서부터입니다. 한강 유역의 첫번째 주인은 백제였습니다. 고이왕(234~286) 때 한강 유역을 완전히 장악한 백제는, 그 여세를 몰아 4세기 중엽 근초고왕(346~375) 때에 중앙집권체제를 이룩합니다.

이 때 근초고왕은 마한의 전 지역을 정복하고, 371년에는 고구려의 평양성까지 공격하여 고국원왕을 전사시킵니다. 한편, 국력을 팽창시킨 근초고왕은 바다 건너 중국의 요서지방·산동지방 그리고 일본의 규슈지방까지 진출하여 해상국가로서의 위상을 드높입니다. 이

한강의 발원지, 검룡소
한반도의 허리를 동에서 서로 휘감아 돌며 장장 514.4km를 흘러가는 한강의 발원지, 검룡소입니다.

렇게 4세기 때의 한반도는 한강 유역을 장악한 백제가 삼국의 주도권을 잡고 활발한 대외활동을 벌이던 최고의 전성기였습니다.

그런데, 371년 고국원왕을 전시시킨 평양성전투가 두고두고 백제의 원죄가 될 줄이야 그 누가 알았겠습니까?

이번에는 고구려가 차지합니다

때의 상황이 『삼국사기』 고구려본기에는 이렇게 기록되어 있습니다.

고국원왕 41년(371) 겨울 10월, 백제왕[근초고왕]이 군사 3만 명을 거느리고 와서 평양성을 공격하니, 왕은 군사를 내어 막다가 적의 화살에 맞았다. 그 달 23일 왕이 돌아가시니 고국(故國)의 벌에 장사지냈다.

백제의 침략으로 왕까지 전사한 고구려는 국가적인 위기를 겪게 됩니다. 이 때부터 고구려는 그 원한을 갚기 위해 절치부심합니다.

그럼 여기서, 여러분들의 이해를 돕기 위해 당시 고구려의 왕위계승 순서를 알아보겠습니다. 고국원왕이 전사하자 그의 아들 소수림왕(371~384)이 즉위합니다. 소수림왕이 죽자 이번에는 그의 동생인 고국양왕(384~391)이 왕위에 오릅니다. 소수림왕은 아들이 없었습니다. 그래서 동생인 고국양왕이 왕위를 계승한 겁니다. 그 뒤 고국양왕이 돌아가시자 그의 아들 광개토대왕(391~413)이 즉위합니다.

광개토대왕은 즉위하자마자 할아버지인 고국원왕의 원수를 갚기 위해 가장 먼저 백제를 공격합니다. 당시의 상황을 『삼국사기』를 통해 알아보겠습니다.

4세기 백제의 전성기

가을 7월, 남쪽으로 백제를 쳐서 10개의 성을 빼앗았다. 겨울 10월, 백제의 관미성을 공격하여 함락시켰다. 그 성은 사면이 깎아지른 듯한 절벽이고 바닷물에 둘러싸여 있으므로, 왕은 군사를 일곱 군데로 나누어 20일을 공격한 끝에 함락시켰다.

이렇게 백제와의 싸움에서 기선을 잡은 고구려는, 이어 장수왕(413~491) 때인 427년 국내성에 있던 수도를 평양성으로 천도합니다. 이는 고구려가 한강 유역을 장악하겠다는 의지의 표현으로 짐작됩니다. 이렇게 되자 백제와 신라는 고구려의 남진정책(南進政策)에 대항하기 위하여 나제동맹(羅濟同盟)을 체결합니다.

그 뒤 장수왕은 친히 3만의 군사를 거느리고 백제를 공략합니다. 다시 『삼국사기』 고구려본기 장수왕(長壽王)편으로 가보겠습니다.

장수왕 63년(475) 가을 9월, 왕이 군사 3만 명을 거느리고 백제를 침략하여 왕도인 한성(漢城)을 함락시키고, 그 왕 부여경[개로왕]을 죽이고 남녀 8천 명을 사로잡아 돌아왔다.

이로써 고구려는 고국원왕의 사무친 원한을 갚고, 드디어 한강 유역을 차지합니다. 실로 104년 만의 앙갚음이었습니다. 이 때 고구려는 그 여세를 몰아 남한강 상류지역까지 진출합니다. 이를 뒷받침하는 것이 오늘날 충북 충주시에 세워져 있는 중원고구려비입니다.

남한강 상류지역을 점령한 고구려는 이 일대를 다스리기 위해 충주에 국원성(國原城)을 설치합니다. 그리고 이 지역을 방어하려는 전략적인 차원에서 남한강 주변에 수많은 산성을 축조합니다. 단양의 온달산성, 영월의 태화산성·대야산성·왕검성·완택산성, 정선의

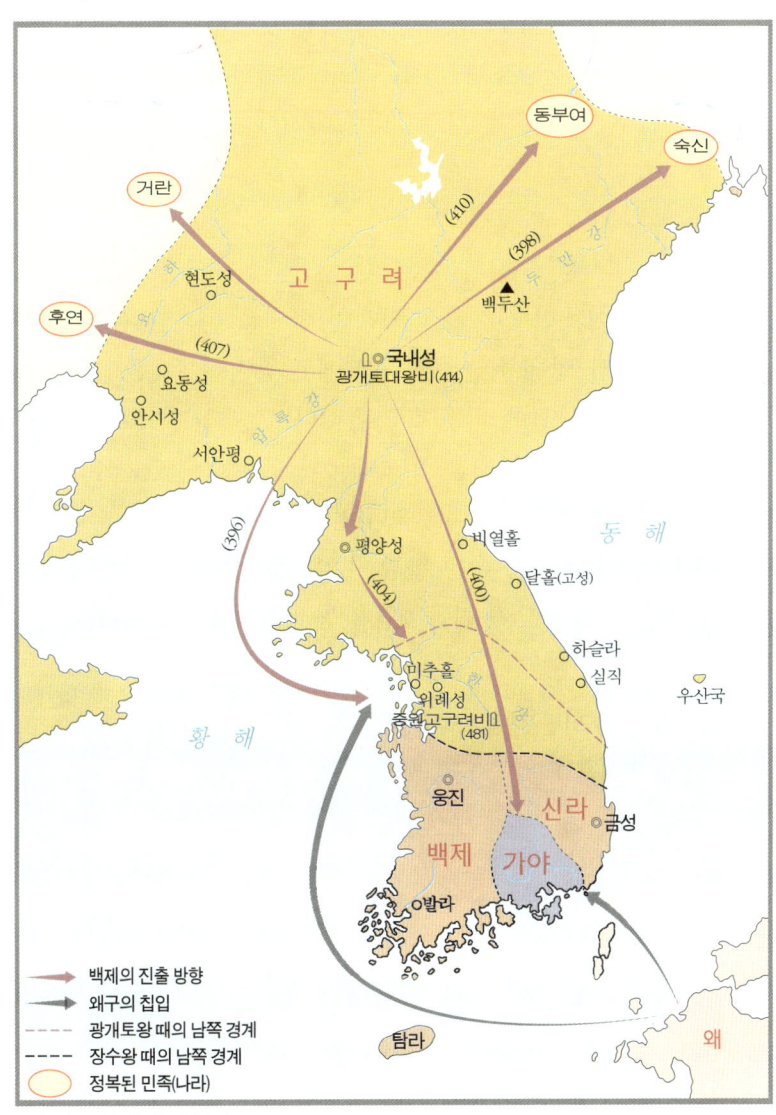

5세기 고구려의 전성기

고성산성 · 애산성 등이 그것을 뒷받침하는 것입니다.
　이렇게 5세기의 한반도는 한강 유역을 장악한 고구려가 삼국의 주도권을 잡고 최대의 영토를 자랑하며 동아시아를 호령하였습니다.

다음은 신라가 장악합니다

　6세기로 접어들면 신라가 비약적인 발전을 이룩합니다. 지증왕(500~514)과 법흥왕(514~540) 때에 중앙집권체제를 이룩한 신라는 서서히 영토확장에 박차를 가합니다. 소백산맥으로 고립되어 있는 신라가, 삼국의 주도권을 잡고 중국과 교류할 수 있는 유일한 길은 한강 유역을 장악하는 일이었습니다.
　마침내 진흥왕(540~576)은 한강 유역으로의 진출을 시도합니다. 이를 『삼국사기』 신라본기 진흥왕편을 통해 알아보겠습니다.

> 12년(551), 왕은 거칠부 등으로 하여금 고구려를 치게 하고, 승리하여 10개의 고을을 빼앗았다.
>
> 14년(553) 가을 7월, 백제의 동북 변읍을 탈취하여 신주(新州)를 설치하고, 아찬 무력(武力)을 군주로 삼았다.

　진흥왕은 551년에 고구려를 물리치고 남한강 일대의 10개 고을을 차지합니다. 이를 뒷받침하는 것이 '단양적성비'입니다. 이 때 남한강 상류에 위치한 영월지역도 신라 땅으로 편입됩니다. 이어 553년에는 백제가 회복한 한강 유역까지 일방적으로 탈취합니다. 그리고 그 곳을 다스리기 위해 신주를 설치하고 김무력(金武力)을 군주로 임

6세기 신라의 전성기

명합니다. 여기서 김무력은 우리가 잘 알고 있는 김유신의 할아버지예요.

555년 10월, 한강 유역을 장악한 진흥왕은 친히 북한산을 순행하고 한강 일대의 국경선을 확정짓습니다. 그 때 이를 기념하기 위해 세운 척경비가 바로 그 유명한 '북한산순수비'입니다. 또한 앞에서 언급한 단양적성비 역시 남한강 일대를 장악한 신라가, 그것을 기념하기 위해 세운 척경비랍니다. 이제 바야흐로 한강의 주인은 신라가 된 것입니다.

그렇게 한강 유역을 장악한 신라는 마침내 중국과 교류할 수 있는 발판을 마련합니다. 이를 바탕으로 착실히 국력을 다진 신라는 7세기에 이르러 드디어 삼국통일을 이룩합니다.

따라서 "한강을 장악한 나라가, 반드시 한반도를 지배하였다"는 사실을 역사가 증명하고 있는 셈입니다.

부처님의 마음을 깨닫습니다

"불립문자를 깨우치지 못해도, 마음만 잘 닦으면 누구나 부처가 될 수 있다"는 선종 불교는 민중들에겐 어지러운 난세에 희망의 등불이었습니다. 이는 신라의 골품제 사회를 부정하는 평등사상의 메시지였습니다.

선종과 교종

불교경전 즉 불경은 한 마디로 석가의 설법을 결집 정리한 것입니다. 이 경전에 의거하여 불교의 진리를 터득하는 종파를 교종(敎宗)이라 부릅니다. 즉 불경해석에 치중하는 교파입니다. 따라서 경전의 교리를 해석하려면 한문에 능통해야 합니다. 당시 한문을 공부한 사람은 대부분 왕족이나 귀족출신들뿐이었습니다.

신라 중대에 이르면 원효나 의상 같은 고승들에 의해 경전에 대한 주석이 가해짐으로써 불교의 사상적 이해체계가 확립됩니다. 이 때 교종의 여러 종파가 성립됩니다. 즉 보덕의 열반종, 자장의 계율종, 원효의 법성종, 의상의 화엄종, 진표의 법상종이 그것입니다. 이를 '교종 5교'라 일컫습니다. 따라서 교종은 신라 중대에 경전을 이해할 수 있는 왕실 및 중앙 진골귀족들이 신봉하였습니다.

한편, 선종(禪宗)은 불립문자(不立文字)에 의존하지 않고 개인의 실천수행을 통하여 깨달음을 추구하는 종파입니다. 즉 개인의 참선,

다시 말해서 좌선을 중시하는 교파입니다. 여기서 불립문자는 경전을 뜻하는 겁니다. 따라서 선종은 개인적인 성향이 강합니다. 그래서 신라 하대에 지방호족들이 신봉하였습니다.

이렇게 설명을 드려도 아직 교종과 선종의 구분이 어렵다고요? 자, 그럼 아주 쉽게 말씀드리겠습니다. 교종은 부처님의 말씀을 공부함으로써 깨달음을 추구하는 종파입니다. 이에 비해서 선종은 참선을 통하여 부처님의 마음을 깨닫는 종파입니다. 그래도 어렵습니까? 다시 정리할게요. '교종은 부처님의 말씀'을, '선종은 부처님의 마음'을 깨닫는 불교종파입니다. 이젠 구분이 되시죠.

부처는 내 마음속에 있소이다!

신라 중대에는 교종불교가 발달하였습니다. 그러다 보니 주로 경전의 교리를 이해할 수 있는 왕족이나 중앙 진골귀족들이 신봉했습니다. 이른바 정·교 일치가 이루어진 겁니다. 따라서 교종은 왕권강화를 뒷받침하는 사상으로 발전하였습니다.

그러나 시간이 흐르면서 중앙 진골귀족들은 사치와 향락에 빠져들고, 골품제도의 모순은 더욱 심화되어 갔습니다. 교종 역시 지나치게 교리에 얽매인 까닭에 글을 모르는 중생들은 점점 더 멀어져 갔습니다. 즉, 교종을 신봉하는 사람들은 귀족이나 부자들뿐이었습니다. 가엾은 중생들은 시주할 재산도 없었으며, 설법을 알아듣지도 못했습니다.

진성여왕 때에는 '나무아미타불!' 대신 '나무망국(南無亡國) 찰니나제(刹尼那帝)!'라고 염불할 만큼 사람들은 신라의 여왕이 망하기를 바라고 또 빌었습니다. 여기서 찰니나제는 여왕을 뜻합니다. 이 때 새로운 불교종파인 선종이 일어납니다. 선승들은 "교외별전(敎外別

傳), 견성성불(見性成佛)!"을 외치며, "우리에게는 경전이 없소. 부처님은 우리들 마음속에 있기 때문이오"라고 가르쳤습니다.

"불립문자[경전]를 깨우치지 못해도, 마음만 잘 닦으면 누구나 부처가 될 수 있다"는 선종 불교는 민중들에겐 어지러운 난세에 희망의 등불이었습니다. 이는 신라의 골품제 사회를 부정하는 평등사상의 메시지였습니다. 이 때 신라사회를 무너뜨리고 새로운 시대를 갈망하는 세력들이 각 지방에서 성장하고 있었습니다. 그들이 바로 지방호족이었습니다.

이들은 누구나 부처가 될 수 있다는 새로운 불교종파인 선종을 적극 후원합니다. 호족의 입장에서 보면, 누구나 부처가 될 수 있다는 선종의 논리는, 누구나 왕이 될 수도 있다는 희망을 의미하는 겁니다. 즉, 선종과 지방호족의 절묘한 만남인 것입니다.

그리하여 선종은 각 지방에서 독자적인 세력을 구축하려는 지방호족들의 취향과 맞물리면서 그들의 사상적 기반으로 성장해 갔습니다.

선종 9산

선종은 본래 통일 전후에 전래되었습니다. 그러나 교종의 위세에 눌려 빛을 보지 못하다가, 신라 하대에 중앙 진골귀족 사회가 분열되면서 지방세력들에 의해 크게 일어납니다.

선종은 석가모니가 영산에서 설법할 때 말없이 꽃을 들자, 제자 가섭만이 그 뜻을 알았다는 데에서 기원한 것으로 전해집니다. 그 뒤 인도에서 동쪽[중국]으로 온 달마대사가 제창하면서 유행합니다. 신라에서는 9세기 초부터 선승들에 의해 크게 일어납니다.

당시 경전을 뛰어넘어 구체적인 실천수행을 통해 각자의 마음속에 내재된 깨달음을 얻는다는 선종사상은 매우 혁신적이고 진보적인 사상으로 받아들여졌습니다. 그래서 처음에 화엄사상[교종]을 공부하던 승려들도 점차 선종으로 개종하였습니다. 또한 선종승려 중에는 지방호족 출신들이 많았습니다. 이들은 자연스럽게 지방세력들과 연결되어, 그들의 근거지를 중심으로 9개의 선종사원이 차례로 세워집니다. 이를 '선종 9산'이라고 부릅니다.

그럼, 9산선문(禪門)을 정리해 보겠습니다. 괄호 안은 창시자-절 이름-지역을 가리킵니다. 가지산파[도의-보림사-장흥]·사굴산파[범일-굴산사-강릉]·성주산파[무염-성주사-보령]·희양산파[지헌-봉암사-문경]·실상산파[홍척-실상사-남원]·봉림산파[현욱-봉림사-창원]·동리산파[혜철-태안사-곡성]·수미산파[이엄-광조사-해주], 그리고 영월의 사자산파[도윤-흥녕사-영월]가 선종 9산의 사찰입니다.

한편, 신라 말기에 선종이 유행하면서 새롭게 나타난 조형물이 승탑(僧塔)과 탑비(塔碑) 그리고 철불(鐵佛)입니다. 원래 탑은 불탑이 그 시작입니다. 불탑은 부처님의 유골인 사리를 안치한 조형물입니다. 이에 비해서 승탑은 고승들의 사리를 봉안한 조형물을 일컫습니다. 더 간단하게 설명드리면, 불탑은 '부처님[석가의 묘'이고, 승탑은 '고승의 묘'입니다. 그리고 스님의 일대기를 기록한 비석이 탑비입니다.

철불은 철로 만든 불상인데, 주로 비로자나불을 조성하였습니다. 그런데 철불의 모습이 매우 거칠고 도전적이라 생동하는 힘을 엿볼 수 있습니다. 이는 당시의 시대분위기가 지방호족들에 의해 그대로 반영된 것으로 짐작됩니다.

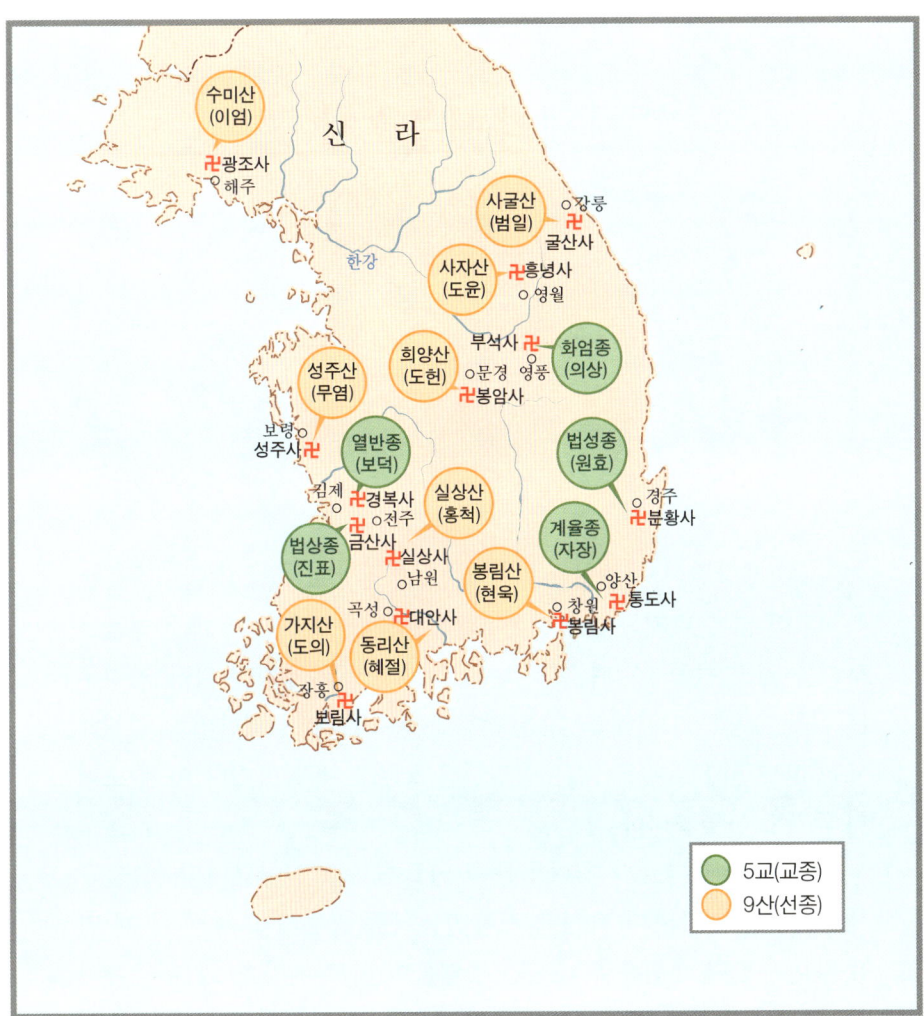

통일신라의 5교 9산

난세의 영웅호걸

> 지방호족들이 군웅할거하면서 또다시 한반도는 전쟁의 소용돌이에 휩싸입니다. 그들이 이합집산을 거듭하는 과정에서 난세를 이끌어갈 영웅호걸들이 등장합니다. 그들이 바로 견훤과 궁예 그리고 왕건입니다.

다시 분열되는 한반도

왕위쟁탈전이 치열하게 벌어지는 속에서도 중앙 진골귀족들은 더 넓은 토지를 소유하기 위해 혈안이 됩니다. 이에 농민들은 토지를 잃고 몰락합니다. 사치와 향락으로 국가재정이 바닥난 정부는 이를 보충하기 위해 더 많은 세금을 독촉합니다. 때마침 자연재해도 잇따르면서 토지를 잃은 농민들은 노비로 전락하거나 아예 도적이 되기도 하였습니다.

9세기 말에 이르자 참다못한 농민들이 들고일어납니다. 그들은 세금납부를 거부하며 각처에서 농민봉기를 일으켰습니다. 이 때 민들을 아우르며 세력을 확대시킨 주역들이 바로 지방호족들이었습니다. 그들은 스스로를 성주·장군이라 칭하면서, 자신의 근거지에 성을 쌓고 군대를 보유하는 등 반독립적인 세력을 구축합니다.

이렇게 지방호족들이 군웅할거하면서 또다시 한반도는 전쟁의 소용돌이에 휩싸입니다. 그들이 이합집산을 거듭하는 과정에서 난세를 이끌어갈 영웅호걸들이 등장합니다. 그들이 바로 견훤(甄萱)과 궁예

신라 말 농민봉기와 호족세력

(弓裔) 그리고 왕건(王建)입니다.

견훤은 경상도 상주지방의 호족집안에서 태어났습니다. 그는 신라 서남지역의 방위군 장군으로 나아가 전라도 지역의 호족세력을 아우르며 지금의 전주인 완산주에서 후백제를 세웁니다(900). 그 이듬해 (901), 신라 왕족출신인 궁예도 철원에 터를 잡고 후고구려를 건국합니다. 이제 신라는 경주를 중심으로 한 경상도 지역의 조그마한 나라로 전락하고 말았습니다. 바야흐로 후삼국 시대가 도래한 겁니다.

이 책에서는 영월의 세달사에서 야망을 키운 궁예를 중심으로 이야기를 전개하겠습니다. 궁예에 관한 기록은 『삼국사기』 열전 궁예 편을 참조하였습니다.

영월로 숨어든 궁예

궁예는 신라 헌안왕 또는 경문왕의 아들입니다. 아무튼 그는 5월 5일 외가에서 태어납니다. 그 때 지붕 위로 하얀 빛깔의 무지개가 하늘로 뻗쳐 올랐습니다. 이에 천문을 관측하는 일관이 아뢰기를 "이 아이가 단오날 태어났고 날 때부터 치아가 있으며 또 이상한 빛이 있었으므로 장차 나라에 이롭지 못할까 염려되오니 기르지 않는 것이 좋겠습니다"라고 간하였습니다. 이에 왕은 내관에게 아이를 죽이라고 하였습니다.

왕명을 받은 사자가 포대기 속의 아이를 죽이려고 다락 밑으로 던졌습니다. 이 때 유모가 몰래 아이를 받다 그만 손가락으로 한쪽 눈을 찔러 눈이 멀었습니다. 유모는 궁예를 안고 도망가서 온갖 고생을 하며 길렀습니다. 유모는 궁예가 10살이 되자 출생비밀을 알려주었습니다. 자신의 출생비밀을 알게 된 궁예는 비장한 각오를 하고 강원도 영월에 있는 세달사를 찾아갑니다.

세달사에서 머리를 깎고 중이 된 궁예는 스스로 선종(善宗)이라는 법명을 지었습니다. 그는 참선과 무술을 연마하며 세달사에서 청년 시절을 보냅니다. 이렇게 궁예는 자신의 꿈과 야망을 키우는 은신처로서 영월의 세달사를 선택한 것입니다. 그런데 세달사의 위치에 관하여 학계에서는 아직도 의견이 분분하답니다. 즉 경기도 개풍, 경상도 영주, 강원도 영월 등으로 그 주장을 달리하고 있습니다.

그러나 저는 강원도 영월의 흥교사터를 세달사라고 보는 주장에 자신있게 동의합니다. 이를 뒷받침하는 사료를 연대순으로 살펴보겠습니다. 먼저 강원도 영월에 있는 법흥사 징효대사보인탑비의 비문입니다. 비문에는 "세달촌주 내생군(世達村主 奈生郡)"이라는 글자가 새겨져 있습니다. 이는 영월의 옛 지명인 내생군에 세달촌이 있었다는 것으로, '세달촌'에서 절이름이 유래했다고 보는 견해입니다[이도학 주장]. 이 탑비는 고려 혜종 때인 944년에 세운 것으로 궁예의 생존 연대와 가장 가까운 기록입니다.

다음은 『삼국사기』 열전의 기록입니다.

> 궁예는… 세달사로 가서, 지금의 흥교사이다. 머리를 깎고 승려가 되어 스스로 이름을 선종이라 하였다.[弓裔… 便去世達寺 之興敎寺是也 祝髮爲僧 自號 善宗]

『삼국사기』는 고려 인종 때인 1145년에 편찬되었습니다. 김부식 등이 이 책을 편찬할 당시에는 세달사가 이미 흥교사로 바뀌었음을 알 수 있습니다.

또한, 1285년에 편찬된 일연의 『삼국유사』에도 이렇게 기록되어 있습니다.

옛날 서라벌이 서울이었을 때, 세달사[지금의 흥교사이다]의 장원[농장]이 명주 내리군(㮈李郡)에 있었다. 지리지를 살펴보면, 명주에 내리군은 없고 다만 내성군(㮈城郡)이 있는데, 본래는 내생군(㮈生郡)으로 지금의 영월(寧越)이다.

이 기록에서도 신라 말기의 세달사가 고려시대에는 흥교사로 불려지고 있었음을 알 수 있습니다. 또한 이미 영월이란 지명이 사용되고 있음도 엿볼 수 있습니다.

한편, 조선시대의 인문지리서인 『신증동국여지승람』에도 "태화산(太華山)의 서쪽인 소백산에 고려시대의 대사찰인 흥교사(興敎寺)가 있었다"는 기록이 보입니다. 이런 여러가지 기록이 세달사가 영월에 있었음을 입증하고 있는 것입니다.

오늘날 영월군 영월읍 흥월 2리에 있는 흥월분교 주변이 바로 세달사[흥교사]가 있었던 터입니다. 지난 1984년 높이 6.5센티미터, 둘레 2.5센티미터의 석가여래입상이 발굴되었습니다. 그리고 두 마리의 용이 구름 속을 노닐며 서로 마주보고 있는 암막새와 연꽃무늬가 선명한 수막새도 발굴되었습니다. 이를 통하여 절의 규모가 대단히 크고 화려했음을 짐작할 수 있답니다.

세달사를 떠나 세상 밖으로

궁예가 영월의 세달사에서 야망을 키우고 있을 때였습니다. 하루는 명복을 비는 재(齋)를 올리러 가는데 까마귀가 무언가를 물어다 바리때에 떨어뜨리는 것입니다. 그것을 살펴보니 상아로 만

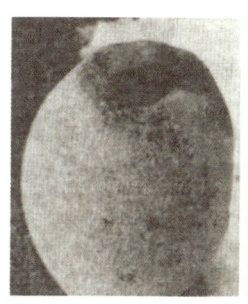  

세달사터에서 발굴된 기와
궁예가 수도했던 세달사터에서 발굴된 암막새와 수막새로 용무늬와 연꽃무늬가 선명합니다. 왼쪽 하단 사진은 흥교사터에서 발굴된 승탑입니다.

든 막대기에 임금 '왕(王)'자가 새겨진 부적이었습니다. 이를 비밀에 부치고 발설하지 않았으나 내심 자부심이 생기는 것이었습니다.

드디어 신라 사회가 말세에 이르자 자신의 뜻을 펴기 위해 세달사를 떠나 세상 밖으로 나왔습니다. 궁예가 가장 먼저 찾아간 곳은 지금의 안성인 죽주의 기훤(箕萱)이었습니다. 그러나 기훤은 오만하고 무례하여 자신이 기댈 인물이 아니었습니다. 실망한 궁예는 다시 지금의 원주 일대인 북원(北原)의 양길(梁吉)을 찾아가 의탁합니다.

북원경(北原京)은 통일신라시대의 지방 행정구역인 5소경의 하나입니다. 신라는 삼국을 통일하고 민족융합을 꾀하기 위해 옛 고구려 땅에 3개 주, 옛 백제땅에 3개 주, 나머지 신라땅에 3개 주씩 모두 9주(九州)를 설치하였습니다. 그리고 소백산맥 너머 군사·행정상의 요충지에 5소경(五小京)을 설치합니다.

5소경은 서울인 경주[금성]가 지나치게 동남쪽에 치우쳐 있는 취약성을 보완하고, 각 지방의 균형있는 발전을 위하여 설치한 행정구역입니다. 이른바 '작은 서울'이란 뜻입니다. 그만큼 북원경은 정치적·군사적으로 아주 중요한 전략적 요충지였습니다.

양길은 궁예를 대우하여 군사를 나누어주고 동쪽을 공략하도록 임무를 맡겼습니다. 이에 궁예는 치악산의 석남사에 진(陣)을 치고 주천·내성[영월]·울오[평창]·어진[진부] 등을 습격하여 항복을 받았습니다. 2년 뒤에는 3천5백 명의 군사를 이끌고 명주[강릉]까지 진출합니다. 실로 놀라운 전과였습니다.

이 때 궁예는 병졸들과 더불어 생활하며 생사고락을 같이하였습니다. 모든 일은 공과 사를 엄격히 구분하여 공평하게 처리하였습니다. 이로써 부하들은 마음속으로 두려워하면서도 그를 사랑하여 장군으로 추대하였습니다. 민심을 얻은 궁예는 저족·생천·부약·금

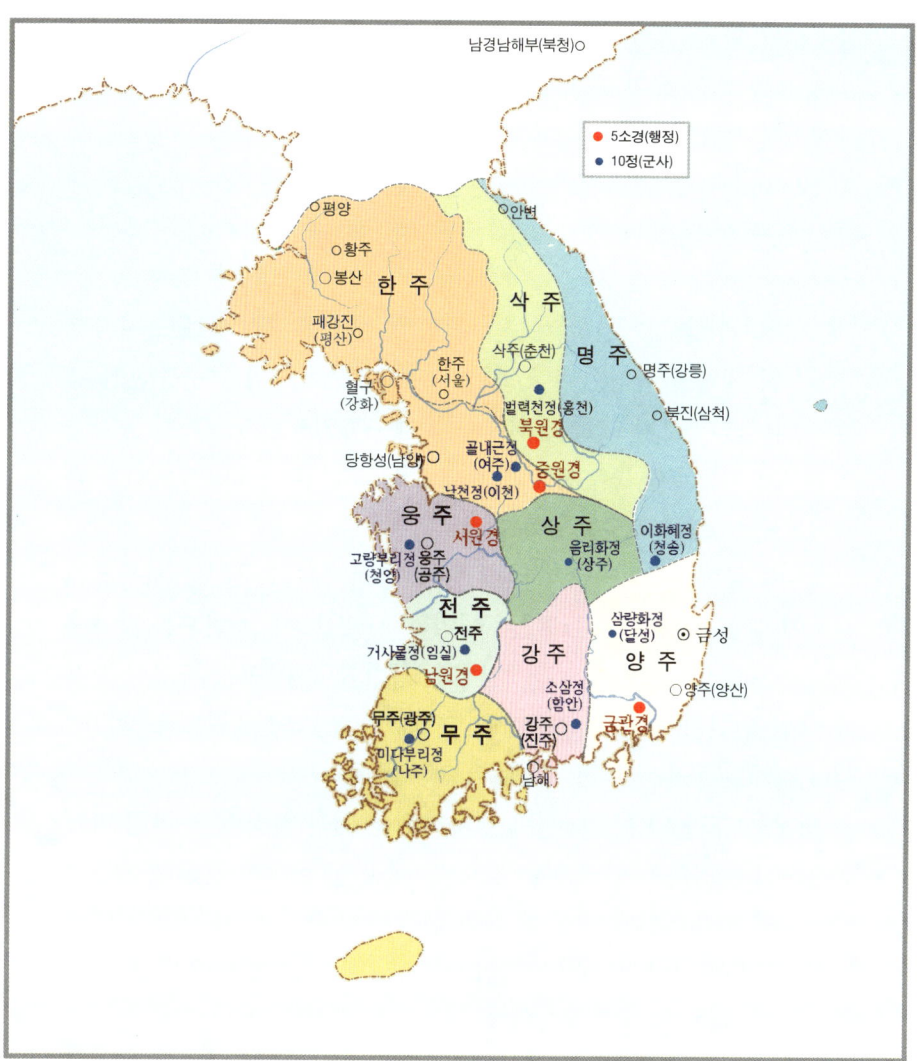

통일신라의 9주 5소경

성·철원 등을 함락시키고 중부지방 일대를 장악합니다. 바야흐로 그의 야심에 찬 꿈이 이루어지는 순간입니다. 그러나 궁예의 비극은 이제부터 시작입니다.

짐은 미륵불의 화신이오!

부지방을 장악한 궁예는 이어서 예성강 유역의 황해도 지역까지 세력을 확장합니다. 이 때 송악[개성]지방의 호족출신인 왕건이 의탁하여 오자 그를 철원태수에 제수하였습니다. 그 뒤 양길마저 무너뜨림으로써 중부지방의 패자로 군림합니다. 드디어 901년, 송악에 도읍을 정하고 후고구려를 건국합니다.

이 때 궁예는 "지난날 신라가 당에 청병하여 고구려를 쳐부쉈기 때문에 도읍인 평양이 쑥대밭이 되었다. 내 반드시 그 원수를 갚아주겠다"고 하면서 고구려의 후계자임을 자처합니다. 이는 자신의 신라에 대한 원한과 철저한 복수심을 숨김없이 드러낸 표현으로 생각됩니다.

하루는 그가 영주 부석사에 행차하였을 때의 일입니다. 마침 벽에 신라왕의 초상화가 걸려 있는 겁니다. 이를 본 궁예는 칼을 뽑아들고 무자비하게 내려쳤습니다. 그만큼 신라에 대한 원한이 사무쳐 있었습니다. 또한 궁예는 신라를 멸도(滅道)라 부르고, 신라에서 오는 자는 모두 죽일 만큼 냉혹했습니다.

한편, 궁예는 자신을 '미륵불(彌勒佛)의 화신'으로 자처하였습니다. 미륵불은 도솔천에 살며, 먼 미래에 나타나 석가가 미처 이끌지 못한 중생들을 구제한다는 미래부처(未來佛)입니다. 기독교에서 말하는 메시아(Messiah, 구세주)와 같은 뜻입니다. 당시 민중들은 새로운 세상을 갈망하고 있었습니다. 궁예는 이러한 백성들의 심리까지도 교묘히 이용할 줄 알았습니다.

  그러나 이러한 과대망상증이 결국 궁예의 발목을 잡는 비극의 씨앗이 되고 말았답니다. 당시 궁예의 과대망상증이 얼마나 심각했는지는 아래의 기록을 통하여 알 수 있습니다.

> 궁예는 자칭 미륵불이라 하고, 머리에 금색 고깔을 쓰고 몸에 방포(方袍)를 걸치고, 맏아들은 청광보살(青光菩薩), 막내아들은 신광보살(神光菩薩)이라 하였다. 외출할 때에는 반드시 백마를 타고 채색비단으로 말갈기와 꼬리를 장식하고 동남동녀를 시켜 깃발·일산·향화를 받들고 앞에서 인도하게 하고, 또 승려 2백여 명을 시켜 범패(梵唄 ; 불교찬가)를 부르면서 뒤를 따르게 하였다.
>   또 자신이 불경 20여 권을 저술하였는데, 그 말이 요망하여 다 신뢰하지 못할 내용이었다. 때로는 단정히 앉아 불설을 강론하였는데, 이를 듣고 석총(釋聰) 스님이 말하기를 "다 사설괴담(邪說怪談)으로 훈계가 될 수 없다"고 하였다. 궁예가 이를 듣고는 분노하여 철퇴로 내리쳐 죽였다.

  그런가 하면 시간이 지날수록 사람들을 믿지 못하는 피해망상증에 시달렸습니다. 이른바 관심법(觀心法)이 그것인데, 그 증세가 얼마나 심각했던지 강씨(康氏)부인마저도 직언할 정도였습니다. 궁예가 비법[관심법]을 이용하여 지나칠 정도로 많은 사람을 죽이자, 하루는 강씨부인이 정색을 하고 이를 자제토록 간하였습니다. 그러자 화가 치민 궁예가 이렇게 말하는 것이었습니다.

  궁예 : "너는 왜 딴 남자와 간통을 하는 것이냐!"
  강씨 : "어찌 그런 일이 있을 수 있겠습니까."

궁예 : "내가 신통술[관심법]을 써서 다 보았느니라!"

라고 하면서, 뜨거운 불에 달군 철퇴로 음부를 찔러 죽였습니다. 그리고 그가 낳은 두 아들마저도 함께 죽였습니다. 이것이 스스로 판 무덤인 줄 궁예만이 모르고 있었습니다. 이제 민심은 궁예로부터 완전히 떠나버렸습니다. 드디어 918년 6월, 참다못한 신하들은 궁예를 몰아내고 왕건을 새로운 군주로 추대합니다.

후백제의 견훤, 후고구려의 궁예, 고려 태조 왕건, 그들은 분명 난세의 영웅호걸이었습니다. 그러나 견훤은 용(勇)과 지는 겸비했으나 덕이 없었고, 궁예는 지(智)는 출중하였으나 용과 덕이 부족하였으며, 최후의 승자 왕건에게는 그들이 갖지 못한 덕(德)을 겸비함으로써 난세의 주인공이 될 수 있었습니다. 결국 민심은 덕치주의를 선택한 것입니다.

오늘날 대한민국의 정치인들이 역사의 교훈으로 삼아야 할 주요한 덕목임에 틀림없습니다. 그런데 과연 그들이 덕치를 교훈으로 삼을까요? 하도 속아서 이젠 "글쎄올시다!" 이랍니다.

석탑의 나라 1

> 감은사지 3층 석탑은 국운상승의 힘을 상징하는 장중한 멋을 담아냈으나, 이상과 현실을 조화시킨 엄정한 멋과 정제된 아름다움을 담아내진 못했습니다. 이제 그 같은 세련된 멋스러움은 다음 세기인 8세기의 몫으로 넘겨집니다.

탑은 부처님의 무덤이래요

우리나라의 산하에는 어디를 가든 아름다운 절집이 자리잡고 있습니다. 그리고 절마당으로 들어서면 석탑이 제일 먼저 눈에 띕니다. 그런데 대부분의 관람객들은 탑을 불교의 상징물로만 볼 뿐이지, '석가의 묘'라는 것은 미처 생각하지 못하는 것 같습니다. 탑은 부처님의 묘랍니다.

그럼, 탑은 어떻게 만들어졌을까요? 부처님이 열반[입적]에 드셨습니다. 당연히 장례를 치러야 되겠죠. 이 때 화장(火葬)을 하였습니다. 불교에서는 화장을 다비(茶毘)라고 부릅니다. 즉, 주검을 불에 태운다는 뜻입니다. 다비식이 끝나면 사리(舍利, Sarira=유골)를 수습합니다. 이제 마지막으로 수습한 사리를 모실 무덤을 만들어야 되겠지요. 그 무덤이 바로 탑(Stupa=塔婆)이랍니다.

그 때 부처님의 사리를 여덟 부족국가들이 분배하여 각각 봉안하였다고 전해집니다. 처음에는 흙이나 벽돌로 탑 즉 무덤을 쌓아올렸으나 차츰 돌로도 만들게 되었습니다. 현존하는 가장 대표적인 탑으로는 인도의 산치(Sanchi)탑이 있습니다.

　부처님이 입적하시고 나자 신도들은 부처님의 사리가 안치된 탑을 추모의 대상으로 삼아 예배하고 공양하였습니다. 그만큼 부처의 진신사리를 모신 탑은 불교에서 중요한 숭배의 대상이었습니다.

　처음 탑을 만들 때에는 부처님의 유골을 봉안하면 되기 때문에 외형을 아주 간단하게 만들었습니다. 먼저 둥근 모양으로 기단을 만들고, 그 위에 사발을 엎어놓은 듯한 모습으로 탑을 쌓아올렸습니다. 그러다가 후대로 내려오면서 탑을 장엄하게 하기 위하여 난간을 만들기도 하고 사방에 문을 세우기도 하였습니다.

　그랬던 것이 간다라 지방에 이르면 기단부가 몇 층으로 높아지고 각 면마다 불상을 조각하는 수준까지 발달합니다. 그것이 중국이나 우리나라에 오면 지금 우리가 보는 것처럼 매우 정돈되고 아름다운 모습으로 바뀌게 됩니다.

　한편, 불교가 전래되면서 탑을 쌓는 재료도 그 나라의 실정에 맞

부처님 진신사리
강원도 오대산 상원사 문수동자상 안에서 발견된 부처님의 진신사리입니다. 이 사리는 643년 자장율사가 중국에서 가져온 것으로 전해지고 있답니다.

인도의 산치탑
인도 중부에 있는 불교유적으로 현존하는 가장 오래된 불탑의 하나입니다.

게끔 대체됩니다. 중국은 흙으로 구워 만든 벽돌을 사용하여 전탑(塼塔) 즉 벽돌로 만든 탑을 쌓았습니다. 우리나라는 화강암이 지천에 깔린 나라답게 돌을 다듬어 아름다운 석탑(石塔)을 만들었습니다. 그리고 해양성 기후인 일본은 나무가 잘 자라는 특성을 살려, 주로 목탑(木塔)을 건립하였습니다. 물론 처음에는 중국이나 우리나라도 나무로 만든 목탑이 많았습니다.

탑 속에는 사리만 있을까요?

불교는 어떤 경로를 통하여 우리나라에 전래되었을까요? 불교의 발생지는 인도입니다. 인도에서 출발한 불교는 간다라 지방을 경유합니다. 그 뒤 중앙아시아를 거쳐 중국으로 전래됩니다. 그 때가 1세기인 후한(後漢) 명제(明帝) 재위시절입니다. 그리고 중국에서 경전이 한역되고 불상과 탑도 새로운 형태로 조성됩니다. 이런 과정을 거친 다음 고구려 소수림왕 때인 372년 우리나라에 전래되었습니다.

그런데 불경과 불상은 사람에 의해서 직접 전달이 가능하지만, 탑은 직접 가져올 수가 없었을 겁니다. 따라서 탑은 간접적인 방법을 통하여 전래되었을 것으로 짐작됩니다. 예컨대 탑에 안치할 부처님의 사리는 직접 가져오고, 탑은 우리가 정성껏 만들 수밖에 없었을 것이에요.

그럼, 우리나라에는 언제 사리가 들어왔을까요? 이를 알아보기 위해서 『삼국유사』의 기록을 살펴보겠습니다.

진흥왕 때인 대청(大淸) 3년 기사년(549)에 양나라 사신 심호(沈湖)가 약간의 사리를 가져왔고, 선덕여왕 때인 정관(貞觀) 17년 계묘년(643)에 자장법사가 부처의 두개골, 부처의 어금니, 부처의 사리 100개, 부처가 입었던 자줏빛 비단에 금색 점이 있는 가사(袈裟) 한 벌을 가져왔다.

이를 보면 적어도 진흥왕 때인 549년에는 사리가 전래되었음을 알 수 있습니다. 그러나 4세기 후반 불교가 전래된 직후부터 사찰과 탑이 건립된 것으로 보아 그 때 이미 사리가 전래되었을 것으로 추정됩니다.

그런데 우리나라는 인도에서 너무 멀리 떨어져 있기 때문에 부처님의 진신사리(眞身舍利)를 구한다는 것은 하늘에서 별을 따는 것만큼이나 어려웠을 겁니다. 따라서 탑을 만들 때마다 부처님의 사리를 봉안할 수가 없었습니다. 그래서 생각해낸 것이 법신사리(法身舍利)를 봉안하는 것이었습니다. 법신사리는 불교경전, 부처님의 유품 또는 금은보화로 만든 귀중한 불구(佛具) 등을 일컫는 말로 진신사리와 똑같이 취급하였습니다.

따라서 불경, 금은보화로 만든 사리소탑, 불상, 옥장식, 거울, 장신구 같은 법신사리를 진신사리 대신 탑 속에 안치하였답니다. 따라서 탑 속에는 부처님의 진신사리가 거의 없답니다.

목탑이 석탑으로 바뀝니다

불교가 전래된 4세기 후반부터 6세기 후반까지 약 2백 년 동안은 중국의 영향을 받아 주로 목탑이 건립되었습니다. 이는 고구려의 평양 청암리 절터, 백제의 부여 군수리·부소산 절터, 신라의 황룡사 절터 등에서 발굴된 목탑터를 통하여 알 수 있답니다. 그 대표적인 예가 황룡사 9층 목탑입니다.

이와 같은 목조 건축술은 삼국 중에서 백제가 가장 뛰어났습니다. 이는 신라가 황룡사 9층 목탑을 세울 때 백제의 건축가인 아비지를 초청한 것이나, 일본 최초의 사원인 아스카사의 목탑을 백제의 건축가들이 건너가 세운 것으로도 알 수 있습니다.

이렇게 축적된 백제의 목탑기술은 마침내 새로운 석탑의 탄생을 가져옵니다. 그것이 바로 익산 미륵사지 석탑입니다. 이 석탑은 백제 무왕(600~641) 때에 건립한 것으로 국력을 총동원한 대역사(大役事)였습니다. 그래서 석탑이 처음으로 만들어진 시기를 7세기 초로 추정하는 겁니다.

익산 미륵사지 석탑은 목탑의 세부양식을 그대로 모방하여, 탑의 부재들을 목재(木材)에서 석재(石材)로 대체시킨 가장 오래된 석탑입니다. 이와 같이 목탑양식을 모방한 미륵사지 석탑이 좀더 간소화된 형태로 나타난 것이 부여 정림사지 5층 석탑입니다. 즉, 미륵사지 석탑이 복잡한 목탑양식을 충실하게 적용시킨 석탑이라면, 정림사지 5층 석탑은 이를 간소화하고 부드럽게 변형시켜 석탑으로서의 완성도를 한 단계 높인 석탑입니다. 정말 우아하고 아름다운 석탑입니다.

한편, 신라의 석탑은 백제와는 달리 전탑 즉 벽돌탑을 모방합니다. 다시 말해 백제가 목탑을 변형시켜 석탑을 완성시켰다면, 신라는 전탑을 모방하여 석탑으로 전환시킨 것입니다. 신라에서 가장 오래된 석탑은 분황사 모전석탑입니다. 분황사 석탑은 전탑양식을 충실히 따랐으나, 그 재료는 분명 벽돌이 아닌 석재를 사용하였습니다. 그래서 돌을 벽돌모양으로 다듬어 쌓았다고 하여 '모전석탑'이라고 부릅니다. 즉 전탑을 모방한 석탑이라는 뜻입니다.

그것이 좀더 완성된 형태로 나타난 것이 경북 의성군 탑리 5층 석탑입니다. 이 탑은 기단·몸돌·지붕돌의 경사면은 백제의 목탑양식

황룡사 9층 목탑
황룡사 9층 목탑을 복원한 모형도입니다.

익산 미륵사지 석탑
국보 제11호. 목탑의 세부양식을 그대로 모방하여, 탑의 부재들을 목재에서 석재로 대체시킨 가장 오래된 석탑입니다.

분황사 모전 석탑
국보 제30호. 신라에서 가장 오래된 석탑으로 돌을 벽돌모양으로 다듬어 쌓았다고 하여 '모전석탑'이라고 부릅니다. 즉 전탑을 모방한 석탑이라는 뜻입니다.

을 따랐고, 지붕돌의 층급받침[서까래]은 신라 전탑양식을 갖추고 있습니다. 따라서 의성군 탑리 5층 석탑은 백제와 신라의 석탑양식이 처음으로 융합하는 과도기적 모습을 보여주고 있답니다.

이렇게 삼국은 각기 나름대로의 독특한 양식을 가지고 발전하였습니다. 676년, 드디어 신라가 삼국을 통일합니다. 이제 분단과 전쟁의 시대는 가고 평화의 시대가 찾아왔습니다. 삼국통일을 이룩한 바탕에는 부처님의 공덕이 컸다고 생각했습니다. 따라서 신라는 통일된 국력을 바탕으로 불국토의 이상향을 건설합니다.

위대한 3층 석탑의 탄생

삼국통일을 이룩한 신라는 강력한 전제왕권의 확립과 국력의 결집을 위해서 사찰건립에 힘을 기울입니다. 682년, 문무왕을 기리기 위한 감은사(感恩寺)를 창건합니다. 이 곳에 통일국가를 이룩한 강력한 힘을 상징하는 탑이 세워집니다. 그것이 바로 감은사 동·서 3층 석탑입니다. 이 탑은 삼국통일과 함께 백제와 신라의 각기 다른 석탑양식을 하나로 융합시켜 한국 석탑의 전형을 제시한 것입니다. 실로 위대한 3층 석탑의 탄생이었습니다.

기단을 이중으로 높게 만들어 안정감을 주고, 1층 몸돌을 훤칠하게 함으로써 상승감을 유도하였습니다. 높이가 13미터로 장중한 외관과 함께 안정감과 상승감이 조화와 균형을 이루는 웅장한 3층 석탑입니다. 이는 삼국통일의 강건한 사회적 기풍과 국운상승의 힘을 함축적으로 담아낸 대표적인 조형예술입니다. 고선사지 3층 석탑도 이와 같은 시기에 축조된 대표적인 3층 석탑이랍니다.

그러나 감은사지 3층 석탑은 국운상승의 힘을 상징하는 장중한

정림사지 5층 석탑
국보 제9호. 목탑양식을 모방한 미륵사지 석탑이 좀더 간소화된 형태로 나타난 것이 부여 정림사지 5층 석탑입니다.

의성 탑리 5층 석탑
국보 제77호. 경북 의성군 탑리에 있는 5층 석탑으로 백제와 신라의 석탑양식이 처음으로 융합하는 과도기적 모습을 보여줍니다.

멋은 담아냈으나, 이상과 현실을 조화시킨 엄정한 멋과 정제된 아름다움을 담아내진 못했습니다. 이제 그 같은 세련된 멋스러움은 다음 세기인 8세기의 몫으로 넘겨집니다.

8세기에 이르면 통일신라의 문화가 절정에 달합니다. 이를 뒷받침하는 것이 석굴암과 불국사입니다. 7세기 후반에 탄생된 감은사지 3층 석탑의 원형은 8세기 중엽(751)에 이르러 불국사 3층 석탑[석가탑]에서 완벽한 정제미와 조형미를 갖추게 됨으로써 완성됩니다. 인간의 힘으로는 더 이상 완벽을 기할 수 없을 만큼 최고의 경지에 이른 겁니다. 이렇게 하여 '이중기단 위에 3층 석탑'이라는 통일신라 석탑의 전형(典型)을 완성시킨 것입니다. 오직 한국에만 존재하는 위대한 3층 석탑은 그렇게 탄생하였답니다.

그러나 달도 차면 기우는 법, 신라 하대에 이르면 중앙 진골귀족들이 사치와 향락에 빠져들고 사회기강이 무너지면서 정치력과 경제력이 지방으로 분산됩니다. 이른바 지방호족들에 의한 지방분권 시대가 도래한 겁니다. 이 때 선종이 유행합니다. 이러한 시대적 분위기에 발맞추어 3층 석탑도 새로운 모습으로 나타납니다. 그 시작이 바로 강원도 양양의 진전사지 3층 석탑입니다.

진전사는 우리나라 선종의 시조인 도의선사가 서울인 경주를 떠나 심산유곡인 설악산으로 찾아들어 선종의 씨앗을 뿌린 선찰입니다. 그가 바로 선종 9산을 처음으로 개창한 가지산파의 창건 조사(祖師)였습니다.

이렇게 선종과 관련하여 나타난 신라 하대의 석탑은 규모가 작아지고, 기단과 몸돌에 불상을 돋을새김[양각]하는 새로운 양식이 나타납니다. 규모가 작아 아담하게 보이고 불상 등을 예쁘게 조각하는 기교미(技巧美)가 넘칩니다. 이제 석가탑의 엄정한 맛은 사라지고 호족

감은사 지 동·서 3층 석탑
국보 제112호. 삼국통일과 함께 백제와 신라의 각기 다른 석탑양식을 하나로 융합시켜 한국 석탑의 전형을 제시한 3층 석탑입니다. 장중한 외형에서 삼국통일의 힘을 느낄 수 있답니다.

불국사 3층 석탑
국보 제21호. 2중 기단 위에 3층 석탑이라는 통일신라의 석탑전형을 완성시킨 위대한 3층 석탑입니다. 일명 '석가탑'이라 부릅니다.

진전사지 3층 석탑
국보 제122호. 선종과 관련되어 나타난 신라 하대의 석탑으로, 규모가 작아지고 기단과 몸돌에 불상을 돋을새김하는 새로운 양식이 나타납니다

들의 취향에 어울리는 아담한 멋이 창출된 것입니다. 그러나 그 전체적인 윤곽은 석가탑의 전형을 그대로 따르고 있습니다.

지금까지 한국 석탑의 전형이 어떻게 변천되어 왔는가를 시대순으로 정리해 보았습니다. 그럼, 당시 신라에는 얼마나 많은 절집과 탑이 세워져 있었을까요? 『삼국유사』에는 이렇게 기록되어 있답니다.

절들은 별처럼 늘어서 있고, 탑들은 기러기가 날아가 듯 줄지어 솟아 있었다.[寺寺星張 塔塔鴈行]

석탑의 나라 2

국사교과서에 나오는 탑이건, 불상이건 간에 그 이름을 짓는 데는 나름대로의 공식이 있답니다. 따라서 그 공식을 이해하면 굳이 달달 외울 필요가 없답니다. 즉 암기가 아닌 이해를 통하여 적용시키는 방법을 알아야 한다는 뜻입니다.

고려는 다양성의 시대였습니다

고려시대로 내려오면 통일신라의 전형적인 3층 석탑양식이 점차 쇠퇴합니다. 그러면서 각 지방마다 독자적인 특색이 다양하게 나타납니다. 이는 지방의 토착세력들에 의해 탑이 건립되면서 일률적인 규범보다는 나름대로의 특징이 반영된 결과입니다. 이른바 지방문화의 토착화 현상이 나타난 것입니다.

따라서 서울인 개경지역은 주로 5층 내지 7층탑이 주류를 이루었고, 부여를 중심으로 한 옛 백제지역은 정림사지 5층 석탑을 닮은 석탑들이 유행하였습니다. 그런가 하면 옛 신라지역은 석가탑을 닮은 탑들이 만들어졌습니다.

그리고 시대가 내려오면서 6각·8각 등의 다각형 석탑과 5층·7층·9층·10층·13층 등 다양한 높이의 석탑들이 세워졌습니다. 실로 자유분방한 개성이 마음껏 구사된 시대였습니다. 그 중에 대표적인 석탑으로는 월정사 8각9층 석탑과 경천사지 10층 석탑을 들 수 있습니다. 특히 라마불교의 영향을 받은 경천사지 10층 석탑은 조선초기 원각사지 10층 석탑으로 이어집니다.

한편, 조선시대로 넘어가면 불교미술이 더욱더 위축됩니다. 유교[성리학]를 국가의 통치이념으로 채택한 조선사회에서 불교는 그 명맥만 유지할 수밖에 없었습니다. 특히, 임진왜란 이후에는 거의 새로운 사찰을 건립하지 못하였기 때문에 석탑을 세운다는 것은 상상하기도 힘들었답니다.

탑 이름은 어떻게 지을까요?

국사시간에 문화사를 공부하다 보면, 탑이름이 꼭 나옵니다. 특히, 중간·기말 고사 때 시험범위 안에 석탑이 포함되는 날이면 학생들은 무조건 그 긴 탑이름을 달달 외우고 나서 시험을 치릅니다. 예를 들어 "현존하는 가장 오래된 석탑은?" 하면, 정답은 "익산 미륵사지 석탑!" 이런 식으로 말입니다.

그런데 시험이 끝나고 나면 열심히 외웠던 탑이름이 머릿속에서 싹 달아나는 것을 누구나 한 번쯤은 경험했을 것입니다. 국사선생님이라면 당연히 이야기하는 것이겠지만, 국사과목은 절대 암기과목이 아니라는 사실을 망각했기 때문입니다.

국사교과서에 나오는 탑이건, 불상이건 간에 그 이름을 짓는 데는 나름대로의 공식이 있답니다. 따라서 그 공식을 이해하면 굳이 달달 외울 필요가 없답니다. 즉 암기가 아닌 이해를 통하여 적용시키는 방법을 알아야 한다는 뜻입니다.

자! 그럼, 탑이름을 짓는 공식부터 알아볼까요? 먼저 탑이 위치하고 있는 행정구역의 지명을 맨 앞에 놓습니다. 다음으로 그 탑이 실존하고 있는 절이름을 배치합니다. 그런 다음 탑이 몇 층인가를 확인

월정사 8각9층 석탑
국보 제48호. 강원도 오대산 월정사에 있는 석탑으로 고려 시대 다각다층 석탑을 대표하는 장엄한 탑입니다.

합니다. 그리고 탑을 만든 재료가 무엇인지를 확인하여 마지막으로 이어 붙이면 탑이름이 완성됩니다. 이를 공식으로 정리하면 다음과 같습니다.

① 지역 이름+② 절[절터]이름+③ 층수[특징]+④ 탑의 재료=탑 이름

그러나 워낙 유명한 탑일 때에는 맨 앞의 지역이름을 생략하는 경우가 많습니다. 예를 들어 '경주 불국사 3층 석탑'은 대한민국 사람이라면 모르는 사람이 없습니다. 그래서 지역이름인 경주를 빼고 '불국사 3층 석탑'이라고 부릅니다. 그런데 이 탑은 다보탑과 더불어 워낙 유명세를 타다 보니 이것도 모자라 그냥 '석가탑'이라고 부르는 경우가 더 많답니다. 그러니까 ① 지역이름은 붙여도 되고 빼도 되는 겁니다. 물론 공식적으로 사용할 때에는 붙여야 정상이겠죠.

그리고 ② 절이름은 현재 그 절이 없어지고 절터만 남아 있을 경우 절 이름 뒤에 '터 지(址)'자를 붙입니다. 그런데 한자보다 한글로 붙이고 싶으면 '터'자를 붙이면 되는 겁니다. 예를 들어 '감은사지(感恩寺址)'를 '감은사터'라고 부르면 됩니다.

③ 층수[특징]에서 특징을 집어넣는 경우는 매우 드물답니다. 통일신라시대에 만들어진 화엄사 4사자 3층 석탑 같은 경우가 그 좋은 예입니다. 이 석탑은 사자 네 마리가 1층 몸돌을 바치고 있는 특이한 구조를 갖고 있습니다. 그래서 여느 탑에서 볼 수 없는 특징을 고려하여 층수 앞에 4사자를 집어넣은 겁니다. 그런데 탑이 훼손되어서 층수를 알 수 없는 경우도 있답니다. 이럴 때는 층수를 빼고 이름을 짓습니다. 익산 미륵사지 석탑과 분황사 모전석탑 같은 경우가 이에 해

화엄사 4사자 3층 석탑
국보 제35호. 사자 네 마리가 1층 몸돌을 바치고 있는 특이한 구조로 통일신라시대에 만들어진 이형석탑입니다.

당합니다.

④ 탑의 재료는 간단합니다. 나무로 만들었으면 목탑, 돌을 다듬어 쌓았으면 석탑, 벽돌을 사용하였으면 전탑입니다. 한 가지 주의할 점은 돌을 벽돌모양으로 깎아쌓은 것은 '모전석탑'이라고 부른답니다.

그런데, 아예 절터가 없거나 또는 절터를 알 수 없는 경우가 종종 있습니다. 이런 경우 그 탑이 세워져 있는 지역이름을 맨 앞에 놓고 층수와 재료를 이어 붙이면 되는 겁니다. 예를 들어 우리가 제1부에서 답사하였던 주천리 3층 석탑이나 무릉리 3층 석탑 같은 경우가 이에 해당됩니다.

이제 공식을 이해하시겠죠. 그럼 이를 적용시켜 보겠습니다.

구 분	① 지역이름	② 절이름	③ 층수[특징]	④ 탑의 재료
백제시대	부여	정림사지	5층	석탑
신라시대	경주	분황사		모전석탑
통일신라	경주	불국사	3층	석탑
고려시대	평창	월정사	8각9층	석탑
조선시대	서울	원각사지	10층	석탑

석탑 감상하기

석탑을 감상하려면 먼저 석탑의 구조와 세부명칭을 알아야 합니다. 탑의 구조는 크게 기단부·탑신부·상륜부로 구성되어 있습니다. 기단부(基壇部)는 탑의 기초가 되는 부분입니다. 우선 맨 밑바닥에 넓적한 판석을 깔은 것이 지대석입니다. 그리고 지대석 위에 얹어놓은 것이 기단석입니다. 기단석이 이중일 때는 아래를 하대석, 위를 상대석이라고 부릅니다. 그런데 하대석과 상대석에 기둥을 조각한 것이 보일 겁니다. 이 때 모서리 기둥을 우주, 가운데 기둥을 탱주라고 부릅니다.

그리고 하대석과 상대석은 그 위를 넓적한 갑석으로 마무리하였습니다. 그런데 탑을 제대로 이해하지 못하는 분들은 이 갑석을 지붕돌로 착각하고 층수를 셈합니다. 그렇게 셈을 하다가 보니 3층탑이 4층탑으로 둔갑하는 겁니다. 층수를 따질 때 가장 조심할 부분이 바로 상대갑석이랍니다. 갑석을 자세히 보면 서까래 같은 처마의 모습이 보이지 않습니다. 분명 지붕돌과 큰 차이가 난다는 것을 알 수 있습니다. 탑의 층수는 지붕돌의 숫자만 가지고 셈하는 겁니다.

탑신부(塔身部)는 몸돌[탑신]과 지붕돌[옥개석]을 합친 부분입니다. 주로 3·5·7·9·11·13·15층 등 거의 대부분 홀수로 구성되어 있습니다. 몸돌에는 기둥을 나타내는 우주가 조각되어 있습니다. 그리고 지붕돌에는 위쪽은 낙수면, 아래쪽은 목조건축의 서까래를 나타내는 층급받침을 4단 또는 5단으로 조성하였습니다. 특히 지붕돌의 처마 끝을 하늘로 살짝 반전시킨 것은 우리나라 전통 한옥건축의 아름다움을 극대화시킨 백미입니다.

상륜부(相輪部)는 탑의 맨 꼭대기 부분을 총칭합니다. 사각형의 노반 위에 둥근 복발과 앙화를 얹고 그 위에 찰주를 세웠습니다. 이 찰주에 보륜·보개·수연·용차·보주를 차례로 장식하였습니다. 찰주(刹柱)는 탑꼭대기에 세우는 장대를 말합니다. 그런데 상륜부를 구성하는 용어가 너무 많고 어렵지요. 걱정하지 마세요. 전문가가 아닌 이상 굳이 외울 필요가 없답니다. 그냥 상륜부라고 부르면 그만입니다. 그리고 실제로 현존하는 탑에서 상륜부가 온전히 남아 있는 경우는 매우 드물답니다.

이상으로 석탑의 구조와 세부명칭을 알아보았습니다. 그렇다면 어떤 식으로 시대를 구분할까요? 우선 현존하고 있는 삼국시대의 석탑은 몇 개밖에 안된답니다. 백제는 앞에서 언급한 익산 미륵사지 석탑과 부여 정림사지 5층 석탑이 전부입니다. 신라는 분황사 모전석탑과 의성군 탑리 5층 석탑 정도입니다. 굳이 외울 필요 없잖아요. 고구려는 현존하는 탑이 아예 없고요.

통일신라시대는 많습니다. 그러나 걱정할 필요가 하나도 없어요. 앞에서 다 말씀드렸잖아요. 감은사지 3층 석탑에서 시작하여 불국사 3층 석탑[석가탑]에 이르러 '이중기단 위에 3층 석탑'의 전형이 완성되었다고요. 이것이 진전사지 3층 석탑으로 이어졌고요. 따라서 탑이 이중기단 위에 3층으로 되어 있으면, "아! 저거, 통일신라시대의 석탑!" 하면 틀림없습니다. 간단히 해결되었죠.

문제는 고려시대입니다. 저마다 제멋에 겨워 각기 다른 모습을 하고 있기 때문이지요. 따라서 고려시대에는 일정한 양식이 따로 없답니다. 한마디로 자유분방 그 자체입니다. 한 가지 공통된 현상은 대부분의 탑들이 5층 이상의 다층(多層)석탑으로 구성되어 있다는 점입니다.

그런데 이런 경우가 가끔 있습니다. 분명 '이중기단 위에 3층 석탑'으로 통일신라시대의 석탑양식인데, 어딘지 모르게 그 조성수법이나 조형감각이 좀 시골틱하게 보일 때가 있을 겁니다. 이럴 때는 고려시대에 만들어진 석탑으로 분류하시면 거의 틀림없답니다. 그만큼 고려시대에는 3층 석탑의 조형미가 쇠퇴합니다. 예를 들어 영월군 주천면에 있는 주천리 3층 석탑과 무릉리 3층 석탑 같은 경우가 그 좋

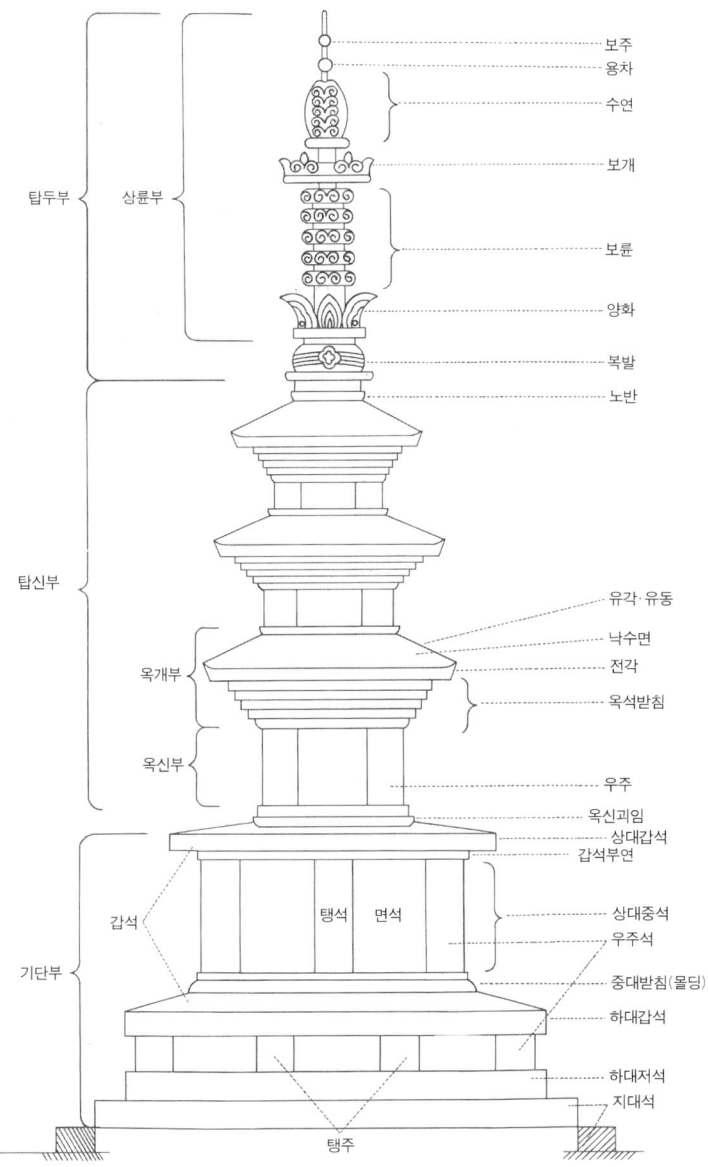

석탑의 세부 명칭

은 예입니다.

    그러니까, 삼국시대와 통일신라시대의 석탑을 제외한 나머지는 고려시대나 조선시대의 탑으로 보면 거의 틀림없답니다. 이젠 감(感)이 잡히시죠.

승탑은 고승들의 묘

승탑은 스님의 묘이기 때문에 부처님과 동격일 수가 없답니다. 그래서 사찰의 진입로나 뒤켠의 한갓진 곳에 설치하였습니다. 제법 사찰의 규모가 큰 경우에는 여러 개의 승탑이 한 곳에 모여 있습니다. 이를 '부도밭'이라고 부릅니다.

답사의 길라잡이

우리가 문화유산을 답사하다 보면 다양한 형태의 탑들을 자주 만나게 됩니다. 이럴 때 탑을 제대로 알지 못하면 난감한 일을 당하기가 아주 십상입니다. 특히 어린 자녀들을 데리고 가족여행을 떠났을 때 이런 일을 당하면 참으로 황당할 겁니다. 아이들은 호기심이 많아 툭하면 부모님께 어려운 질문을 해대니까요.

그래서 답사할 때는 반드시 전문가이드가 필요하답니다. 하지만 그런 기회를 잡아 가족여행을 떠난다는 것이 그렇게 말처럼 쉽지가 않습니다. 그럴 때 가장 좋은 방법이 책을 통한 지식의 습득입니다. 이제 걱정하지 마십시오. 바로 이 책을 읽고 또 직접 가지고 다니시며 아이들과 함께 읽고, 맞춰보고, 비교해 보면 아주 유익하고 재미있는 답사여행이 될 것입니다.

앞에서 언급하였듯이 탑은 부처님의 묘랍니다. 그런데 우리가 알고 있는 탑과 그 형태가 전혀 다른 탑들도 종종 만나게 됩니다. 이른바 승탑[부도]이 그것입니다. 어떤 건 종을 뒤집어놓은 것 같은 탑도 보이고, 탑은 탑인데 지붕돌이 하나만 있는 것도 보일 겁니다. 자, 그럼 지금부터 그것들을 하나하나 풀어가겠습니다.

승탑은 스님의 묘입니다

목탑과 전탑을 포함한 석탑이 부처님의 묘라면, 승탑은 고승들의 묘입니다. 석탑이건 승탑이건 둘 다 탑이랍니다. 그럼 석탑과 승탑은 어떻게 구분할까요? 부처님이 열반[입적]에 들자 숭배할 대상이 사라졌습니다. 이에 부처님을 대신하여 부처님의 유골을 안치한 탑[무덤]을 예배의 대상으로 삼았습니다. 따라서 불상이 새로 만들어지기 전까지는 탑이 가장 중요한 예배대상이었습니다.

그 뒤 서기 1세기에서 2세기 초에 부처님을 형상화시킨 불상이 나타납니다. 따라서 기원전 약 5백 년 동안은 불상이 없는 무불상(無佛像)시대였습니다. 하지만 불상이 출현하자 상황이 달라집니다. 이제 예배대상의 중심 축이 탑에서 불상으로 이동하게 된 겁니다.

이 때부터 사찰의 중앙에 불상을 모신 금당[법당]이 자리잡았고, 탑은 그 앞쪽에 위치하게 되었습니다. 물론 둘 다 그 격의 차이를 따질 수 없을 만큼 아주 중요한 예배대상입니다. 그래서 불상과 탑을 사찰의 중심부에 자리잡게 한 것입니다.

하지만 승탑은 스님의 묘이기 때문에 부처님과 동격일 수가 없답니다. 그래서 사찰의 진입로나 뒤켠의 한갓진 곳에 설치하였습니다. 제법 사찰의 규모가 큰 경우에는 여러 개의 승탑이 한 곳에 모여 있습니다. 이를 '부도밭[浮圖田]'이라고 부릅니다.

탑과 승탑은 그 형태도 다릅니다. 탑이 대부분 3층 이상의 다층인데 비해 승탑은 8각의 단층이거나 아니면 종형(鐘形)을 이루고 있습니다.

월정사 부도밭
강원도 오대산 월정사에 있는 부도밭입니다. 부도란 스님들의 사리나 유물을 안치한 탑을 가리킵니다. 승탑의 모습이 마치 종을 닮았다고 하여 '석종형' 승탑이라고 부릅니다.

승탑의 탄생

그럼, 우리나라에는 언제부터 승탑이 나타났을까요? 『삼국유사』에는 백제의 혜현(惠現), 신라의 원광(圓光)·혜숙(惠宿) 스님의 부도가 있었다고 기록되어 있습니다. 그러나 이들의 승탑[부도]이 현재 어디에 있는지 아직도 그 소재와 형태가 밝혀지지 않았습니다.

그 뒤 신라 하대인 9세기에 이르면 선종이 크게 유행하면서 처음으로 승탑이 나타납니다. 선종(禪宗)은 불립문자[경전을 뜻함]에 의존하지 않고 개인의 실천수행을 통하여 깨달음을 얻는 불교종파입니다. 따라서 개인적인 성향이 무척 강하게 표출되었습니다. 즉 참선수행을 통하여 깨달음을 얻은 선승들은 이제 부처님과 다를 바가 없다고 본 것입니다.

그러다 보니 9산 선문(禪門)마다 창건조사(祖師)를 따로 숭배하는 새로운 풍조가 생겨났습니다. 그래서 각 선종사찰마다 창건조사의 유골[사리]을 모신 승탑과 그의 일대기를 적은 탑비가 세워집니다. 실로 엄청난 사상적·문화적 변혁이었습니다.

현재 우리나라에 현존하고 있는 승탑 중에서 가장 오래된 것이 진전사지 승탑입니다. 학계에서는 이를 선종의 시조인 도의(道義) 선사의 승탑으로 보는 데 대체로 동의하고 있습니다. 아무튼 처음 승탑을 만들다 보니 일정한 양식이 따로 없었습니다. 그래서 석탑모양의 이중기단을 만들고, 그 위에 8각의 몸돌과 지붕돌을 얹어놓았습니다.

이것이 도의선사 제자인 염거화상의 승탑에 이르면 하나의 모범적인 전형(典型)으로 완성됩니다. 석탑양식을 따랐던 이중기단은 장구를 옆으로 세워놓은 것처럼 생긴 연꽃받침대로 대체되고, 지붕돌

진전사지 승탑
보물 제439호. 강원도 양양 진전사지 승탑입니다. 석탑모양으로 이중기단을 만들고, 그 위에 8각의 몸돌과 지붕돌을 얹어 놓았습니다. 미술사학계에서는 이를 도의선사의 승탑으로 추정하고 있답니다.

은 기왓골과 서까래를 정교하게 조각하는 형태로 바뀝니다. 즉, 기단·몸돌·지붕돌이 모두 8각형으로 전환된 것입니다. 이를 8각원당형(八角圓堂形)이라 부릅니다.

염거화상 승탑에서 완성된 8각원당형의 기본양식은 이후 고려 초기까지 유행합니다. 그리고 기단이나 몸돌에 불·보살·신장(神將)·비천(飛天)·사자상 등을 섬세하게 조각함으로써 석조미술의 아름다움을 아낌없이 보여줍니다. 이와 같은 승탑으로는 대안사 적인선사 승탑, 쌍봉사 철감선사 승탑, 보림사 보조선사 승탑, 실상사 수철화상 승탑, 봉암사 지증대사 승탑, 연곡사지 동부도 등이 유명합니다.

하지만 고려 초에 이르면 규모가 커지고 섬세한 조각술이 단순화되는 경향을 보입니다. 또한 지붕돌에 새겼던 기왓골과 서까래 같은 목조건축의 아름다움이 사라짐으로써 둔중하게 보입니다. 이와 같은 현상은 영월의 법흥사 징효대사 승탑과 적멸보궁 승탑 등에서 볼 수 있습니다.

그런가 하면 법천사 지광국사 현묘탑처럼 석탑을 닮은 승탑도 등장합니다. 그런데 이 승탑은 섬세한 조각술이 어찌나 아름다운지 절로 감탄이 나옵니다. 정말 대단한 걸작입니다. 이렇게 고려시대 전반까지는 나름대로 승탑의 아름다운 조형미를 유지하고 있었습니다.

그러나 고려 후기에 이르러 성리학이 전래되면서 승탑의 구조가 바뀌게 됩니다. 이른바 석종형(石鐘形) 승탑이 나타난 겁니다. 그 형태가 종을 닮았다고 하여 부르는 명칭이랍니다. 즉, 승탑의 구조가 간략하게 축소됨으로써 몸체만 있는 형태로 변한 것입니다. 이 석종형 승탑은 고려 말부터 조선시대까지 계속 이어졌습니다.

염거화상 승탑
국보 제104호. 기단부가 장구를 옆으로 세워놓은 것 같은 연꽃받침대로 대체되고, 지붕돌이 기왓골과 서까래를 정교하게 조각하는 형태로 바뀌어 기단·몸돌·지붕돌이 모두 8각형으로 전환된 모습입니다. 이를 8각원당형이라고 부릅니다.

법천사 지광국사 현묘탑
국보 제101호. 석탑을 빼어 닮은 고려시대의 승탑으로 정교하고 섬세한 조각술이 화려하기 이를 데 없습니다.

석종형 승탑에서는 서민적인 친밀감을 느낄 수 있습니다. 그러나 저 위대한 신라 하대의 섬세하고 정교하고 우아하고 아담한 멋은 이제 더 이상 찾을 수가 없게 되었답니다. 참으로 애석하기 짝이 없습니다.

불상을 알면 절집이 보입니다

[불상도 다 똑같은 불상이 아니랍니다. 불상에도 불격(佛格)이 있습니다. 즉 급수가 있다는 뜻입니다. 그 격에 따라 불타·보살·명왕·천부·나한 등으로 구분합니다.]

알렉산더와 불상의 출현

간다라 불상 서양의 그리스 조각미술이 간다라 지방에 전파됨으로써 서기 1세기에 비로소 부처의 신상을 조각한 불상이 출현합니다. 따라서 곱슬머리의 서구적인 얼굴에 옷주름이 많은 법의를 걸친 간다라 불상이 나타난 겁니다.

부처님이 입적하신 뒤 약 5백 년 동안은 무불상(無佛像) 시대였습니다. 그래서 부처의 사리 즉 유골을 모신 불탑[무덤]이 예배대상이었습니다. 기원전 334년 마케도니아의 알렉산더 대왕은 동방원정을 단행합니다. 그는 잇소스전투에서 페르시아군을 물리치고 중앙아시아를 거쳐 서북 인도의 간다라 지방까지 정복합니다. 실로 엄청난 유럽·아시아·아프리카에 걸친 대제국 건설이었습니다.

이렇게 해서 동양문화와 서양문화가 하나로 융합된 헬레니즘 문화가 나타났습니다. 이 때 서양의 그리스 조각미술이 간다라 지방까지 전파됨으로써 사람을 조각하는 석조미술이 유행하게 됩니다. 이를 간다라 미술이라고 부릅니다. 이를 바탕으로 서기 1세기에 비로소 부처의 신상(神像)을 조각한 불상이 출현합니다. 그래서 곱슬머리의 서구적인 얼굴에 옷주름이 많은 법의(法衣)를 걸친 간다라 불상이 나타난 겁니다.

한편, 거의 같은 시기에 인도 북부의 마투라 지방에서도 동양적인 얼굴에 착 달라붙는 옷을 걸친 불상이 출현합니다. 이 같은 불상들이 중국을 거쳐 우리나라에 전달됨으로써 불상조형에 커다란 영향을 주었습니다.

불상을 알면 절집이 보입니다

불상에 관한 모든 것을 설명하려면 책 한 권을 써도 모자랍니다. 그래서 여기서는 답사에 꼭 필요한 부분만 선별해서 설명드리겠습니다. 우리가 답사여행을 하다 보면 반드시 절을 들르게 됩니다. 우리나라 문화재의 약 80퍼센트 정도가 불교와 관련되어 있기 때문이랍니다.

그런데 막상 사찰에 들어서면 뭐가 뭔지 모르는 경우가 대부분일 겁니다. 전문가가 아닌 이상 어쩌면 그건 당연한 겁니다. 그러다 보니 경내만 한바퀴 휙하고 둘러보고 그냥 나가는 경우가 다반사입니다. 그러면 안되겠죠.

우선 사찰을 이해하려면 불상을 알아야 합니다. 그래야 절집이 보입니다. 왜냐고요? 어떤 불상을 모셨느냐에 따라 전각의 이름이 달라지니까요. 예를 들어 석가여래를 모신 집은 대웅전, 아미타여래를 모신 집은 극락전 또는 무량수전, 지장보살을 모시면 명부전 또는 지장전이 됩니다. 왜 전각의 이름이 다른 것인지, 이제 좀 감이 잡히시죠.

그래서 아는 만큼 보이고, 보이는 만큼 느낄 수 있는 겁니다. 세상의 이치가 다 이와 같답니다. 이제 공부합시다. 모르면 뒤떨어지는 지식정보화시대랍니다.

불상도 급수가 있어요

불상도 다 똑같은 불상이 아니랍니다. 불상에도 불격(佛格)이 있습니다. 즉 급수가 있다는 뜻입니다. 그 격에 따라 불타·보살·명왕·천부·나한 등으로 구분합니다. 벌써부터 머리가 지끈지끈 아파 오죠. 걱정하지 마세요. 꼭 필요한 것만 설명 드릴게요.

불타(佛陀)는 법의 진리를 깨달아 중생을 교화하고 이끌어주는 성자(聖者 ; 깨달은 자)를 가리킵니다. 이를 불(佛) 또는 여래(如來)라고 부릅니다. 불타에는 석가모니불·아미타불·비로자나불·약사불·미륵불 등이 있습니다. 그 가운데 어느 불(佛)을 모셨느냐에 따라 전각의 이름이 달라집니다.

석가모니불을 모시면 대웅전(大雄殿)·대웅보전(大雄寶殿)이라 하는데, 또다른 별칭으로 각황전(覺皇殿)·영산전(靈山殿)·팔상전(捌相殿)이라고도 부릅니다. 아미타여래를 모시면 극락전(極樂殿) 또는 무량수전(無量壽殿)이라 부릅니다. 비로자나불을 모시면 비로전(毘盧殿)이라 부르는데, 별칭으로 대적광전·대광명전·화엄전이라고도 부릅니다. 약사여래를 모시면 약사전(藥師殿), 미륵불을 모시면 미륵전(彌勒殿)입니다.

보살(菩薩)은 부처를 도와 자비를 베풀고 중생을 교화하면서 성불(成佛)하기 위해 깨달음을 얻으려 노력하는 중생입니다. 보살에는 미륵보살·문수보살·보현보살·대세지보살·관음보살·지장보살

등 많은 보살이 있답니다. 보살은 인도의 귀족처럼 머리에 보관을 쓰고 천의를 걸쳤으며 각종 장식을 화려하게 치장한 모습입니다. 관음보살을 모시면 관음전(觀音殿), 지장보살을 모시면 명부전(冥府殿) 또는 시왕전(十王殿)·지장전(地藏殿)이라 부릅니다.

나한(羅漢)은 수행을 통하여 깨달음을 얻어 모든 사람들로부터 공양을 받을 만한 공덕을 갖춘 성자를 말합니다. 나한을 응진(應眞)이라고도 부릅니다. 간단히 말해서 부처님의 제자들입니다. 따라서 16나한이나 5백나한을 모신 전각을 나한전·응진전이라 부른답니다.

그밖에 부처님의 진신사리를 모신 전각을 적멸보궁(寂滅寶宮), 진신사리를 안치한 단을 금강계단이라 부릅니다. 또한 그 절을 창건한 고승대덕을 모시면 조사당(祖師堂)입니다. 그리고 산신을 모시면 산신각, 칠성을 모시면 칠성각, 칠성·독성·산신을 함께 모시면 삼성각이 됩니다.

불상 구분하기

부처가 갖추어야 할 신체적 특징을 구분하면 크게는 32가지, 작게는 80가지나 됩니다. 이 많은 신체적 특징을 갖고 있는 불상을 구분하기란 정말 대단한 노력없이는 불가능합니다. 따라서 이 책에서는 간단하게 구분할 수 있는 방법만 설명 드리겠습니다.

먼저 부처님[불타]과 보살을 구분하는 가장 쉬운 방법은 보관(寶冠)의 있고 없음입니다. 부처님은 나발형 머리를 하고 있기 때문에 보관 즉 모자가 없습니다. 하지만 보살은 대부분 화려한 보관을 쓰고 있습니다. 두번째로 부처가 간소한 법의(法衣)를 걸친 데 반해, 보살은 복잡한 천의(天衣)를 걸치고 목걸이·팔찌 같은 장식을 화려하게 치장

부석사 무량수전
국보 제18호. 무량수전은 서방 극락정토를 주재하는 아미타여래를 모신 전각입니다.

하고 있습니다.

다음은 보살의 구분입니다. 타원형 원 안에 부처님이 새겨진 보관을 쓰고 있으면 관음보살, 감로주병이 새겨진 보관을 쓰고 있으면 대세지보살, 11개의 부처님이 보관에 새겨져 있으면 십일면관음보살입니다. 한편 머리 양쪽을 어린 아이처럼 묶고 있으면 문수동자, 흰 코끼리를 타고 있으면 보현보살입니다.

하지만 지장보살은 머리에 보관을 쓰지 않고 두건을 두르고 있습니다. 지장보살은 지옥에서 고통받고 있는 중생의 구제를 위해서 영원히 부처가 되지 않는 보살이랍니다. 따라서 사람들이 죽은 뒤 지옥에서 고통받고 있는 시련을 구제해 주는 신앙으로 숭배되고 있답니다. 그래서 우리나라 절에는 유독 지장전이 많습니다. 참으로 거룩하신 보살입니다.

그런데 이 모든 불상을 구분하기란 결코 쉽지 않을 겁니다. 그럴 때는 불상을 구분하려고 애쓰지 말고 전각이름으로 구분하세요. 초보자는 오히려 이 방법이 더 쉬울 겁니다. 앞에서 공부했잖아요. 대웅전하면 석가여래불상, 지장전하면 지장보살, 이렇게 접근하는 것이 더 효과적입니다. 정말 어렵지요. 답사는 결코 놀러가는 것이 아닙니다. 즉 공부하러 가는 현장 체험학습이랍니다.

이렇게 해서 문화유산을 답사할 때 꼭 필요한 석탑·승탑·불상에 대한 전체적인 흐름과 거기에 따르는 여러 가지 용어를 간략하게 살펴보았습니다. 이 정도의 지식만 가져도 기본적인 답사에 지장이 없답니다. 이제 힘내세요. 답사여행에서 느낄 수 있는 역사의 숨결과 문화의 향기는 바로 여러분들의 몫이니까요.

십일면관음보살상
경주 석굴암의 십일면관음보살상으로 11분의 부처님이 새겨진 보관을 쓰고 있습니다.

관음보살상
불국사에 모셔져 있는 관음보살상으로 타원형 원 안에 부처님이 새겨진 화려한 보관을 쓰고 있습니다.

한강의 수로는 고속도로였습니다

남한강 주변에는 강원도 영월까지 크고 작은 수십 개의 나루터가 성황을 이루며 하나의 강변경제권을 형성하였습니다. 따라서 조선시대의 한강수로는 세곡의 운반은 물론 각종 생필품을 실어나르는 고속도로의 역할을 수행하였습니다.

삼국시대는 군사도로

우리나라는 전국토의 80퍼센트가 산악지형입니다. 그러다 보니 육로는 협소할 수밖에 없었습니다. 그래서 협소한 육로 대신에 일찍부터 수로(水路)가 발달하였습니다. 이렇게 인간의 삶은 주어진 자연조건에 순응하며 발달하였답니다.

앞에서 언급하였듯이 삼국시대는 항쟁의 시대였습니다. 그 중에서도 가장 치열한 격전지가 바로 한강 유역이었습니다. 그만큼 한강 유역의 수로는 나라의 운명과 직결되는 아주 중요한 군사도로였습니다. 이유는 간단합니다. 한반도의 남북을 이어주고 중국과 교류할 수 있는 전략적 요충지가 바로 한강 유역이었기 때문입니다.

한반도의 내륙을 가로지르는 한강의 물길은 서해바다와 연결되는 천혜의 관문이었습니다. 또한 풍부한 인적 · 물적 자원과 백두대간[태백산맥과 소백산맥]을 넘나들 수 있는 유일한 뱃길도 바로 남한강 물길이었습니다. 따라서 한강의 수로를 장악한 나라가, 한반도의 주도권을 잡을 수 있었던 것입니다.

한강 하류에서부터 남한강 상류까지 이어지는 수십 개의 토성과 산성들이 이를 뒷받침하는 것입니다. 4세기 한강 유역을 장악한 백제가 해외로 진출할 수 있었던 것도 한강에서 비롯되었습니다. 400년, 광개토대왕의 5만 군대가 신라를 도와 낙동강 유역까지 진출하여 왜구를 물리친 것도 남한강 유역을 차지했기 때문에 가능했습니다. 5세기 후반 장수왕의 남진정책도 한강의 뱃길에서 시작되었습니다.

그런가 하면 6세기 중반, 신라의 진흥왕이 한강 하류까지 진출할 수 있었던 것도 남한강의 수로를 장악했기 때문에 가능하였습니다. 이렇게 한강의 뱃길은 삼국시대 최대의 격전장이자 군사 전용도로였습니다.

고려시대는 산업도로

삼국을 통일한 고려 태조 왕건은 수도를 개경으로 삼았습니다. 따라서 고려시대로 접어들면 아무래도 한강 유역의 중요성이 삼국시대에 비해 떨어질 수밖에 없었습니다. 어쩔 수 없는 정치적 현상이었습니다.

그러나 이 때부터 한강의 뱃길은 중부지방의 세곡을 운반하는 경제적 수송로로 전환됩니다. 이른바 산업도로로 바뀌게 된 것입니다. 당시에 협소한 육로를 통하여 세곡을 운반하기에는 많은 제약이 따랐답니다. 그래서 한꺼번에 많은 양의 세곡을 안전하게 수송하기 위해서는 수로의 기능이 절대적으로 필요하였습니다.

고려는 성종 11년(992)에 국가재정을 위한 조운제도(漕運制度)를 정비합니다. 이 때 수도인 개경 이남에 12개의 조창을 설치합니다. 조창(漕倉)은 각 지방에서 거두어들인 세곡을 모아두는 조세창고를 말합니다. 이를 서울인 개경으로 운반하려면 수로 즉 뱃길을 이용해야 합니다.

그래서 조창은 수운(水運)이 발달한 강가나 바닷가에 위치하였습니다. 이 때 강으로 수송하는 것을 수운창, 해상으로 수송하는 것을 해운창이라 불렀습니다. 따라서 조창이 설치된 지역은 조세의 집산지이자 수로교통의 거점이었습니다.

당시 남한강 중류지역인 원주에는 12조창의 하나였던 흥원창(興原倉)이 설치되었습니다. 흥원창은 원주·평창·영월·정선 등 강원도 지역의 조세를 모아두었다가, 한강의 수로를 따라 예성강 어구의 경창(京倉)으로 운송하던 한강 유일의 조창이었습니다.

정종(1035~1046) 때에는 평저선 21척이 흥원창에 배치됩니다. 세곡을 운반하던 평저선은 쌀 2백 섬을 실을 수 있는 큰 배였습니다. 이를 통하여 당시 남한강의 수운과 흥원창의 규모가 얼마나 크고 번성했는가를 능히 상상할 수 있답니다.

이와 같이 고려시대의 한강수로는 국가 산업도로의 역할을 충실히 수행하였답니다.

조선시대는 고속도로

조선시대로 접어들면 개경에 있던 수도를 다시 한양으로 천도합니다. 이는 한강 유역의 중요성이 그만큼 커졌음을 의미하는 겁니다. 이제 한강의 수로는 세곡을 운반하는 조운로(漕運路)의 역할뿐만 아니라 각종 생필품을 실어나르는 고속도로의 기능도 수행하게 됩니다.

따라서 조선시대에는 수운이 발달한 한강 유역에 3개의 조창을

온달산성
충북 단양의 남한 강변에 위치한 온달산성입니다. 이렇게 남한강변에는 수십 개의 산성이 위치하고 있어 삼국항쟁을 뒷받침하고 있답니다.

설치합니다. 북한강의 소양강창[춘천], 남한강의 흥원창[원주]과 가흥창[충주]이 그것입니다. 이 때 소양강창은 강원도 북부지역의 조세를 수납하고, 흥원창은 원주·횡성·평창·정선·영월·강릉·삼척·울진·평해 등 강원도 남부지역의 조세를 수납하였습니다. 충주의 가흥창은 충청도 내륙지역과 경상도 북부지역의 세곡을 받아들였습니다.

조선시대의 조세는 모두 현물로 납부되었습니다. 황해도·충청도·전라도는 수납한 조세를 강가나 바닷가의 조창에 모아두었다가, 수로를 통하여 한양의 경창으로 운송하였습니다. 강원도는 앞에서 살펴보았듯이 북한강과 남한강을 통하여 경창으로 운송되었고, 서울과 가까운 경기도는 육로를 통하여 경창으로 운송하였고요.

한편, 경상도 지방의 세곡은 낙동강 상류로 거슬러 올라와 상주에서 육로인 새재[鳥嶺]를 넘어 다시 충주의 가흥창으로 모아졌습니다. 이렇게 모아진 세곡은 강물이 풀리는 3월에서 5월 사이에 남한강 물길을 따라 서울의 경창으로 운송되었습니다.

조선시대에 선박이 드나들 수 있는 거리는 남한강 수로가 강원도 영월까지 약 330킬로미터, 북한강 수로가 양수리에서 화천까지 약 140킬로미터에 달하였습니다. 뱃길로 계산하면 강원도 영월에서 한양까지 6일, 단양에서 5일, 충주에서 4일, 여주에서 2일, 이포나루에서 하루가 걸렸다고 합니다.

조선 후기에 이르면 상공업의 발달과 함께 남한강 물길도 더욱 번창합니다. 마포나루에서 소금을 싣고 남한강 상류의 목계나루

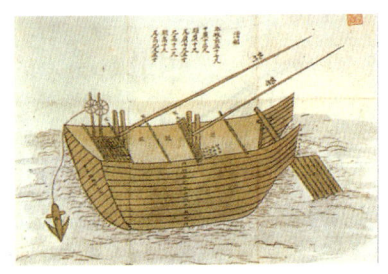

조운선
조선시대 세곡을 운반하던 조운선으로 8백~1천 석 정도를 실을 수 있는 선박이었습니다.

조선시대 조창 및 조운로

에 이르면 값이 다섯 배나 뛸 정도로 성황을 이루었습니다.

당시 목계나루는 하루에도 1백여 척의 장삿배가 드나들 정도로 커다란 포구였습니다. 한양에서 올라오는 소금·어물·새우젓 같은 해산물과 각종 생필품이 포구에 부려지면, 나루터는 이내 갯벌장으로 변하였습니다. 이렇게 올라온 산물들은 보부상과 장꾼들에 의해 등짐·봇짐이 되어 내륙의 장시인 5일장으로 풀려나갔습니다.

이처럼 목계나루는 각종 산물을 실은 배가 연일 들락거렸고, 포구에 갯벌장이 설라치면 각지에서 올라온 장사꾼들과 놀이패들로 북새통을 이루었습니다. 그러다 보니 뱃길의 안녕과 갯벌장의 번성을 비는 별신제도 지냈으며, 정월 대보름에는 수백 명이 편을 갈라 줄다리기 시합도 열 만큼 성황을 이루었답니다.

이렇게 남한강 주변에는 강원도 영월까지 크고 작은 수십 개의 나루터가 성황을 이루며 하나의 강변경제권을 형성하였습니다. 이렇듯 조선시대의 한강수로는 세곡의 운반은 물론 각종 생필품을 실어나르는 고속도로의 역할을 수행하였습니다.

그러나 1905년 경부선, 1930년대 충북선 철도가 개통되면서 남한강 뱃길은 그 영광과 상처를 고스란히 철도에 빼앗기고 역사의 뒤안길로 사라지고 말았습니다.

영월지역의 조창

앞에서 살펴보았듯이 강원도 영월지역의 세곡은 원주에 있는 흥원창 관할이었습니다. 따라서 영월에도 각 지역마다 세곡을 모아두는 작은 조창이 강변에 설치되었습니다. 먼저 영월부에는 읍창, 중동면에는 동창, 남면에는 서창, 하동면에는 두창이 있었습니다.

『영월부읍지(寧越府邑誌)』에 "읍창(邑倉)은 영월 동헌 서쪽 1리에 있으며, 44칸"이라고 기록되어 있어 영월에서 가장 큰 규모였음을 알 수 있습니다. 오늘날 영월읍내의 상가아파트가 자리하고 있는 곳으로 읍창이 있던 마을이라 하여 창말이라고 불렀습니다.

동창(東倉)은 오늘날 중동면 이목리 선령약수 위쪽에 있었던 조창으로 "영월읍 70리에 있으며, 20칸"이라고 기록되어 있습니다. 동창은 상동면과 중동면 지역의 전세와 대동미 등을 수납하였습니다.

서창(西倉)은 "남면 양연리에 있으며, 읍에서 정리에 있고, 12칸"이라고 기록되어 있습니다. 오늘날 남면 창원리에 있었으며 당시에 남면과 서면의 세곡을 수납하였습니다.

두창(杜倉)은 하동면 예밀리 밀동에 있었던 조창으로, 당시 하동면 일대의 세곡을 수납하였습니다.

이렇게 읍창·동창·서창·두창으로 모아진 세곡은 배를 이용하여 남한강 뱃길을 따라 원주시 부론면에 있는 흥원창으로 옮겨졌습니다. 흥원창에서는 다시 강원도 남부지역의 세곡과 함께 서울에 있는 경창으로 운반하였고요.

한편, 당시 원주목(原州牧) 관할이었던 주천현에도 주천창(酒泉倉)이 있었습니다. 이 주천창 역시 주천지역의 세곡을 모아 남한강 뱃길을 따라 원주의 흥원창으로 옮겨졌습니다.

동강에는 아라리와 함께 뗏목이 흐르고

조선왕조를 건국한 태조 이성계는 서울을 한양으로 천도합니다. 그러다 보니 궁궐·관아·학교·성문 같은 새로운 건물을 지어야 합니다. 이 같은 대규모 토목공사를 하려면 엄청난 양의 목재가 필요했습니다. 그래서 그 많은 목재를 운반하는 수단으로 뗏목이 이용된 것입니다. 이 때 뗏목의 수송로가 바로 한강이었습니다.

궁궐을 짓는 데 사용한 목재는 주로 태백산맥에서 자생하는 적송을 사용하였습니다. 북한강 뗏목은 두 군데에서 출발하였는데, 설악산·대암산·향로봉 등에서 벌채한 원목은 인북천을, 가리산·점봉산·방태산 등에서 벌채한 원목은 내린천을 통하여 소양강을 거쳐 북한강을 따라 한양으로 운반되었습니다.

남한강 뗏목은 정선 아우라지에서 출발하였습니다. 즉, 오대산에서 벌채한 원목은 송천을, 청옥산·두타산 등지에서 벌채한 원목은 골지천을 통하여 정선 아우라지로 집결됩니다. 아우라지에서는 이를 골안떼로 묶습니다. 골안떼로 묶인 뗏목은 조양강과 동강을 따라 영월읍 덕포에 이릅니다. 덕포에서 다시 바닥을 넓힌 뗏목은 남한강 물줄기를 따라 한양으로 운반되었습니다.

특히, 1865년 흥선대원군이 경복궁을 중건하면서 뗏목수송은 절정을 이룹니다. 이 때 영월지역인 동강과 덕포 일대는 떼꾼들을 상대로 한 주막집이 문전성시를 이루었다고 합니다. 그 가운데 가장 유명한 주막집이 바로 동강 만지나루에 있던 전산옥이었습니다.

    황새여울 된꼬가리 떼 지나왔으니
    만지산 전산옥이야 술상 차려놓게나
    아리랑 아리랑 아라리요
    아리랑 고개로 나를 넘겨주게

뗏목을 한양까지 운반하는 데에는 보통 보름[15일]이 걸렸다고 합니다. 그러나 강물이 줄어들어 유속이 느려지면 25일에서 달포 정도

뗏목
1865년 흥선대원군이 경복궁을 중건하면서 남한강 뗏목수송은 절정을 이룹니다. 이 때 영월지역인 동강과 덕포 일대는 떼꾼들을 상대로 한 주막집이 문전성시를 이루었다고 전해집니다.

걸렸습니다.

　이렇게 한강은 세곡을 운반하는 조운로의 역할과 함께 각종 산물을 실어 나르는 고속도로의 기능, 그리고 뗏목까지 수송하였던 조선시대 최대의 수로교통로였답니다.

　그랬던 한강이었습니다. 그러나 지금은 어떻습니까? 앞 다투어 댐을 건설하고 콘크리트다리가 개통되면서 이제는 나룻배마저도 오갈 수 없는 처참한 강으로 전락하고 말았습니다. 세계적으로 이름있는 강들은 지금도 배가 주요한 교통수단으로 활용되고 있습니다. 하지만 우리 민족의 젖줄, 한강은 10년 앞을 내다볼 줄 모르는 무차별한 개발로 인해 뱃길마저 끊겨버린 거대한 공룡처럼 되어버린 지 이미 오래되었답니다.

　그런 슬픔을 아는지 모르는지, 오늘도 동강은 그렇게 흘러만 갑니다.

금강산도 식후경

영월의 별미로는 산채보리밥·칡국수·송어회·매운탕 등을 꼽을 수 있습니다. 특히 보리밥은 비타민과 섬유질이 풍부한 기호식품으로 고혈압과 당뇨에 좋다고 널리 알려져 있습니다.

영월의 특산물

영월의 특산물로는 인진쑥·청결고춧가루·영월 참기름·잎담배·그린채소·옥수수·꿀·버섯·칡국수·칡녹말·영월 칡술·한우고기·도토리묵·참나무 백탄 등 이루 헤아릴 수 없을 만큼 많습니다. 이 모두가 청정 무공해식품이랍니다.

우리나라에서 자생하는 쑥은 참쑥·물쑥·약쑥 등 자그마치 38종에 이릅니다. 쑥은 그 종류에 따라, 가지고 있는 유효성분이 각기 다르다고 합니다. 영월의 특산물인 인진 약쑥은 동강유역에서 많이 자생하는데, 무기질·비타민A·C·칼슘·철분 등이 많이 함유되어 있

영월 특산물

어 예로부터 약쑥으로 애용되어 왔습니다.

인진쑥은 위장과 수족을 따뜻하게 해주고, 시력을 보호하며 콜레스테롤을 저하시켜 주는 효능이 뛰어나기 때문에 건강식품으로 각광을 받고 있습니다.

한편, 영월의 산자락에서 캔 자연산 칡뿌리는 위장과 소화기능에 효능이 탁월하여 많은 사람들로부터 환영받고 있습니다. 그래서 요즈음에는 칡뿌리를 가공식품으로 개발하여 판매하고 있답니다. 바로 칡국수·칡녹말·영월칡술 등이 그것으로 영월이 자랑하는 특산물이자 별미랍니다.

영월의 맛 자랑

영월의 별미로는 산채보리밥·칡국수·송어회·매운탕 등을 꼽을 수 있습니다. 특히 보리밥은 비타민과 섬유질이 풍부한 기호식품으로 고혈압과 당뇨에 좋다고 널리 알려져 있습니다.

장릉 옆에 있는 장릉보리밥집은 영월에서 가장 유명한 보리밥 식당입니다. 보리밥에다 열 가지가 넘는 산나물과 야채를 넣고 구수한 된장찌개와 고추장에 썩썩 비벼먹는 맛이란, 옛 시절을 떠올리게 하고도 남는답니다.

한편, 영월초등학교 옆에 있는 두꺼비식당은 칡국수로 유명한 집입니다. 그리고 민물매운탕은 청령포와 주천강 주변이 유명합니다. 매운탕은 민물고기 특유의 고유한 맛과 얼큰한 맛이 어우러져 소주 안주로 그만이랍니다.

또한, 영월지역에서 양식되는 송어회는 그 맛이 담백하고 쫄깃쫄깃하여 미식가들의 사랑을 한 몸에 받고 있답니다. 수주면 무릉리,

북면 문곡리, 하동면 옥동리·와석리의 송어횟집들이 유명합니다. 청정계곡의 차가운 물에서 자라기 때문에 육질이 부드럽고 쫄깃쫄깃하여 감칠맛이 뛰어납니다. 드시면 입안에 향긋한 향내가 가득하답니다.

 북면 문곡리 송어양식장은 영월[문곡] 삼거리에서 평창 쪽으로 약 4킬로미터 정도 진행하다 길 왼쪽으로 접어들면 주차장이 나옵니다. 대형버스도 주차할 수 있답니다. 이 곳의 송어횟집은 세 집이 나란히 이웃해 있습니다.

 하동면 송어양식장은 김삿갓 묘를 찾아가는 길에 있습니다. 옥동리와 와석리 두 곳에 있는데, 둘 다 길 옆에 있기 때문에 찾아가기가 아주 쉽답니다. 한 번 들러보세요. 직접 드셔보셔야 그 진가를 알 수 있으니까요.

도움 받은 책과 기관

- 김부식 지음, 신호열 역해, 『삼국사기』, 동서문화사, 1978.
- 김희보, 『한국의 옛 시』, 종로서적, 1986.
- 동국대 한국문학연구소, 『한국문학지도(상)』, 계몽사, 1996.
- 민족문화추진위원회 옮김, 『신증동국여지승람』, 1969.
- 신경림 외, 『동강의 노루궁뎅이』, (주)베틀·북, 1999.
- 신영훈, 『절로 가는 마음 2』, 책 만드는 집, 1995.
- 이상문, 『2002년 9월의 문화인물 김병연』, 문화관광부, 2002.
- 이중환 지음, 이익성 옮김, 『택리지』, 을유문화사, 1993.
- 이홍직, 『국사대사전』, 삼영출판사, 1984.
- 일연 지음, 김원중 옮김, 『삼국유사』, 을유문화사, 2002.
- 엄흥용, 『영월 땅이름의 뿌리를 찾아서』, 도서출판 대홍기획, 1995.
- 장경희 외 5인, 『한국미술문화의 이해』, 도서출판 예경, 1994.
- 전병철, 『팔만대장경도 모르면 빨래판이다』, 내일을 여는 책, 1997.
- 한국역사연구회, 『역사문화수첩』, 역민사, 2000.
- 한국문화유산답사회, 『답사여행의 길잡이 3』, 돌베개, 1994.
- 황수영, 『불탑과 불상』, 교양국서총서, 1974.
- 영월군청 홈페이지 http://gun.yeongwol.gangwon.kr

인용사진 및 지도

- 단양 신라적성비(15쪽) : 국립청주박물관, 『남한강 문물』(2001. 10), 63쪽.
- 동강(23쪽) : 수도권관광진흥협의회, 『민족의 젖줄 한강』(2000. 8), 29쪽.
- 정선 아우라지(25쪽) : 수도권관광진흥협의회, 『민족의 젖줄 한강』(2000. 8), 24쪽.
- 까막딱따구리(82쪽) : 수도권관광진흥협의회, 『민족의 젖줄 한강』(2000. 8), 12쪽.
- 제1전시실 아름다운 책(103쪽) : 영월책박물관 팜플렛(1999. 4).
- 제2전시실 어린이 책(103쪽) : 영월책박물관 팜플렛(1999. 4).
- 청령포(117쪽) : 영월군관광안내 팜플렛(2002).
- 고씨동굴(185쪽) : 관광영월 팜플렛(2002).
- 문자도(193쪽) : 조선민화박물관 팜플렛(2000. 7).
- 김병연[삿갓] 영정(195쪽) : 신영준 해설, 『김삿갓의 한시』, 투영미디어(1999), 2쪽.
- 동강 어라연(215쪽) : 관광영월 팜플렛(2002).
- 영월다목적댐 건설 현황도(218쪽) : 조선일보, 환경부국시대〈31〉, (1997. 9. 11), 15쪽.
- 비오리(217쪽) : 수도권관광진흥협의회, 『민족의 젖줄 한강』(2000. 8), 14쪽.
- 별마로천문대(226쪽) : 관광영월 팜플렛(2002).
- 인류의 진화과정(241쪽) : 김유철 외 4인, 『역사부도』, (주)천재교육(2002), 63쪽.
- 알타미라 동굴벽화(242쪽) : 김유철 외 4인, 『역사부도』, (주)천재교육(2002), 63쪽.
- 빗살무늬토기와 움집(245쪽) : 김유철 외 4인, 『역사부도』, (주)천재교육(2002), 5쪽.
- 벼농사 전파 경로(249쪽) : 전형택 외 6인, 『역사부도』, (주)천재교육(1995), 5쪽.